伤害研究与典型案例分析

张建萍 陈莹 主编

清华大学出版社
北 京

图书在版编目（CIP）数据

伤害研究与典型案例分析 / 张建萍，陈莹主编．—北京：清华大学出版社，2020.6
ISBN 978-7-302-55590-2

Ⅰ．①伤…　Ⅱ．①张…②陈…　Ⅲ．①伤害—案例　Ⅳ．①D914.340.5

中国版本图书馆 CIP 数据核字（2020）第 089912 号

责任编辑：肖　军
封面设计：刘艳芝
责任校对：赵丽敏
责任印制：刘海龙

出版发行：清华大学出版社
网　址：http://www.tup.com.cn　http://www.wqbook.com
地　址：北京清华大学学研大厦 A 座　邮　编：100084
社 总 机：010-62770175　邮　购：010-62786544
投稿与读者服务：010-62776969, c-service@tup.tsinghua.edu.cn
质量反馈：010-62772015, zhiliang@tup.tsinghua.edu.cn
印 装 者：三河市国英印务有限公司
经　销：全国新华书店
开　本：185mm×260mm　印　张：11.75　字　数：250 千字
版　次：2020 年 8 月第 1 版　印　次：2020 年 8 月第 1 次印刷
定　价：68.00 元

产品编号：087128-01

编 委 名 单

主　　审　许传志

主　　编　张建萍　陈　莹

副主编　张小梅　常　巍　肖媛媛

编　　者（以姓氏笔画为序）

王俊瑛（昆明医科大学）
吕逸骁（日本长崎大学）
孙　卉（云南省急救中心）
杨　瑞（昆明医科大学）
李　欣（云南省第二人民医院）
张小梅（昆明医科大学第一附属医院）
张京晶（昆明医科大学）
张建萍（昆明医科大学）
肖媛媛（昆明医科大学）
陈　莹（昆明医科大学）
周雅婷（昆明医科大学）
常　巍（昆明医科大学）
普丽芬（云南省急救中心）

秘　　书　吕逸骁（日本长崎大学）
王雅男（昆明医科大学）

前　言

近十年来，伤害造成的残疾对社会和家庭负担尤为惊人，特别是在发展中国家和不发达地区，伤害已成为威胁人们生存的主要原因之一。伤害在我国居民疾病死亡谱中位居第5位，而在1～44岁年龄段人群中则居首位。在全球范围内，伤害事件频繁发生，严重影响了人类健康与社会稳定和国家安全，已成为严重的公共卫生问题。伤害、传染性疾病和慢性非传染性疾病三者构成威胁人类健康的三大疾病负担。伤害的研究与预防引起世界各国愈来愈多的学者关注，其预防与降低伤害的发生率和死亡率得到全世界各国政府更多的重视。

全书共分为11章，每章根据学科内涵和基本理论，系统阐述了伤害研究方法、评价体系和应用。方法论重点介绍伤害研究中常用的研究方法、理论和评价技术，包括伤害的流行病学研究、伤害的心理应激行为研究、伤害的疾病负担评价与应用、伤害的临床评价与应用、伤害生命质量的测定和应用。结合当前健康中国建设和国家安全，提高居民健康福祉，减少或降低伤害的发生率、伤残率和死亡率。重点论述故意伤害和非故意伤害的发生原理，以及带来的个人、心理、社会三方面的危害。典型案例从法律角度进行解读，分析伤害案例和非伤害性案例引导同学们建立伤害的预防意识和能力，强调伤害监测与干预措施，尤其对伤害事件的急救与处置措施作了详细论述。

本书呈现伤害流行病学研究方法的知识体系，强调适用性和科学性及启发性，努力吸收新的伤害研究成果和大数据，及时反映学科前沿动态，突出对学科发展的推动作用。

根据我们曾为昆明医科大学本科生开设选修课“伤害学”教学经验，本书建议作为教材使用时开设36学时的课程，主要适用于公共卫生MPH硕士研究生，以及预防医学专业和公共卫生管理专业学生，也可以作为临床医学专业的通识课程教材，以及各类卫生管理人员及相关专业非医学院校单位和科研工作者的参考用书。

本书编写过程中，得到了昆明医科大学领导和公共卫生学院副院长许传志教授的大力支持，以及李晓梅教授、云南省疾病预防控制中心职业卫生科李刚主任和黄莹教授的悉心指导，各位编委多次对本书内容及定稿进行反复审阅和讨论，提出了许多修改意见和建议。在此感谢吕逸骁、王雅男的付出，感谢预防医学系李许珍等同学的参与和支持。

由于编写时间有限，难免存在不妥或谬误之处，望业界同仁和广大读者批评指正。

张建萍　陈　莹
2020年4月

目　　录

第一章　伤害概述

学习提要

- 20 世纪后期产生了伤害的研究起源与发展，更有鲜明的时代特征。
- 熟悉伤害的概念、按照不同伤害意图、发生地点和性质进行的分类标准。
- 熟悉不同伤害事件带来的社会危害。

伤害（injury）已经成为发达国家一项重要的公共卫生问题，许多流行病学家运用流行病学理论对伤害问题进行研究，并制定预防伤害的对策和措施，逐步形成一个流行病学新分支——伤害流行病学（injury epidemiology），它是运用流行病学原理和方法描述伤害的发生频率及其分布，分析伤害发生的原因及危险因素，提出干预和防治措施，并对措施效果作出评价的一门流行病学分支学科。随着这门学科的研究与发展，以伤害为主要研究的学科和论著也相继发表和出版，推进了伤害学科领域的建设和发展。

第一节　伤害研究产生与发展

一、伤害研究产生基础

伤害研究与控制的历史可追溯到几千年前，那时伤害以其最原始的形式出现，而且先于医学的发展。伤害研究最早起源于古代战争时期，当少数人想做部落头领时，至少需要保护一部分同伴的力量。因此，在他们必须有战斗能力且能战胜对方的前提下，还能保护自己，从而采取了如盾牌、头盔、盔甲及其他武器的使用，这些都是减少伤害对自身威胁而作出的较有效的努力。

吉布森（Gibson）是一位实验心理学家，1961 年他认识到伤害是由于物质能量转移而导致的，提出伤害是能量转移的结果。物质能量包括机械能、热量、放射能、化学能和电能等，当这些能量作用于宿主的量超过组织损伤的程度时，就可导致伤害的发生。伤害概念的提出最早提供了将伤害事件视为不同于其他身体损害的基础，促使人们去了解能量转移的机体能够承受的有限值，以及减少能量转移的方式。凯恩斯（Cairns）等人于 1941—1943 年期间的研究证实佩戴头盔可以降低摩托车士兵的头部伤害发生率，戈登（Gordon）1949 年开始用流行病学方法研究伤害的分布和预防，美国前国家公路交通安全局负责人哈登（Haddon）系统地将流行病学原理和方法应用于伤害的研究和干预项目，他被公认是伤害流行病学的奠基人。如现今已取得较好预防效果的头盔、安全气囊、安全带及降低水龙头的水温等措施，都是基于“伤害是由于物质能量转移而导致的”这一前提而提出实施的。

生物力学领域是基于组织对能量转移承受限度的了解及对符合这些承受限度的系统设计。1942 年美国的德文（Deaven）对从 150 英尺高度坠落的生存率进行了研究，1952 年他又对飞机与汽车碰撞进行了研究。西弗里（Severy）与马修森（Mathewson）在 1956 年开展了障碍物应用的实验分析了机动车碰撞的力学；1963 年坎贝尔（Campbel）分析了填平遮泥板对有关伤害的预防作用。这些均奠定了伤害生物力学研究的现代科学基础。1948 年，高登（Gordon）概述了研究伤害的流行病学方法的应用。他强调了多原因的相互作用，包括伤害病因方面的作用物、宿主和环境（包含生物的、身体的和社会经济学的环境）。

然而，伤害控制的科学方法直到近 30 年才常规地开展起来，较晚应用伤害控制方法是对创伤的发生与否抱有宿命论的思想。伤害被称为“意外事故”，暗示着伤害事件是随意和不可预测的创伤的发生，也常被视为是上帝的意志或由于命运所导致的，很多人责怪发生于受害者的伤害事件和结局，暗示他们仅是大意和违规行为的偶尔结果。因此，认为伤害是不可预防。至今，在公众意识中，甚至在某些专业人员中，仍长期坚持伤害是“意外事故”的观点，从而阻碍了伤害控制研究的发展。

二、伤害研究发展

在伤害研究的发展中，最重要的里程碑应是 1964 年由阿东（Addon）等出版的《意外事故研究方法与步骤》。通过汇总重要的伤害研究文献，尤其是评估研究的质量，指出其中的缺陷，建议研究伤害问题的方法，探索伤害研究方面的进展。通过将不同来源及学科的伤害研究成果汇总起来，建立了伤害研究的基本原则。最近，伤害研究者已开始重视伤害控制的公共卫生模式，实际上，这早在 50 年前就由高登（Gordon）提出：“若家庭意外事故发生属于公共卫生问题，则应按程序合理地研讨这一问题，并采用有用的技术（对其他群体疾病问题已证实有用的技术）进行研究探讨，这包括首先对特定情况的流行病学分析，以及发生原因的确定，针对这些原因所制定的预防措施的实施、发展，最后是对项目实施定期评估。”

20 世纪后半期西方发达国家相继建立了伤害预防的专门机构、监测系统、研究中心，并对伤害预防与控制采取了立法措施，因而伤害流行病学得到飞速发展。90 年代初，科学的快速发展促使人们需要采用从定性走向定量，个体研究转向群体研究的科学方法去认识和解决伤害面临的各种不同的、复杂的伤害问题，以便从宏观角度更加科学地指导伤害的预防工作。鉴于研究学者所从事的不同学科及研究背景，提出了拓宽伤害研究范围，开展流行病学、心理学、伦理学、社会学及行为科学等方面的研究。

综合性、多元化、多学科的研究，促使研究者认识到导致伤害的某些行为的重要性和社会性。伤害研究的发展和推广，致力于从事伤害流行病学研究和工作的学者、医学统计学家，公共卫生工作者、交通管理研究者和社会学家等加入，他们做出的贡献功不可没，当然与国际上致力于伤害研究的支持密不可分。

由于历史、文化、经济发展等各方面的原因，我国目前对伤害的研究尚处于起步阶段，从现有文献资料看，伤害的研究对象较为局限，有关伤害的研究主要针对特殊人群（儿童、老年人口等）、特殊伤害类型（车祸、自杀等）、死亡资料和伤害住院病例的流行病学分析及疾病经济负担测算等几个方面，对全人群伤害进行完整系统的研究较少。改革开放迎来了现代流行病学理论与方法，我国流行病学工作者开始用这些新理论、新方法研究慢性非传染性疾病，也首次接触到伤害问题。

从 20 世纪 80 年代初起，我国的伤害研究层出不穷，也有一些伤害研究机构相继成立，如暨南大学伤害预防控制中心、汕头大学医学院伤害预防控制中心、华中科技大学同济医学院伤害预防中心及中国疾病预防控制中心的中毒控制中心等等。这些中心在伤害预防研究上均做出了卓越的贡献。我国的伤害流行病学研究虽然在前一阶段已取得不少成果，但与发达国家相比，仍有差距。我国流行病学工作者开始介入伤害研究，大多以机动车伤害起步，因为机动车伤害危害较大，比较多见。但是就这类伤害来说，我国的研究的深度与广度还不够，很多调查研究停留在一般性的伤害现况描述研究，对“病因”研究及伤害控制效果评价的研究仍有限。

三、伤害研究的意义

随着社会经济的发展，城市化和工业化进程的加快，以及人口数量的增加，伤害的威胁将会呈持续上升的趋势。据世界卫生组织估计，从 1990 年至 2020 年，全世界由伤害造成的死亡将会增加 65%，达到 840 万。因此，对伤害的研究就凸显它的作用和意义。体现在以下几方面：

1. 摸清我国伤害发生的频率、种类和分布，为探索我国伤害发生、发展的规律和寻找伤害原因提供科学线索。

2. 收集、整理和分析我国伤害的发生率、死亡率、潜在减寿年数和动态变化资料，建立全国或地区性伤害监测系统，为伤害防制策略、措施的制定及其效果评价提供科学依据。

3. 进行伤害原因或影响因素的研究，寻找各类伤害发生的主要危险因素，进而有针对性地开展伤害的防治工作。

4. 利用伤害流行病学研究成果，开展相应的伤害干预研究，为降低伤害发生率、致残率和死亡率，保护劳动力人口健康，提高人群生命质量作出贡献。

5. 减少伤害造成的直接和间接社会经济负担，为我国经济发展和社会进步保驾护航。

第二节　概念和分类

一、伤害的定义

伤害的英文 injury 来自拉丁语 injuris，本意为“不正确”（not right），其含义为损伤、伤害或丧失，也可以理解为“造成了人体的损伤或功能丧失”。伤害通常容易与意外事故混淆。意外事故（accident）通常是指“一种潜在有害的、无意识的、意料之外的突发事件”，它在一定程度上排除了故意伤害（intentional injury）（如自杀和暴力），也意味着这类事件是无法预知和预防的。另外，意外事故如果在一定的限度之内，也不一定会造成对人体的伤害。由此可见，两者的概念和内涵差别很大，不能混为一谈。意外事故代表偶发事件，而伤害代表由事件引起的损害，意外事故可以造成伤害，但伤害不仅仅由意外事故引起，伤害可以是有意识的（如自杀、谋杀、暴力），也可以是无意识的（如车祸、溺水、跌倒等）。对公共卫生工作者而言，最为重要的是，伤害是可以预防的。因此，在流行病学研究中，应该用伤害（injury）一词而不是事故。

由于伤害的种类繁多、引起的后果多样，故目前对伤害的定义仍有争论。所有的伤害都是以能量的异常转移为特征的，在某些情况下正常的能量转移被干扰时也可能引发伤害（比如溺水或冻伤等）。美国疾病预防控制中心（centers for disease control prevention，CDC）给伤害下的定义：“由于运动、热量、化学、电或放射线的能量交换，在机体组织无法耐受的水平上，所造成的组织损伤和由于窒息而引起的缺氧称为伤害”。该定义是以躯体组织损伤和机能障碍为标准进行界定的，它为世界各国的伤害研究提供了一个相对固定的标准定义，使得不同地区和人群的伤害研究可以进行比较，应用较为广泛。

随着伤害研究的逐步深入，渐渐发现伤害不仅可以造成躯体损伤和功能障碍，也可以造成精神创伤和心理障碍。美国 CDC 的伤害定义无法反映伤害造成的精神损伤。因此，比较完整的伤害定义应为：由于运动、热量、化学、电或放射线的能量交换超过机体组织的耐受水平而造成的组织损伤和由于窒息而引起的缺氧，以及由此引起的心理损伤统称为伤害。

在实际的伤害研究过程中，需要根据伤害的定义和研究的实际情况来制定可操作性强的伤害诊断标准（或称之为操作性定义）。1986 年，美国国家统计中心提出的伤害操作性定义为：所谓伤害必须到医疗机构诊治或活动受限一天。1998 年，国内学者建议我国伤害的操作性定义为：凡具有下列情况之一者，即①到医疗机构诊治，诊断为某一种伤害；②由家人、老师或其他人作紧急处置或看护；③因伤请假半天以上。

二、伤害的分类

伤害的分类对于伤害的监测、资料分析、流行病学研究和防制措施的制定都是不可缺少的。伤害的种类复杂，故目前国内外对伤害的分类方法也较多，尚无统一的分类标准。伤害的分类有以下几种：按照造成伤害的意图分为故意伤害和非故意伤害（unintentional injury）。也有按照伤害发生的地点分类和按照伤害的性质来分类。

1. 按照伤害的意图

伤害的意图分类多属于故意伤害类如自杀或自害、他杀或加害、虐待、疏忽、斗殴、行凶、遗弃、与酒精和毒品消耗相关伤害、暴力的性加害、战争。

（1）故意伤害

自杀与自伤（suicide and self-inflicted injury）：是由受伤害人对自己的有意识伤害，包括自杀、自虐、自残等。据 WHO 统计，2000 年全球约有 100 万人自杀，而自杀未遂者约为自杀人数的 20 倍。

暴力与他杀（violence and homicide injury）：是由他人有意识地加害而造成的伤害，包括家庭暴力、儿童虐待、校园欺凌、强奸、他杀、斗殴等。由他杀导致的死亡约占全部伤害死亡的 10%。

使用这种分类方法时应注意对造成伤害的意图作仔细分析，有时同一种伤害可能是由不同的意图所导致的，例如中毒，如为无意识地误服了某种毒物造成的应归为意外伤害，如为自己有意服用某种毒物以结束自己的生命则应归为自杀，如为他人有意投毒则应归为他杀。

（2）非故意伤害

非故意伤害是指突然发生的事件对人体所造成的损伤，包括各种物理、化学和生物因素。其分类方法较多，且在各国之间不完全一致，包括：道路交通事故、中毒、坠落（跌倒）、医疗事故、失火和烧伤（烫伤）、溺水和窒息、运动与消闲伤害、产品（消费品）伤害、职业伤害和其他。

道路交通事故（road traffic accident）：一般是指在人和物的运输过程中所发生的人员伤亡和财产损毁事件。世界各国由于国情不同，道路交通状况、交通规则以及道路管理规定不同，对交通事故的定义也不相同。中国道路交通事故是根据中国的国情、民情和交通状况提出来的，根据《中华人民共和国道路交道安全法》的规定：道路交通事故，是指车辆在道路上因过错或者意外造成的人身伤亡或者财产损失的事件。美国国家安全委员会对道路交通事故的定义为：在道路上所发生的意料不到的、有害的或危险的事件。这些有害的或危险的事件妨碍着交通行为的完成，其原因常是由于不安全的行为或不安全的因素，或者两者的结合所造成的。在日本，道路交通事故定义为：由于车辆在交通中所引起的人的死伤和物的损坏，在道路交通中称为交通事故。

坠落（跌倒）（fall/fall down）：指突发、不自主的、非故意的体位改变，倒在地上或更低的平面上。按照国际疾病分类。跌倒包括以下两类：①从一个平面到另一个平面的跌落；②同一个平面的跌落。

溺水（淹溺）（near-drowning）：是指人淹没于水中，由于水吸入肺内（湿淹溺90%）或喉挛（干淹溺10%）所致窒息。如为淡水淹溺，低渗水可从肺泡渗入血管中引起血液稀释，血容量增加和溶血，血钾增高，使钠、氮化物及血浆蛋白下降，可使心搏骤停。如为海水淹溺则高渗海水可通过肺泡将水吸出，引起血液浓缩及血容量减少，电解质扩散到肺毛细血管内导致血钾和钠增高，肺水肿。淹溺引起全身缺氧可导致脑水肿。肺部进入污水可发生肺部感染。在病程演变过程中，可发生呼吸急速，低氧血症、弥散性血管内凝血、急性肾功能衰竭等并发症。

窒息（asphyxia）：人体的呼吸过程由于某种原因受阻或异常，所产生的全身各组织器官缺氧，二氧化碳潴留而引起的组织细胞代谢障碍、功能紊乱和形态结构损伤的病理状态称为窒息。

职业性伤害（occupational injury）：是职工生产劳动过程所发生的对人身的威胁和伤害。职业伤害因人们所从事的职业或职业环境中所特有的危险性、潜在危险因素、有害因素及人的不安全行为所造成的危害。包括两个方面：①职业意外事故：即在职业活动中所发生的一种不可预期的偶发事故。②职业病：即在生产劳动及其他职业活动中接触职业性有害因素引起的疾病。

2．按照伤害发生的地点

（1）机动车伤害：是指在行使中的机动车造成的伤害，是最常见的伤害种类，由机动车伤害造成的死亡占伤害全部死亡的25%以上。发生机动车伤害及死亡的原因主要是撞车，最常见的危险因素为酒后驾车、违反交通规则（包括司机与行人）、机动车车体过小、超速驾车、夜间或雨天驾车、疲劳驾驶、道路障碍物、道路路况太差等。

（2）劳动场所职业性伤害：主要出现在工作地点，或由于工作环境中某事件所造成。全球职业性伤害年发生例数保持在1亿例以上，因职业性伤害致死者10万例以上，150万人致残或丧失劳动能力，我国的职业性伤害年发生例数在1000万例左右，因职业性伤害致死者在34 000例以上。我国东风汽车公司1997年调查发现其工伤事故率为0.9%。近年来，由于发达国家的自动化程度的提高及危险职业的逐步减少，职业性伤害呈逐年下降趋势，据意大利的有关调查显示，该国在1951—1998年期间的职业性事故平均每年下降4.42%。

（3）家庭伤害：是指发生在家中的伤害事件如家庭暴力、婚内强奸、儿童虐待等。美国家庭伤害年发生数保持在2500万例，其中有320万例导致功能性残疾，有8万例导致功能形态残疾。我国中学生伤害现况调查显示，有23.1%的伤害发生在家庭。跌落是家庭伤害中最常见的死因。

（4）公共场所伤害：凡是发生在公共场所的伤害，其中包括娱乐场所及自然灾害情况下所发生的伤害均属此类伤害。

3．按照伤害的性质

（1）国际疾病分类（international classification of diseases-10，ICD-10）：根据ICD-10确定伤害的分类是目前国际上比较公认和客观的伤害分类方法。按照国际分类标准（ICD-10编码）将意外伤害分为跌伤、碰伤、交通伤、刀割伤、烧烫伤、溺水、电击伤、爆炸、中毒、自杀等14类。意外伤害虽然是一种突然发生的事件，但它也是一种疾病，有其外部原因，同样存在着内在的必然规律，可以通过采取适当措施有效地预防和控制伤害发生。在ICD-10中，对伤害的分类有两种体系：一种是根据伤害发生的部位进行分类（S00-T97），另一种是根据伤害发生的外部原因或性质进行分类（V01-Y98）。一般而言，在公共卫生领域中前一种分类方法较为常用，而在临床上则更多地使用后一种分类体系。

（2）中国疾病分类：根据中国疾病分类（Chinese classification of diseases，CCD）所确定的损伤与中毒的外因分类是我国原卫生部于1987年参照ICD-9分类的标准，并结合我国实际制定的。

第三节 伤害的流行现状及社会危害

一、全球的流行现状

伤害是一个严重威胁人群健康的、世界性的、重要的公共卫生问题。无论在发达国家还是发展中国家，伤害的发病率、致残率和死亡率都高居不下，是威胁人们健康的主要疾病之一，世界卫生组织将伤害与传染性疾病和非传染性疾病并列为三大公共卫生问题。随着社会经济的发展，城市化和工业化进程的加快，以及人口数量的增加和年龄结构的改变，伤害的威胁将会呈持续上升的趋势。

根据世界卫生组织（WHO）统计，全球每年有500多万人死于伤害，发达国家由伤害导致的死亡占全部年龄调整死亡的7.6%，在发展中国家约为10.7%，在各国的死因顺位排列中伤害位居第4～5位。伤害成为1～44岁人群的主要死因，是多半国家居民的死亡的五大原因之一。在美洲，自杀、他杀和道路交通伤害是导致身体残疾和主要死因，一年中约有近12万人死于他杀，5.5万人自杀，还有12.6万人死于交通事故。伤害成为大多数国家居民的前5位死因之一，其造成的失能调整寿命年（DALY）损失占全部疾病总损失的12.40%。2015年全地球约有80万人因自杀而死，约有47万余起谋杀。

伤害的潜在减寿年数和社会负担远大于癌症、心血管疾病和其他慢性疾病。世界卫生组织发布的《2018年全球道路安全现状报告》显示道路交通死亡人数持续攀升，每年死亡135万人，并且强调交通损伤如今是5～29岁儿童和青年人的生命杀手。美国0～44岁人口死因顺位的第一位就是伤害。1996年，全世界53个自杀资料完整的国家数据显示，自杀的标化死亡率为15.1/10万，每年由自杀导致的死亡约占全部伤害死亡的16%。2000年全球约有100万人自杀，而自杀未遂者约为自杀人数的20倍。在很多国家，自杀是前10位死因之一，是伤害的第一位或第二位死因。

在美国，每年有8万人因头部受伤而终生残疾，车祸所致的脊柱伤害可导致6000例截瘫或四肢瘫。在我国，肢体残疾中有26.14%是由意外伤害所致的。自杀作为一种伤害对社会的危害也很大，伤害所造成的直接和间接经济损失巨大。伤害不仅通过劳动力人口健康的丧失而影响社会经济发展。同时，伤害本身也会造成巨大的社会经济负担。1996年，美国伤害导致的医疗花费占总医疗花费的12%，伤害总花费约为2600亿美元。据我国1990—1995年的疾病监测资料显示，伤害疾病负担占全部疾病负担的17%。中国每年约有2000万因伤害需要急诊处置和入院治疗者。在美国，所有的医院病床中，有1/8是由伤害病人占用的。在我国，尤其是在靠近公路边的医院急诊门诊中，因伤害就医约占40%。

世界上多数国家已经认识到伤害是一个非常紧迫的重大公共卫生问题，因为伤害不仅给个人和家庭带来健康损害甚至生命的损失，同时也会给社会和政府造成巨大损失和经济负担。世界卫生组织前总干事布伦特兰博士在1999年世界卫生大会上指出，包括伤害在内的慢性非传染性疾病的负担将由1999年的55%上升到2020年的73%，在未来10年中对人类的主要挑战是抑郁症、缺血性心脏病、肺癌、伤害和酗酒；2000年全世界道路交通伤害在死因构成中居第9位，在疾病负担中居第10位，2020年将上升为第3位，列在疟疾、结核病和其他公共卫生问题之前，占全球疾病负担的比例达到1/7～1/5。

二、中国的流行现状

20世纪50年代，我国伤害死亡率在死因构成中居于第9位，70年代上升到第7位，而从1990年以来一直居前5位。我国的伤害死亡率为65.24/10万，每年大约有70万人死于各类伤害，伤害死亡占全部死亡的11%。每年约有2亿人次发生各种伤害，因其死亡者有70万～80万人，占死亡总人数的9%左右，是我国居民继恶性肿瘤、脑血管病、呼吸系统疾病和心脏病之后的第五位死亡原因和第一位潜在寿命损失年疾病。2010年，我国伤害的年龄标化死亡率达57/10万人，伤害死亡人数占全国总死亡人数的9.6%，已超过传染性疾病的死亡数。2013年全国432个疾病监测点，伤害粗死亡率51.53/10万，男、女分别为70.09/10万、32.24/10万，城市、农村分别为39.01/10万、57.14/10万，伤害死亡位列全死因顺位第五位、占全死因构成的8.00%。道路交通事故居各类伤害死因首位，意外跌落为65岁以上人群首位死因。

进入21世纪，我国每年因交通事故而死的人数在10万左右，每天有300人在事故中丧失，受伤人数更是高达50万，道路交通伤害死亡已位居伤害死因的首位。在我国的车祸丧生者中超过半数为16～45岁年龄组，占道路交通伤害DALY总数的60%，车祸导致的伤残人数远远多于死亡人数，不仅给家庭增加了额外的费用，还消耗了大量的卫生资源。

伤害是少年儿童的主要死亡原因，义务教育期间的少年儿童伤害发生率为10%～50%，近一半的学生一年有超过两次受伤。伴随着老年人口的增加，老年人因为生理机能的减退和对环境应变能力的减弱，成为受伤的高危险群体。有研究提出，年纪超过60岁的老年人受伤后的死亡率明显比其他年龄高。由于伤害发生的突然性，还会给患者带来巨大的心理冲击，健康、肢体的受损和家庭、社会的压力很容易使患者产生异常心理反应，有研究表明，在意外受伤后，有65.88%的人出现焦虑，70.59%的人出现抑郁。

我国每年发生各类需要就医的伤害约为6200万人次，占全年居民患病需要就诊总人次数的4.0%，其中1400万人次在医院做进一步诊治，有100万人身体留下残疾，每年因其造成的直接医疗损失高达650亿元，由于伤害休息、误工而造成的各种经济损失高达60亿元以上。社会卫生资源被高发生率和伤残率的各种伤害大量地消耗着，已经成为国家、社会、家庭和个人沉重的疾病负担。有统计数据资料显示，我国2001年车祸造成经济损失超过30.88亿元，同年亚洲开发银行预计，如果同时考虑卫生资源和其他直接支出，我国为之承担了984亿元的支出。

三、伤害带来的社会危害

不论是非故意伤害或故意伤害，一旦伤害事件发生，给社会、家庭和个人带来的危害是难以弥补的。如非故意伤害中的道路交通事故，对交通事故致人损伤后，伤者在医治过程中，丧失了工作、学习的机会，扰乱了正常的生活秩序，分散了家人的精力和时间，甚至会延误其升学、升职、就业等机会。最终的赔偿也只是对伤者直接损失的补偿，无法弥补其他的间接损失。若残疾或死亡，导致丧失工作能力和生活能力，给受害人带来痛苦的同时，也给家庭带来沉重的经济负担和心理负担，影响未来的生活。无论是引起伤亡还是财产的损失，都给国家造成资源的浪费，增加社会成本。

故意伤害中的自杀行为，无论是自杀死亡者还是自杀未遂者，对个人、家庭和社会带来的伤害是极其严重的。它给亲戚和朋友带来的负性心理情绪可以持续很多年，对家庭的影响可以持续数代。自杀的社会经济损失是巨大的，用数以几十亿美元来计算，包括寿命损失年带来的经济损失、治疗自杀未遂者的直接医疗费用、照顾自杀死亡者或自杀未遂者的间接经济损失。伤害带来的社会危害主要表现如下。

1. 伤害是人类的主要死亡原因之一。全球每年有500多万人死于伤害，在发达国家由伤害导致的死亡占全部年龄调整死亡的7.6%，在发展中国家这一数字约为10.7%，在各国的死因顺位排列中伤害位居第4～5位。我国的伤害死亡率为65.24/10万，每年大约有 70 万人死于各类伤害，伤害死亡占全部死亡的 11%。

2. 伤害是威胁劳动力人口健康与生命的主要原因。在美国 1～44 岁人口死因顺位的第一位就是伤害。2010 年我国全国伤害监测病例资料显示，伤害的死亡率是 61.54/10 万，占死亡总数的 10.1%，是我国人群的第五位死亡原因，是 1～14 岁儿童的第一位死亡原因。在美国和中国，潜在减寿年数（potential years of life lost，YPLL）死因顺位的首位都是伤害。

3. 伤害具有常见、多发、死亡率高、致残率高的特点。由于伤害的发生十分普遍，而且 1/3 的伤害无生命危险，往往不受人们重视。其实伤害导致的死亡只占伤害发生总数的极小部分，只是“冰山一角”，由伤害导致的伤残、住院、就诊极其惊人的伤害负担。伤害不仅给个人家庭带来痛苦，也给社会造成极大负担。

4. 伤害所造成的直接和间接经济损失巨大。伤害不仅通过劳动力人口健康的丧失而影响社会经济发展。同时，伤害本身也会造成巨大的社会经济负担。2012 年我国伤害所致疾病负担强度为 8.38 YLLs/1000。疾病负担顺位的前 5 位为：机动车辆交通事故、自杀、意外跌落、机动车以外的运输事故和淹死。各类伤害所致疾病负担均存在农村高于城市、男性高于女性的特征。交通事故所致疾病负担主要集中在 20～60 岁年龄段，自杀疾病负担强度存在随年龄增长的趋势，意外跌落多见于老年人（60 岁及以上），淹死所致疾病负担主要集中在 1～15 岁年龄段。伤害所致总经济负担高达 3792.31 亿元。伤害给家庭和社会造成的直接经济负担日益严重，高比重药费、快速增长的手术费是其重要的影响因素。

（张建萍　陈　莹）

延伸阅读

［1］ Shah Shreya M, Shah Mehul A, Singh Romi, et al. A prospective cohort study on the epidemiology of ocular trauma associated with closed-globe injuries in pediatric age group [J]. Indian J Ophthalmology, 2020，45 (5): 500-503.

［2］ 宇佳华，吴思齐．基于全球视角的中国伤害负担现状及趋势分析［J］．公共卫生与预防医学，2019，30（3）：1-6.

［3］ 王声湧．伤害流行性病学［M］．北京：人民卫生出版社，2003.

参考文献

［1］ 中华人民共和国卫生部．全国第三次死因回顾抽样调查报告［R］．北京：中国协和医科大学出版社，2008：165-180.

［2］ 卫生部疾病预防控制局，卫生部统计信息中心，中国疾病预防控制中心．（中国伤害预防报告）

[R]. 北京：中国人民大学出版社，2007：125-180.

[3] Vyrostek S B, Annest J L, Ryan G W. Surveillance for fatal and nonfatal injuries-united States [J]. MMWR, 2004, 53 (SS-7): 1-57.

[4] 胡晓斌，杨轶男，白亚娜，等. 15 年 13 227 例伤害住院病人直接经济负担趋势性分析 [J]. 中国卫生统计，2012，29 (2)：258-260.

[5] 邹亚明，郝元涛. 我国伤害所致死亡损失生命年和经济负担分析 [J]. 中华疾病控制杂志，2016，20 (5)：495-499.

[6] 陈培发. 我国伤害预防控制研究现状与展望 [J]. 中国慢性病预防与控制，2007，15 (3)：297-299.

[7] 李丽萍，王生. 伤害研究的起源与发展史 [J]. 国外医学（社会医学分册），2003，20 (3)：100-104.

第二章　故意伤害

学习提要

- 掌握自杀的定义及分类，分析自杀的危险因素并掌握干预策略。
- 家庭暴力对妇女和儿童带来的伤害是极大的，分析妇女、儿童家庭暴力的原因并掌握干预策略。
- 儿童疏忽与虐待是特定的社会问题，分析儿童疏忽与虐待的危害，对保护儿童、关爱下一代具有深远意义。

第一节　自　杀

自杀已经成为当今严重的公共卫生问题之一。据世界卫生组织报道，在过去的 45 年（1950—1995 年）间自杀率增加了 60%，2002 年全世界估计有 877 000 人死于自杀，自杀未遂者是成功自杀者的 40 倍。每 3 秒就有 1 个人企图自杀，每 40 秒就有 1 个人自杀身亡，占全球疾病总负担的 1.4%，预计到 2020 年增加到 2.4%。自杀是 15～34 岁人群三大死亡原因之一。

一、概念

自杀（suicide）是指一个人有意识地企图伤害自己的身体以达到结束自己生命的行为，是指个体在复杂心理活动作用下，蓄意或自愿采取各种手段结束自己性命的危险行为。

目前国际上将自杀划分为三类：①自杀已遂或成功自杀，是指各种故意自我伤害行为，结果引起个体死亡；②自杀未遂，是指各种故意自我伤害行为，行为结果未引起个体死亡；③自杀意念，是指个体通过直接或间接的形式，表达自己终止生命的意思。

二、流行病学特征

自杀死亡率简称自杀率，是反映自杀人口的死亡程度。根据 2004 年世界卫生组织公布的数据显示，立陶宛（44.0/10万）、俄联邦（36.4/10万）、白罗斯（33.9/10万）、韩国（24.8/10万）、日本（24/10万）等国家自杀率高；意大利（5.9/10万）、马耳他（4.6/10万）、希腊（2.8/10万）、英国（7.0/10万）自杀率低；美国、加拿大、澳大利亚、新加坡等国家的自杀率处于两者之间，中国自杀率为23/10万。自杀在美国各种死亡原因中排第8位，在青少年中排第3位；在欧洲是第7位的死亡原因；在中国是第5位死亡原因，是15～34岁人群首位死因。以流行病学三间分布即地区分布、人群分布和时间分布，描述自杀的分布特征。

（一）地区分布

一般情况下，发达国家自杀率高于发展中国家。欧洲是世界上自杀率最高的地区，高于美洲和大洋洲，以非洲最低。城乡自杀率存在差异，绝大多数国家城市高于农村，中国则相反，农村的自杀率比城市高3倍（在不同性别和各年龄组人群中均呈现这一差异），城乡老年人自杀率的差异高达5倍。

（二）性别分布

一般来说，男性自杀率高于女性（立陶宛男性和女性自杀率分别为81.7/10万和11.5/10万，哈萨克斯坦为58.8/10万和9.1/10万，拉脱维亚为48.8/10万和10.4/10万）。自杀率之比通常高于2∶1，有时甚至高于3∶1。发展中国家（如科威特、巴林）则相反，女性自杀率高于男性。在中国女性自杀率比男性高25%，农村年轻女性的自杀率比男性高66%。和其他国家相似，中国的自杀未遂者也是女性多于男性（2.5∶1）。虽然自杀未遂发生率女性比男性高，但男性易采取极端的自杀方式，这是男性自杀死亡率高于女性的原因之一。

（三）时间分布

通过对意大利1974—2003年71 227名男性和26 466名女性自杀者的调查研究显示，自杀率在春季显著增高，其时间分布与阳光暴露呈正相关，与降雨量呈负相关，提示气候变化与自杀行为的发生存在联系。

三、危险因素

自杀的危险因素基本上分为三类，即精神疾病原因自杀、躯体疾病原因自杀和非疾病人群自杀。

（一）精神疾病原因自杀

精神疾病是导致自杀的主要原因之一。精神障碍患者是自杀的高危人群，国外报道自杀者中有90%可被诊断各种精神障碍，在我国，这一比例为63%。在各种精神障碍中，以抑郁症、物质滥用最常出现自杀行为，其次为精神分裂症。这三种疾病的终身自杀率分别为6%～15%、7%～15%、4%～10%。普遍认为美国和欧洲90%以上的自杀者在死亡时有一种精神障碍，自杀者中80%～85%患有抑郁症及酒精依赖这两种障碍，并且酒精依赖伴有抑郁症状者自杀风险更高。

精神疾病原因主要包括：既往未遂自杀史、自杀家族史及冲动史；严重的负性生活事件或应激；未婚、单身或寡居、家庭冲突；低社会经济地位或失业；病前人格特征明显，如依赖、边缘性人格特征；伴发严重躯体障碍；明显的抑郁、焦虑等。

1．精神疾病　心境障碍也称情感性精神障碍（mood disorder），是指由各种原因引起的以显著而持久的情感或心境改变为主要特征的一组疾病。多数患者有反复发作倾向，每次发作多可缓解，部分可有残留症状或转为慢性。心境障碍的临床表现可有情感高涨、低落以及与此相关的其他精神症状的反复发作、交替发作或混合发作。因而其临床特征可按不同的发作而将它们分为抑郁发作、躁狂发作、混合发作、环性心境障碍、恶劣心境障碍、情绪低落和精神分裂症八类。

（1）抑郁发作：通常以典型的心境低落、思维迟缓、意志活动减退“三低症状”，以及认知功能损害和躯体症状为主要临床表现，多数患者共患焦虑，个别可存在精神病性症状。

（2）躁狂发作：典型症状是心境高涨、思维奔逸和活动增多。常伴有瞳孔扩大、心率加快、体重减轻等躯体症状以及注意力随境转移，记忆力增强紊乱等认知功能异常，严重者出现意识障碍，有错觉、幻觉和思维不连贯，成为“谵妄型躁狂”。躁狂发作临床表现较轻者称为轻躁狂，对患者社会功能有轻度的影响，部分患者有时达不到影响社会功能的程度，一般人常不易觉察。

（3）混合发作：是指躁狂症状和抑郁症状在一次发作中同时出现，临床上较为少见。通常是在躁狂与抑郁快速转相时发生。例如，一个躁狂发作的患者突然转为抑郁，几小时后又再复躁狂，使人得到“混合”的印象。但这种混合状态一般持续时间较短，多数较快转入躁狂相或抑郁相。混合发作时躁狂症状和抑郁症状均不典型，容易误诊为分裂心境障碍或精神分裂症。

（4）环性心境障碍：是指心境高涨与低落反复交替出现，但程度均较轻，不符合躁狂发作或抑郁发作时的诊断标准。轻度躁狂发作时表现为十分愉悦、活跃和积极，且在社会生活中会作出一些承诺；但转变为抑郁时，不再乐观自信，而成为痛苦的“失败者”。随后，可能回到情绪相对正常的时期，或又转变为轻度的情绪高涨。一般心境相对正常的间歇期可长达数月。其主要特征是持续性心境不稳定。这种心境的波动与生活应激无明显关系，与患者的人格特征有密切关系，过去有人称为“环性人格”。

（5）恶劣心境障碍：是指一种以持久的心境低落为主的轻度抑郁，而从不出现躁狂。患者在大多数时间里感到心情沉重、沮丧，看事物犹如戴一副墨镜一样，周围一片暗淡；对工作兴趣下降，无热情，缺乏信心，对未来悲观失望，常有精神不振、疲乏、能力不足、效率降低等体验，严重时也会有轻生的念头；常伴有焦虑、躯体不适感和睡眠障碍，无明显的精神运动性抑制或精神病性症状，工作、学习、生活和社会功能不受严重影响。常有自知力，主动要求治疗。患者抑郁常持续2年以上，期间无长时间的完全缓解，如有缓解，一般不超过2个月。此类抑郁发作与生活事件和性格都有较大关系，也有人称为“神经症性抑郁”。

（6）情绪低落：与自杀意念和自杀企图有相关性。抑郁症与自杀行为的关系，国内外均获得一致的结果。有研究显示，15%的抑郁症患者最终自杀死亡。雷多姆斯基（Radomsky）等对1048名住院精神病患者的研究表明，精神病患者自杀率高，目前或过去有严重抑郁发作的患者具有更高的自杀率。此外，精神病患者自杀的危险因素明显不同于一般人群，男性、拉美裔、过去有自杀企图、抑郁分数高与较高的自杀倾向独立相关，再次证实了精神病性抑郁症患者自杀率高。重度抑郁症患者的自杀率是一般人群的20.4倍，焦虑症是自杀意念和企图的独立危险因素。心境障碍合并焦虑症者自杀企图的风险大大增加。图多（Tondo）等对2826名撒丁岛心境障碍研究中心的心境障碍患者的研究表明，双相障碍患者较重度抑郁症患者更易实施自杀行为。纱丽（Saree）等的研究表明，创伤后应激障碍（PTSD）与自杀意念和自杀企图显著正相关。

（7）精神分裂症：在世界不同地区患病率的差异很大，如爱尔兰高达1.74%，而太平洋上的岛国汤加仅有0.09%，不同的文化背景、社会阶层、性别、年龄及职业的患病率可能有所不同。精神分裂症患者是具有自杀风险的高危人群，是该病患者过早死亡的原因之一。有数据表明，有10%的精神分裂症患者死于自杀。余晓琼和邓杰对181例新住院精神患者自杀未遂进行分析，其中抑郁症自杀行为61.88%，精神分裂症自杀行为占33.15%。

（8）癔症：癔症大多发生自杀未遂，人格障碍和性变态自杀者常见，其中自杀未遂或蓄意自损为较常见形式。青少年中女性、年龄的增长、吸烟、饮酒、孤独感、明显的焦虑和缺乏父母的监督与自杀意念相关。

2．酒精导致的自杀

酒精滥用（alcohol abuse）是指由于饮酒已导致对健康或身体的损害和危险，但不能满足酒精依赖的诊断标准。

酒精是精神活性物质，可以影响人类情绪、思维、行为及意识状态。长期嗜酒者可出现酒精依赖综合征，即耐受性、戒断症状和冲动性觅酒行为，情绪低落和自杀倾向。突然减少酒量或停止饮酒，可出现幻觉和妄想等精神病障碍。酒精滥用及其成瘾是一种失控且紊乱的饮酒行为，被定义为一种病理状态行为综合征。

根据跨地区、跨文化对全球调查的结果，有2%～25%或更多的男性终身酒精依赖。酒精滥用使美国青少年男性自杀的概率增高17倍，女性则增高3倍。总的酒精消费量和啤酒、烈酒、葡萄酒消费量与女性自杀死亡率均呈显著正相关，烈酒和葡萄酒的消费量与总自杀率和男性自杀率呈正相关。不同种族间酒精依赖发生率不同，为种族间自杀率的差异提供线索。

（二）躯体疾病原因自杀

躯体疾病是一种应激，起病后患者往往对疾病的原因、诊断、治疗和预后等产生较多的关注和忧虑，尤其是疼痛性疾病，恶性疾病（癌症、艾滋病），慢性躯体疾病终末期，对患者带来的心理压力必然非常显著，在这种情况下，自杀危险是很高的。纱丽（Saree）等对英国东南部艾滋病患者进行研究，有自杀意念者占 31%，相关因素为异性恋男子、失业、停止抗逆转录病毒治疗、躯体症状、心理症状和生活质量差。性别、性行为和民族与自杀意念独立相关，异性恋男子和黑种人受访者的自杀意念与同性恋男子（或妇女）和白种人或亚洲受访者相比增加了近 2 倍。在老年人中癌症患者的自杀率较患有其他疾病者高。

另外，躯体疾病可伴发精神障碍，尤其是抑郁症常增加自杀的危险性。呼吸系统疾病与自杀意念和自杀未遂之间存在联系。克拉克（Clarke）等对 5692 名美国成年人研究表明，吸烟和伴有的心理健康状况可以独立说明哮喘和自杀意念之间的关联性。麻风病患者因为家庭和社会的歧视，有自杀意念的人是一般人群的 17 倍。

（三）非疾病人群自杀

非疾病人群自杀是指没有精神疾病或躯体疾病的一般人群中的自杀，主要由个人因素和心理社会因素导致。

1．个人因素　自杀见于各种职业，与一般民众或其他学术专业人士相比，医生在心理健康问题方面有较高风险，同时具有较高的自杀率。可能与酗酒和滥用药物，抑郁症患病率及婚姻不稳定概率增加有关。教育水平与自杀率呈负相关。即文化教育低者自杀率高，自杀行为往往带有冲动性，且易受暗示而发生集体自杀，尤其是年轻人。在中国，15～24 岁的青年自杀者平均受教育年限为 6 年。有报道，男性自杀的死亡风险与体质量呈明显反比关系。身体质量指数与青少年抑郁症存在联系。之后长普兰（Kaplan）等报道身体质量指数增加 5kg/m^2，自杀风险在男性和女性分别减少了 18% 和 24%。85% 的成功自杀发生在中低收入国家，提示经济状况与自杀间存在某种联系。失业率与男性自杀率呈正相关。

2．种族因素　大量国外文献报道，不同民族间自杀率存在差异。加拿大西北地区土著居民中青年的自杀率是全国水平的 2 倍，荷兰居民中印度斯坦族和克里奥尔男性的自杀率明显高于本土荷兰男性。斯泰特（Steven）等对乔治亚州的富尔顿县自杀率的研究发现，黑种人女性和男性自杀率分别为 1.22/10 万和 10.74/10 万，白种人分别为 9.89/10 万和 21.04/10 万，研究结果表明非洲裔美国人自杀率远低于白种人。在英国，南亚裔和西印度裔自杀率低于当地总自杀率，来自联邦国家的移民自杀率低于当地伯明翰居民。英国的南亚妇女较白种人妇女自我伤害的可能性更大，南亚裔冲动自我伤害行为更为常见。值得注意的是，与英国白种人相比，南亚裔自我伤害患者中抑郁症不太常见。

3．生物学因素　遗传研究数据表明，有情绪障碍的女性与男性的比率是 2：1，而自杀率女性与男性之比为 1∶4，提示精神疾病虽具有遗传特性，但基因对自杀行为也有一定作用。遗传学研究发现，自杀者一级亲属（父母、兄弟姊妹、孩子）自杀危险性比一般人群显著增高。古德温（Goodwin）等的研究结果证实了上述观点。对寄养者的研究支持自杀行为的遗传因素，与总样本自杀一致率 0.2% 相比，单卵双胞胎自杀的一致率高达 23.1%。双生子研究显示，单卵双生儿的自杀观念和自杀行为一致率高于双卵双生儿。

4. 心理因素　在同样应激条件下，显然与个人的心理素质有关。坚强、乐观、开朗、自尊、灵活等品质是防止自杀的心理素质。具有较高的冲动性，极端思维，认知僵化，问题解决不良，自传式记忆，绝望及功能失调性假设素质特征的个体在应激或危机面前容易产生自杀行为。麦吉尔（McGir）等的研究结果表明，冲动或侵略性特质在年轻个体的自杀中起重要作用，同时随着年龄的增长该作用随之降低。

5. 家庭因素　李鹤展等对 210 例抑郁症患者调查结果显示，儿童期受虐待患者有较高的自杀倾向。与青少年自杀有关的家庭因素主要包括父母离异或死亡、家长与子女交流障碍、父母酗酒、家庭成员有自杀、贫穷、学习、恋爱受挫等方面的问题。福图纳（Fortuna）等研究报道，在拉丁裔美国人中家庭冲突与自杀企图呈正相关，不同年龄阶段与家庭有关问题也不一样。儿童期躯体虐待和性虐待、不稳定的家庭环境、不良社交以及某些严重的创伤性体验均与成年期自杀有关。与中年人自杀有关的生活事件包括家庭不和、配偶离异、经济困难、家庭成员死亡或患疾病等。与老年人自杀有关的危险因素是独居、家庭冲突、失去周围联系等。

6. 社会因素　有些中欧国家自杀率高可能与社会文化有关，自杀率高的民族移居到自杀率低的国家，开始他们的自杀率高于当地人群，但经过一段时期逐渐持平。福图纳（Fortuna）等报道在美国波多黎各人与其他拉美裔群的自杀意念和自杀企图的差异性，经人口统计学、精神病学和社会文化因素的调整后被排除，进一步提供环境影响的证据。

大众传媒的影响、模仿和暗示对自杀的方式方法有重要影响。WHO 和许多其他机构已经制定了报道自杀和精神疾病的指南，以减少精神疾病者的耻辱感，并有助于减少不恰当的报道自杀后出现的“模仿自杀”。古尔德（Gould）发现放映有关自杀的故事片对纽约地区青少年自杀和企图自杀人数较放映前 2 周有所增加。Yip 等发现社会和政治环境可能比经济环境对自杀的影响更大。

7. 其他因素　国外常见的自杀方式有枪击、自缢、煤气、口服漂白剂、服毒、跳楼等。在英国南亚裔比其他族裔群体更常使用家用物品（如漂白剂、煤气和药物）自杀，西印度人中精神药物中毒更常见，而通过服毒企图自杀的白种人多于西印度移民。枪支是美国最常用的自杀工具。中国的自杀未遂者所采取的是高致死性自杀方式（如农药、鼠药或其他致死性高的毒药）。

对美国中学生自杀行为与民族、文化差异研究的结果证实，不同文化背景的人群出现自杀意念、自杀计划、自杀行为的危险性不同。普里查德（Pritchard）在对中国自杀情况分析后，认为影响自杀的主要危险因素是文化因素。当然，不同的宗教对自杀态度不同，一些民族视自杀为可被接受的解决问题方式。伊斯兰教义则持反对态度。

四、自杀的干预

自杀干预从本质上来说就是对于自杀行为如自杀未遂和自杀姿态，自杀意念如自杀观念和自杀企图的患者，应该及时、积极地提供预防自杀的措施。对自杀的干预，我们仍然采用三级预防策略，自杀前的干预即全人群预防策略和三级预防“三早”预防，对自杀后的干预即为三级预防。

有许多保护因素可以阻止人们产生自杀的想法或行为，这些因素包括：有很强的自尊心；有联系紧密的社交圈子，尤其与家人、朋友关系亲密；有强大的社会支持系统；能够很好地解决自己的困难；有一个稳定幸福的家庭等。对自杀干预分为自杀前的干预和对自杀后的干预。自杀的干预不外乎弄清自杀的危险因素，识别受影响的个体，以及向这些个体提供有效的预防治疗。

（一）对自杀前的干预

1．一级预防策略　自杀是非常重要的公共卫生问题，也是一个社会问题，如果没有国家的支持是难以实施自杀的预防。一级预防的目的是消除或减少自杀者的自杀原因或危险因素。二级预防是尽早发现、尽早诊断及尽早治疗自杀行为者。三级预防是对自杀者实施其自杀行为时的干预。最积极的干预就是一级预防及二级预防。因此，做好一级预防和二级预防是必要的。WHO 和联合国要求各会员国建立国家一级的自杀预防规划，目前，已建立国家级自杀预防规划的国家有芬兰、荷兰、瑞典、挪威、英格兰、美国。为建立预防自杀工作的协调组织，国内目前应该大力呼吁各级政府迅速建立多部门参与的协调委员会，以科学为依据来指导全国的自杀预防工作。

2．社区服务介入　我国针对自杀和自杀未遂的监测系统建立仍然不完善或缺失。建立一个有效的运作机制以获得准确的自杀率和自杀未遂率，是评估任何自杀预防工作效果的必要前提。随着社会工作介入社区服务，能了解社区人群健康现状和心理需求，因此，社区介入是自杀预防的重要措施之一。流行病学研究发现，自杀率存在报告不足的现象，在调查时如能结合社区服务网络则可得到较确实的数字，自杀预防需要广泛开展科学普及和心理卫生教育，加强社会支持网络，这些都离不开社区。

3．设立危机干预机构　20 世纪 50 年代，为对高危人群进行干预，埃德温（Edwin）等领导成立了洛杉矶自杀预防中心和国家心理健康机构的自杀预防中心，之后，许多国家相继成立了类似机构。我国 1991 年在南京脑科医院建立了第一个专业的自杀危机干预中心，1994 年中国心理卫生协会危机专业委员会成立。目前我国部分城市也建立了专门针对自杀进行干预的机构，这些机构的主要职能是为有自杀行为者提供服务；对自杀率、自杀未遂率及其特征进行监测；有关抑郁症和自杀的公众教育；培训卫生工作者；就自杀原因及如何预防自杀开展研究。同时，建立有效的会诊网络体系有助于及时解决各种疑难病例，对预防自杀的发生也很重要。在欧美许多国家都早已建立了综合医院急诊自杀患者的心理医学 - 精神科会诊常规制度，或设立了自杀危机干预中心来处理和预防自杀，取得了一定的成绩。而危机干预对处于困境的人无疑是一种有效的帮助和支持，增强有自杀行为人的应付能力，使他们恢复心理平衡。危机干预也是精神病院常用的心理治疗方法之一，对精神症患者的康复也至关重要。

4. 对抑郁症的二级预防策略 大量研究表明，抑郁症患者情绪低落、思维迟钝、悲观绝望、自我评价下降、自责自罪、度日如年、生不如死，死亡被看作是唯一的解脱。精神疾病是导致自杀的主要原因，物质滥用者如酒精中毒和吸毒患者以戒酒、戒毒治疗为主，辅助心理治疗。精神疾病自杀占所有自杀个案的 30%～40%。抑郁症自杀占全部精神疾病自杀的 1/4。故与自杀相关的精神疾病主要是那些可以治愈的抑郁症，不言而喻，及时发现和治疗抑郁可减少自杀风险。

5. 对主要自杀方式进行控制 在澳大利亚因对使用催眠药加以严格控制，使得以这种方式自杀的人数下降。这项研究提示，即当患者使用的一种自杀方法被限制后，他们一般不易采用另外的致死性自杀方法。美国青少年自杀中 65% 归于手枪，因而美国心理卫生专家认为对枪支的严格管理是预防青少年自杀的重要环节。在中国，自杀行为 90% 发生在农村，其中 62% 的人选择喝农药或吃老鼠药的方式，而喝农药自杀成功率非常高，应该尽量生产销售一些低毒农药，还可以加入吐出剂，使之难以下咽，让喝的人马上吐出来，并确保解毒剂的供应与合理使用，同时加强对高度农药的控制和使用管理，而不像现在这样随手可及。

6. 特殊干预 国外伦理学家认为社会的自主、仁慈、公正、无恶意是预防自杀所必需的组成因素。我国社会学家认为有效预防自杀还须建立相关的法律禁令，逐步削弱传统文化给民众的不良心理暗示以及整个社会对自杀现象的宽容。

（二）对自杀发生后的干预

自杀后的干预措施主要包括自杀后的临床治疗和心理治疗，属三级预防策略。

自杀后的临床治疗首先必须加强对自杀者进行抢救的训练，其次是针对不同的自杀原因，通过多个临床科室的相互协作，早期、快速给予相应的治疗，尽快有效地救治自杀者，正确认识和认真处理相应的并发症，最大限度地降低自杀者的死亡率，降低伤残率。

费力鹏对比国内与国外先进国家的心理治疗发展指出：在国外，从精神科医生到专职的心理治疗师，再到社区工作者；从社区到学校，从政府心理危机干预机构到民间心理咨询热线，整个社会建立了一个庞大而完善的社会心理支持系统，而在国内，起步较晚，相对落后，专家构想通过这些干预中心建立全国性的自杀干预热线，并建立起面向综合医院的 24 小时自杀未遂者心理帮助机制，逐步推广到全国，建立一个全国性的预防自杀体系，降低我国的自杀率。

有关自杀的系统研究和综合干预，有待于更多的人、社会团体和政府决策机构的参与和重视，关注自杀问题，并且要结合我国的实际情况采取有效的自杀预防措施，更好地、广泛地开展自杀预防工作，以降低自杀率，促进社会的稳定发展。

第二节　妇女、儿童的暴力伤害

家庭暴力（domestic violence）是指在家庭组织内部，家庭成员的一方对另一方实施的暴力行为。暴力行为包括殴打、罚跪、捆绑、恐吓、辱骂等一系列身体和精神上的虐待。这种家庭组织内部，是基于血缘亲情、婚姻关系、收养关系之上的。家庭暴力会直接危害到受害人的身心健康，甚至会导致受害人的死亡。

家庭暴力的发生和存在，与历史因素、社会因素、经济因素、个人因素及法律因素紧密相关。受父权主义文化的影响，妇女和儿童在家庭中大都位于从属地位，是家庭暴力伤害的高危群体。

一、流行现状

家庭暴力最常见的是丈夫对妻子的暴力，约占 90%。在美国，家庭暴力受害妇女超过了强奸、抢劫及车祸受害妇女的总和。据美国司法部统计局的数字显示，2002 年美国发生了近 50 万起针对妇女的家庭暴力事件。美国全国犯罪受害者中心提供的数据，在 18～65 岁的美国妇女中，几乎每 4 人当中就有 1 人正在或曾经遭受过家庭暴力，每年由家庭暴力造成的医疗支出达 6100 万美元。在日本，有 15.4% 的妻子曾遭到丈夫的殴打。在英国，每 4 名妇女中就有 1 名遭受家庭暴力的伤害，英国警察平均每 60 秒就要赴现场处理一起家庭暴力事件，每 6～20 秒，英国就有 1 人在家中遭受暴力侵犯，主要是丈夫打妻子。在伦敦北部，有 30% 的妇女遭受过家庭暴力，12% 的女性在过去的 1 年里报告过家庭暴力，每一个星期就有 2 名妇女在家庭暴力中丧生，英国已经成为西方国家家庭暴力问题最严重的国家之一。在俄罗斯，据统计，1993 年有 14 500 名妇女被丈夫打死，1994 年上升到 15 500 人，而被打伤、致残的妇女达 56 000 人。肯尼亚显示，42% 的妇女定期受到丈夫的殴打，约有 39% 的马来西亚妇女、42% 的韩国妇女受到丈夫虐待。

《柳叶刀》报道，虽然自 1990 年起，印度女性的自杀行为有所下降，但自杀比例还是占到了全球女性自杀数的 36.6%，全球每 5 个有过自杀行为的女性中就有 2 个是来自印度，这已为印度社会带来了公共健康危机。在很大程度上，采取自杀行为的印度女性通常已经结了婚，来自更为发达的地区，年龄也通常在 35 岁以下。印度女性的社会地位长期处于弱势，女婴死亡率高，重男轻女，女孩子早早要辍学打工补贴家用，在家庭当中，女性也非常容易遭受家暴。

中国尚没有关于家庭暴力大规模的流行病学资料，现实生活中发生的家庭暴力一般比报道的多。总体估计，约有 30% 的家庭存在不同程度的家庭暴力问题。据有关部门统计，与 20 世纪 80 年代相比，90 年代我国家庭暴力上升了 25.14%。来自全国人民代表大会、部分省市法院、检察院、妇女联合会（妇联）等部门的资料显示，家庭暴力约占婚姻案件的 30%，个别地区达 50%。《中国妇女白皮书》指出，全国 2.67 亿个家庭，离婚率为 1.59%，起因于家庭暴力的占 25%。安徽马鞍山市妇女联合会（妇联）统计，1995 年接待来访 91 件，家庭暴力 41 件，占总件数的 45.1%。北京市 2002 年 12.7 万余件各类家庭纠纷中，因家庭暴力引发的婚姻家庭纠纷就达 2 万多件。中国社会科学院的全国调查发现，遭受过家庭暴力的妇女高达 30%。在中国台湾，有 20%～30% 上层家庭发生过暴力事件。陕西省某法院 1998 年上半年对离婚案件进行抽样调查，发现 50% 涉及家庭暴力。辽宁省女性犯罪的调查情况表明，犯有重度伤害和杀人罪的女性罪犯 80% 是由家庭暴力引起的。

二、家庭暴力的特点

1．普遍性

家庭暴力是家庭常见的带有普遍性的现象，是一个全球性的健康问题。中国的男尊女卑的封建意识是妇女受到暴力侵害的历史原因，不少男性夫权思想严重，认为妇女地位低下，是男人的附庸，甚至把妇女视为自己的私有财产，对妇女进行家庭暴力。以男权为主的社会家庭暴力在全世界范围内仍普遍存在着。

2．严重性

家庭暴力严重侵犯了妇女的合法权益，它是妇女遭受严重损伤的最常见原因，约占妇女他杀死因的 40% 以上。仅 1994—1995 年间，震惊全国的夫虐妻案就有 12 件之多，如广东朱乔被丈夫廖某火烧致死，河南泌阳县农民曹炳建婚内强奸不成对妻下毒手致使周桂菊次日身亡等。家庭暴力长期被视为家庭私事，一旦有暴力发生，往往会出现“邻居不劝、居委会不问、单位不管、不出人命司法机关不理”的“四不管”现象。根据我国《刑事诉讼法》的规定，家庭暴力除杀人和重伤外，司法机关大多作为自诉案件处理。一项研究表明，当受害者求助于他人时，15.61% 不理或劝其不要声张，理睬但不处理的占 11.39%。2003 年全国妇联权益部关于公众对家庭暴力认知情况抽样调查显示，有 43.7% 的被访者认为“一个巴掌拍不响，丈夫打妻子，很多时候是因为妻子蛮横不讲理”，还有 25.5% 的被访者同意“妻子做了对不起丈夫的事，丈夫可以打妻子”。实际上是对家庭暴力的默许，长此以往，即使不危及女性的生命安全，也会受到身体和精神的双重折磨。

3．循环性发作

家庭暴力一般分以下几个阶段：①夫妻双方因金钱、家庭事务、孩子教养、酗酒、嫉妒、生女孩、婚外情等家庭琐事产生口舌之争，双方关系恶化，虐待者恶语辱骂受害者，女性稍有言语或行为反抗就会导致身体暴力发生。②紧张、压抑的情绪使虐待者大打出手，对受害人进行人身攻击，伴随精神暴力、性暴力等。③虐待者平静下来后目睹暴力的后果如遍体鳞伤、残疾等情形常表现忏悔和自责，发誓不再犯类似错误，并表现出仁义的一面，对妻子嘘寒问暖。女性由于心理软弱、自我保护性差、对丈夫有依赖性等原因，大多选择了忍气吞声。据上海市妇联调查显示，483 名经常遭受家庭暴力的女性中，有 157 人不采取任何求助措施占 32.5%。受害妇女共同的特征就是“忍耐，被动接受和麻木不仁”。一些知识层次较高、有经济独立能力的女性，也怕说出去会丢面子，一段时间后，家庭暴力又会再次发生。受害者常新伤盖旧伤，部位以头部、腹部、面部多见，多为小的撕裂伤，局部红肿，有的甚至导致关节功能障碍、骨折和危及生命等。

4. 形式多样化

家庭暴力的表现形式多样。肉体损伤（占 21%～34%）、性攻击（占 34%～59%）、精神情感上的折磨（如辱骂、恫吓、威胁、躯体或社会孤立等）常合并其他身体暴力出现，这和身体暴力对人的摧残程度是一样的。施暴者对受害者进行肉体上的攻击可表现为用棍棒、器具袭击、殴打，烟头烫，或者拳打脚踢，掌掴，或者用刀、枪等相威胁。Brzank 等采用横断面研究调查柏林一家医院的急诊中心的 806 名女性患者发现，至少受过一次家庭暴力的占 57%，其中身体暴力占 35%，精神暴力占 54%，两者兼有占 32%。Sethi 等对 198 名急诊科急性创伤妇女调查结果显示，1% 的病例是由家庭暴力引起，曾经有过身体暴力的为 34.8%，曾受过棍棒、枪支等恐吓的占 10.6%。

家庭暴力中婚内强奸的性暴力常表现为违背当事人意愿的强制性性行为，有学者调查 1994 人（占 33.9%）家庭暴力中 675 例是遭受性虐待。全国范围内的调查表明，女性中有 17.5% 的人经常在自己没有性要求时为满足丈夫而发生性行为，在夫妻间的性行为中，8.5% 是在妻子不同意的情况下发生的。

5. 家庭性

婚姻关系使得他们之间的暴力行为具有隐蔽性的特点，也使得人们对于家庭暴力的态度不同于其他暴力行为，大多采取沉默的态度，这种沉默自然培养了一种男性施暴的文化环境。国外许多研究指出，家庭暴力中很多妇女不脱离受虐关系的主要原因是缺乏有效的社会支持。

三、家庭暴力的危害

家庭暴力对于女性来说，带来的不仅是身体所受的伤害，更为严重的是对心理所带来的一系列创伤。这种心理创伤不仅是影响个人，而是会影响整个家庭。轻则是一个家庭的破裂，严重的将会使得整个家庭，乃至整个后代都会成为社会安定的危害因素。

家庭暴力对于儿童来说，其实是一种错误的行为。对于儿童不仅是身体上的伤害，更残酷的是心理上的摧残，会让他们蒙上一层心理阴影，这种阴影会伴随其一生。长期遭受到家庭暴力的儿童，心理扭曲，甚至会出现自残或伤害他人等一系列行为，这种情况，假若不加以制止，会严重危及社会的稳定。青少年是祖国的未来，如果心理严重扭曲产生攻击反社会行为，将对国家未来的发展都会产生一定的危害，不利于社会安定。家庭暴力对儿童伤害主要有以下特征。

1. 性格缺陷　在家里被“经常打骂”的孩子不良性格特点最为明显，有 25.7% 的孩子“自卑”，有 22.1% 的孩子“冷酷”，有 56.5% 的孩子“暴躁”。自述性格“暴躁”的城市闲散未成年犯有 55.2%。也就是说，性格暴躁是一些未成年人犯罪的内在动因，而父母的打骂则是未成年人不良性格产生的重要根源。

2. 加剧了不良行为的产生　未成年人具有强烈的模仿他人行为的倾向，家庭成员是年幼的孩子最早模仿的主要对象。许多打骂孩子的父母并没有意识到，自身的暴力行为所给予孩子的是攻击性示范。调查显示，被家人“经常打骂”的未成年犯的暴力行为明显偏高。如犯罪前有“携带管制刀具屡教不改”“多次拦截殴打他人”“强行索要他人财物”等暴力行为的比例分别是 29.6%、35.2%、45.4%，高于未选择被家人“经常打骂”的比例 7.5%、9.6%、13.7%。

3. 报复心理与伤害行为　孩子与父母的关系愈是不好，被打骂的比例愈高；或者说愈是打骂孩子，孩子与父母的关系愈不好，两者互为因果。更有甚者，经常被父母打骂的孩子还容易产生强烈的报复心理和伤害行为。在未成年犯中，对亲生父母动刀、动斧、投毒、绳勒的无所不有。有个用老鼠药毒死父亲的孩子想法很简单：就是要“警告”一下对他过于严厉、经常打骂他的父亲。

4. 背离家庭结交不良伙伴　父母打骂孩子的直接后果，是使孩子对父母产生排斥心理，体会不到家庭的温馨，并成为“离家出走”的直接原因。调查表明，在全部未成年犯中，有 67.3% 有过离家出走的经历，他们离家出走有一半以上与父母打骂和责备有关，其中 6.5% 是“父母无缘无故打骂”，27.5% 是‘自己犯错误怕父母责备”，17.7% 是“自己犯错误被父母打骂”。通过对城市闲散未成年犯与城市普通未成年人“离家出走的直接原因”的分析中，城市闲散未成年犯有过“离家出走经历”的高达 79.9%，城市普通未成年人仅有 6.5%，两者相差非常悬殊。但是涉及“父母无缘无故打骂”“自己犯错误被父母打骂”两项原因，城市闲散未成年犯共计 28.6%，城市普通未成年人达到 42.1%，明显高于其他选择。

四、妇女家庭暴力的社会干预

妇女家庭暴力的社会干预需要公安、司法、法院、民政、医疗等部门的大力支持和合作，同时把反对妇女家庭暴力工作纳入社区基层政府的日常工作当中，充分发挥基层居委会等组织的调解作用，构筑反对家庭暴力整体干预体系。

（一）建立社会工作站，整合社区各种资源

受虐妇女之所以不能得到强有力的社会支持，主要是因为她们所需的资源多处于分散的状态，而这些受虐妇女依靠自身的力量又难以寻找到这些资源，所以她们在面对家庭暴力时大多处于一种无助的状态。而社会工作服务机构恰好能够将社区中的各种资源加以整合利用，使这些资源的效用得以充分的发挥。社会工作者应根据各区、街道、社区结合各自的实际情况设立社会工作站，并安排专业的社工驻守，以便在社区中建立起一个以受虐妇女为中心，涵盖妇联、街道、医疗、司法和社区居民等多方力量的互动式网络干预系统，在平时的工作中与各个网络成员保持良好的沟通，保证信息渠道畅通，及时了解社区的情况，做到牵一发动全身，使得妇女一旦遭受暴力，干预网络马上启动，对受虐妇女提供及时有效的援助和治疗。同时，社会工作者还可以在社区对相关工作人员和社区居民进行宣传培训，为受虐妇女提供应对家庭暴力的方法和技巧，并提供必要的经济和医疗服务。

（二）改善受虐、施虐者的生活和就业环境

根据社会资源理论，受虐妇女的就业和经济状况对于受虐妇女是否能够摆脱暴力环境发挥着重要的作用。因此，对于因为经济原因不能脱离施暴丈夫的受虐妇女，社会工作者可以积极动员社区内的各种资源，尽可能为其寻求一份稳定的工作，既可以提升她在家庭中的地位，又可以增强她脱离暴力环境的决心。当然，这项工作需要得到政府相关部门的大力支持，才能得以顺利开展。

另一方面，施暴者也是需要我们在工作中关注的对象，因为不排除施暴者中有一部分是因突然遭受到生活和就业环境的巨大改变（如失业）而产生很大的心理压力才会对妻子实施暴力。所以社会工作者在实际工作中，不仅要积极改善受虐妇女的生活状态，还要考虑到施暴者的实际状况，减少家庭暴力事件的发生。

（三）加强反对家庭暴力的舆论宣传，营造和谐氛围

家庭暴力的发生是家庭内部因素和社会外部环境共同造成的。社会主流话语和价值观必须明确反对和禁止任何形式的家庭暴力，对家庭暴力实行“零容忍”，同时还要做好广泛的宣传和教育工作，让全社会知道家庭暴力不仅是一种违反社会道德的行为，还是一种严重侵犯法律的犯罪行为。

（四）构筑反家庭暴力综合干预体系

家庭暴力的隐蔽性、危害性、持续性、循环性的特点决定了反对家庭暴力绝不是仅靠一方力量就可以解决。它不仅仅依靠社会工作者，还需要公安、司法、法院、民政、医疗等部门的大力支持与合作，共同探索出一条“事前宣传预防、事中干预救助、事后教育处置”的反对家庭暴力模式，构筑反家庭暴力整体干预体系，健全点面结合

的反家暴网络，加强各网络成员的协调督导、配合联动。

五、儿童家庭暴力的社会干预

对儿童的家庭暴力发生在个体家庭中，由于父母作为未成年人的法定监护人往往是实施暴力的主体，处于弱势地位的儿童对成年人暴力行为的反抗和自我保护能力很弱，即使家庭中有其他成年人对家庭暴力行为予以制止，施暴人也难以受到相应的处罚。因此，靠家庭内部的力量制止和减少家庭暴力的可能性很小，需要借助家庭以外的力量对家庭暴力实施有效的社会干预，以减少对儿童造成的身心伤害。

（一）创设儿童免遭家庭暴力侵害的社会舆论氛围

在我国，对儿童的家庭暴力屡禁不止甚至愈演愈烈的根源之一，在于我们民族的传统观念中对“大人打孩子”的合理性认知，以及由此而产生的态度上的宽容。当我们对那些极端实例进行剖析时不难看到，父母对孩子的暴力行为通常是由来已久，并非偶然，但是并没有受到舆论的谴责和制止，以致最终酿成不可挽回的悲剧。因此，创设儿童免遭家庭暴力侵害的社会舆论氛围，是实施对家庭暴力社会干预的必要前提。在这方面，需要澄清几个基本认识：一是家庭暴力包括父母对孩子的暴力行为，属于法律禁止的范围；二是未成年人作为独立的人，享有公民的权利，其监护人的职责是保护未成年人的权益不受侵害，而不能将孩子作为私有财产任意施暴；三是即便是在家庭内部发生的、对孩子的暴力行为，同样是违法的，应当受到相应的惩戒和制裁。在社会舆论宣传和公民教育中，让这样的基本认识深入人心，有利于父母作为孩子的监护人自觉抑制自身对孩子暴力行为的发生，有利于儿童自我保护意识和能力的增强，有利于社会各方面对家庭问题施以正常干预。

（二）完善儿童保护网络

按照《婚姻法》的规定，当出现家庭暴力或虐待家庭成员的情况时，“受害人有权提出请求，居民委员会、村民委员会以及所在单位应当予以劝阻、调解”。事实上，对儿童的家庭暴力发生在家庭内部，施暴者往往是孩子的父母，他们是孩子生活上的依靠和精神上的寄托，未成年的孩子作为受害人很难主动去寻找家庭以外的人对自己实施保护，因此许多家庭暴力问题难以被发现，社会干预便无从做起。完善儿童保护网络最基础的层面是对未成年人监护人的监督。如建立家庭调查制度，居委会、村委会通过定期主动走访家庭等方式及时了解和发现存在的问题，阻止和避免家庭暴力的发生；再如建立特殊人员举报制度，规定教师、医生、邻居等直接接触儿童的人员发现儿童受到家庭暴力侵害及时举报，可以在一定程度上起到监督监护人的作用。此外，当务之急是建立以未成年人为对象的家庭暴力干预、救助机构。目前，我国许多地方以妇联组织为主建立了家庭暴力干预、救助机构，但主要是面向妇女，为儿童提供的服务微乎其微。一方面这类机构应拓展为儿童服务的功能，同时发挥以共青团组织为依托的未成年人保护委员会，以及以公安系统为依托的“青少年维权岗”的作用，在社区、学校等家庭以外的儿童主要活动领域，以热线、面询等方式接受未成年人家庭暴力问题的咨询、投诉以及紧急情况的处置，对未成年人提供切实可行的帮助。

（三）强化对施暴者的教育和惩罚措施

关于家庭暴力行为人的罚责，在我国相关法律中有所体现。如《婚姻法》规定：“实施家庭暴力或虐待家庭成员，受害人提出请求的，公安机关应当依照治安管理处罚的法律规定予以行政处罚。”《未成年人保护法》规定，对“侵犯未成年人的人身权利或者其他合法权利构成犯罪的”“虐待未成年的家庭成员情节恶劣的”依法追究刑事责任。但是现行法律对侵害未成年人利益的行为如何进行监督没有涉及，对于实施家庭暴力只按照治安管理处罚的法律和刑法来处置也是不够的。事实上，这些规定对普遍存在的对儿童实施的家庭暴力并未起到约束作用，大量的家庭暴力实施者主要是孩子的父母，并没有受到应有的教育和惩罚，这也是对儿童的家庭暴力屡禁不止的原因之一。

从保护未成年人的立场出发，当对儿童构成身心伤害的暴力行为被发现，社会有关方面向受害人提供帮助的同时，对施暴的父母和其他成年人的教育和惩罚也是非常重要的。在这方面，除法律规定的处罚外，需要制定相关的制度措施。如建立对监护人的长效教育机制，责令对儿童实施家庭暴力的家庭成员参加规定时限的亲子教育辅导，帮助他们转变教育观念与方法；通过建立家庭调查和监督制度，使家庭暴力得以及时发现，同时规定在居住社区公告儿童实施家庭暴力的家庭成员姓名，以利于社会各方面对其进行重点监督；对由于家庭暴力对儿童造成身心伤害，暂不宜在家中居住的，监护人须提供抚养费由社会有关机构安排救助；等等。总之，通过教育惩罚，将家庭暴力对儿童的伤害减少到最低限度。

第三节　儿童疏忽与虐待

一、概念

儿童虐待的定义在不同学科、不同社会背景、不同时间上皆不相同。疏忽与虐待两个词往往在文献中互相通用。美国疾病预防与控制中心（CDC）将“虐童”定义为：任何对儿童导致伤害、潜在的伤害或恐吓的伤害的行为。英国在 1989 年公布的儿童法案中规定：凡是影响儿童生理的、智力的、情绪的、社会的行为都是“虐童”。一般意义上，儿童虐待（child abuse）是指对 18 岁以下的儿童的虐待和忽视行为。它包括任何对儿童导致伤害、潜在的伤害或恐吓伤害的行为。虐待儿童行为分类中包括四种行为，即身体虐待、精神虐待、性虐待和疏忽照顾。

（一）身体虐待

对于儿童，踢、踹、捏、打耳光、拉耳朵、拉头发、鞭打、捆绑、香烟烫伤与过度的体罚。施暴者往往声称只是在管教小孩。但是导致儿童严重受伤或死亡，将涉及刑责。施暴者的施暴行为往往不是一次性的，因此受虐儿童的身上常会有异常数量的外伤与旧伤痕。为了遮掩伤痕，受虐儿童常无视气候变化，终年穿着长袖衣裤。施暴者在儿童就医时，常捏造其外伤发生的原因与病史，以规避责任。

（二）精神虐待

谩骂、嘲笑、羞辱、批评、恐吓威胁、损毁或丢弃物品、烹煮宠物等。不过这很难界定是否为精神虐待。受虐者可能主动远离施虐者，或暗自咒骂或反击。

（三）性虐待

通常是指成年人或年纪较大的青少年，对儿童性虐待，得到刺激的快感。强迫儿童裸露生殖器或触摸，或对儿童使用情趣用品，或异物插入等。施虐者可能是儿童熟识的家人、亲戚的孩子、朋友的家人、保姆、邻居等，使儿童会主动防备的陌生人仅占少数。可能导致儿童罹患性病，生殖器、泌尿道、直肠遭到细菌感染或撕裂伤。

（四）疏忽照顾

持有监护权的成年人，对于受扶养的未成年亲属，对于其饮食、教育、医疗、衣物、卫生等基本需求，刻意忽视。特征是明显的营养不良、不合身的衣物、学龄儿童未去学校等。

儿童虐待与忽视非常复杂，给研究也带来了困难。据世界卫生组织统计，儿童虐待发生率在不同国家之间差异非常大，取决于如何定义儿童虐待，研究何种类型的儿童虐待，所收集数据的范围和质量，以及来自于受害者、其父母及监护人的自我报告的范围和质量等。尽管存在上述限制，国际研究表明约 1/4 的成年人报告他们在儿童时期曾遭受过身体上的虐待，1/5 的妇女和 1/13 的男性报告遭受过儿童期性虐待。情感虐待和忽视也是非常常见的儿童期经历。

据估计 2014 年，有 41 000 名 15 岁以下儿童成为他杀的受害者。很大一部分儿童死亡案例被错误地归结于不相干的因素，如跌落、烧烫、溺水等。在武装冲突和难民潮等环境下，女童尤其容易遭受与性有关的暴力和虐待，施暴者可以是士兵、安保人员、社区居民、救助人员等。

二、特定的儿童疏忽与虐待问题

（一）杀婴行为

在自然情况下，由于生物学因素，5 岁以下女童死亡率应略低于男童。然而，在出生之后，由于对女童的忽视，在某些国家出现了性别比男童高于女童的情况。在印度，每年由于这个原因导致的 5 岁以下女童死亡例数高达 23 万例。在高收入人群中，性别选择性流产更为常见，而在低收入社会阶层中，出生后的虐待，包括杀婴行为和遗弃，则更为常见。

（二）童婚

童婚是指结婚的一方或双方皆为儿童，往往年龄在青春发育期之前。在亚洲和非洲童婚现象很普遍。在许多国家，即使是法律禁止童婚的国家，童婚却依然是合法的。印度的儿童新娘人数是全世界最多的，占全世界总数的 40%。童婚率最高的国家是：尼日尔（75%）、中非共和国和乍得（68%），以及孟加拉国（66%）。联合国认为在 18 岁以下结婚的人不能对婚姻给出有效的合法性，因此这种类型的婚姻被认为是一种强迫的婚姻。

（三）童工

童工是指雇佣儿童工作，由此剥夺了他们的童年，阻止了他们进入学校学习，由此给儿童带来了身体上、社会上和道德上的伤害。国际劳工组织认为童工是对儿童利用和虐待的一种形式。童工是指危害儿童身心发展的职业，不包括年龄适合且适当监督下需要儿童参加的那些职业。据国际劳工组织统计，全球约有 2.15 亿童工，许多都是全职。许多童工没有上学，缺乏足够的营养和照料，几乎没有时间玩耍。超过一半的童工从事着最为恶劣的职业，包括儿童卖淫、走私毒品、武装冲突等。许多 16 岁以下的女童从事家政服务，往往是被父母从贫穷的乡下送进城里工作的。

（四）留守儿童疏忽与虐待

自 20 世纪 80 年代初，随着我国工业化、城市化和现代化发展的不断加快，我国农民逐渐成为社会流动人群的主体。大规模流动人口出现的同时，把子女带到城市生活的农民工只是一小部分，更多的人则将孩子留在农村由单亲父（母）或老人或其他亲戚照顾，逐渐形成一个特殊的社会群体——“留守儿童”。所谓留守儿童（stay-at-home children）是指父母双方或一方流动到其他地区，孩子留在户籍所在地并因此而不能和父母双方共同生活在一起的儿童。目前我国留守儿童数量已超过 6000 万，是一个不容忽视的弱势群体。

由于留守儿童处于长期亲情缺失、家庭结构不完整，甚至监护人抚养方式和抚养质量等发生改变的家庭环境，使得留守儿童更容易出现一系列如教育、心理行为发展不良的问题。致使留守儿童疏忽和虐待现象比较严重，疏忽率达 70.2%，虐待率为 51.4%，疏忽率显著高于非留守儿童。家庭功能障碍及与外出父母联系的频率是留守儿童疏忽和虐待的共同危险因素。

三、儿童疏忽与虐待的伤害

儿童虐待可以导致直接身体伤害，但也与儿童发育问题、慢性疾病及心理问题有较强的关联，包括其后的身体疾病，更高的慢性病发病率，高风险行为率和更短的期望寿命。研究表明，90% 的施暴成年人在儿童期曾被虐待，被虐待的儿童长大后更有可能成为新的施暴者。总的来说，儿童疏忽与虐待的危害体现在情感上、身体上和心理上三个方面。

（一）情感上的伤害

儿童虐待会导致一系列的情绪问题。经常遭受疏忽、羞耻、恫吓的儿童，他们所遭受的伤害不亚于直接对身体施加的暴力伤害。受虐儿童将会缺乏安全感、低自尊及导致发育迟缓。许多受虐儿童持续经历信任困难、社交恐惧、学业困难等问题。

与年纪稍大的孩子相比，虐待对年纪较小的儿童的影响极大。他们会缺乏自信或变得焦虑，装作与自己的父母关系不亲近，甚至对其他孩子或小动物展现出暴力的行为。粗言秽语或在行为上表现得与同龄孩子截然不同，难以控制自己的情绪，缺乏社交技巧，基本没有朋友。

（二）身体上的伤害

由虐待导致的直接身体伤害可能较轻（如仅为瘀伤或割伤），也可能严重（如骨头断裂，大出血，甚至死亡）。某些事件中的身体伤害可能是暂时的。尽管如此，身体伤害对儿童所带来的痛楚和折磨却不容忽视。长期的虐待和忽视也可以对儿童身体健康和身体发育带来严重危害。这些伤害包括大脑发育受损、身体健康低下等。此外，儿童时期的暴力暴露与端粒（Telomere）的缩短及端粒活性的降低呈显著关联，而端粒的长度直接关系到寿命长短。另外一些新近发表的研究发现，儿童时期的暴力或虐待经历与特定神经化学物质的改变相关，早期的压力经历也与成年后的表观遗传学改变存在联系。

（三）心理上的伤害

曾经遭受过虐待和疏忽的儿童存在发生精神疾病的风险。此外，经历过虐待或疏忽的儿童导致青少年罪犯的概率将会增加 59%，导致成年罪犯的概率增加 29%，导致暴力犯罪者的概率增加 30%。当这些孩子今后成为父母，特别是以前就遭受过创伤应激障碍等儿童虐待后遗症的个体，在面对自己年幼孩子的需求时可能存在困难，由此将会对他们孩子的社会情感发育带来负面影响。此外，遭受虐待的孩子可能会变得对自己和他人缺乏同情心，这将导致他们感觉孤单且无法结交朋友。

儿童时期遭受虐待的受害人将在未来的人生遭受不同的心理健康问题。有个别的会出现不明原因的慢性头痛、腹痛、肌肉痛。尽管绝大多数儿童期遭受虐待的人相信，虐待是或者可能是他们成年后各类健康问题的原因，由于儿童期的虐待经历与他们的健康问题并没有直接的关联，意味着这些人的绝大多数将会被诊断为由其他原因所导致的健康问题，而不是儿童期的虐待经历。长期研究发现，80% 遭受虐待的人在 21 岁时至少会被诊断 1 项精神疾病，包括抑郁、焦虑、进食障碍及自杀行为。一项加拿大的研究表明，36%～76% 的门诊精神疾病女患者曾遭受性虐待。

（肖媛媛　张建萍）

延伸阅读

[1] 沈忆文. 人身伤害的法医学鉴定 [M]. 2 版. 上海：复旦大学出版社，2017.

[2] Maris R E. Suicidology: A comprehensive biopsychosocial perspective[M]. Spring, 2019.

参考文献

[1] Maris R E. Suicidology: A comprehensive biopsychosocial perspective [M]. Spring, 2019.

[2] Alvarez A, Bachman R. Violence: The enduring problem [M]. Spring, 2016.

[3] McCoy M L, Keen S M. Child abuse and neglect [M]. Ind ed. [M]. 2nd ed Spring, 2013.

[4] 潘建平. 中国儿童忽视现状与研究展望 [J]. 中国学校卫生，2014，35（2）：161-164.

[5] 王金华. 中国农村社会治理不能忽视留守儿童问题 [J]. 华中师范大学学报（人文社会科学版），2016：35（5）：501-520.

[6] 高欣，王临虹，金叶，等. 1990 年与 2013 年中国人群自杀疾病负担分析 [J]. 中华流行病学杂志，2017，38（10）：1325-1329.

[7] 翟书涛. 自杀原因的研究现状 [J]. 中华精神科杂志，2002，35（2）：65-68.

[8] 徐慧兰，肖水源，冯姗姗，等. 中南大学大学生自杀意念及其危险因素研究 [J]. 中华流行病学杂志，2004，25（4）：288-291.

[9] 陈雁如，张曼，郭宏达，等. 中国农村地区青少年忽视及躯体虐待经历与非自杀性自伤行为的关联 [J]. 中国学校卫生，2019，40（7）：650-659.

[10] 刘慧瀛，王婉. 自闭特质与自杀意念的关系：述情障碍与抑郁的中介作用 [J]. 中国临床心理学杂志，2019（5）：510-515.

[11] 干瑜璐，杨盈，张兴利．留守经历与大学生自杀意念的相关研究：安全感的中介效应［J］．中国青年研究，2017（8）：99-104．

[12] 杨柳，高欣，金叶，等．2006—2015年全国伤害监测系统中儿童暴力病例变化趋势及现况特征分析［J］．中华流行病学杂志，2017，38（9）：1222-1225．

[13] 刘四云，胡明，常艳，等．中国儿童青少年意外伤害干预效果的Meta分析［J］．中南大学学报（医学版），2016，41（5）：527-533．

[14] 叶鹏鹏，金叶，耳玉亮，等．1990年与2013年中国0～14岁儿童伤害疾病负担分析［J］．中华流行病学杂志，2017，38（10）：1335-1341．

[15] 叶鹏鹏，汪媛，耳玉亮，等．2016年中国12省份27个贫困农村地区留守儿童伤害发生情况［J］．中华流行病学杂志，2019，40（11）：1369-1375．

[16] 范志光，袁群明，门瑞雪．儿童期虐待对听力障碍学生自杀意念的影响：链式中介效应分析［J］．中国特殊教育，2019（8）：630-632．

[17] 贺志强，孙晓娅，王立群，等．大学生社会支持与负性情绪自杀行为的相关性［J］．中国学校卫生，2019（5）：520-523．

[18] 肖勇，汪耿夫，杨海，等．青少年童年期虐待与忽视对不良心理行为的影响［J］．中国学校卫生，2016，37（1）：46-49．

[19] 邹亚明，郝元涛．我国伤害所致死亡损失生命年和经济负担分析［J］．中华疾病控制杂志，2016，20（5）：525-528．

[20] 于晶．父母对未成年子女的家庭暴力防治探究［J］．中国青年政治学院学报，2017（3）：107-113．

[21] 耳玉亮，高欣，段蕾蕾，等．我国暴力流行及预防控制现状分析［J］．中华流行病学杂志，2016，37（1）：5-9．

[22] 陈雁如，张曼，郭宏达，等．中国农村地区青少年忽视及躯体虐待经历与非自杀性自伤行为的关联［J］．中国学校卫生，2019，40（7）：633-635．

[23] 张雷，严双琴，汪素美，等．童年期不良经历与青春期发育的前瞻性研究［J］．中国学校卫生，2019（5）：662-665．

[24] 杜洋，季益富．抑郁症患者精神病性症状与童年期虐待及心理弹性水平的关联研究［J］．中华行为医学与脑科学杂志，2019，28（6）：505-509．

[25] 王淼，万国威．儿童虐待率、心理创伤及影响因素的性别差异研究：基于天津市的实证数据分析［J］．北京社会科学，2019（8）：670-688．

[26] 丁宗一．重视儿童虐待的现状［J］．中华儿科杂志，2000，38（9）：750-752．

[27] 杨世昌，张亚林．国外儿童虐待的研究进展［J］．中华实用儿科临床杂志，2016，35（3）：257-258．

第三章　非故意伤害

学习提要

- 熟悉道路交通事故流行病学特征及评价指标
- 熟悉儿童意外伤害的概念及鉴定和分类，掌握其干预策略
- 掌握职业性伤害的定义、分类以及危险因素，掌握其干预策略

第一节　道路交通伤害

一、概述

人类进入高度文明时代，交通工具由人力、畜力向机械化、电气化时代飞跃。汽车、飞机、高铁等现代交通工具的与日俱增，使我们的生活更加便利，探亲访友更加密集，旅游经商更加便捷。与此同时，随着科学技术的发展，交通工具的高速化、自动化和智能化，也随之带来了许多负面效应，其中，交通事故的频发就是其中最严重、危害最大的问题。仅 2016 年全球由各类交通意外造成的死亡人数就突破 150 万。全世界每年死于道路交通伤害约有 120 万人（每天 3000 多人），受伤者多达 5000 万人，经济损失 5180 亿美元，道路交通伤害已成为全球第 10 位死亡原因和第 9 位失能调整寿命损失年原因。预计到 2020 年，道路交通伤害死亡人数将增加到 234 万，伤残调整寿命年（DALY）将从 2000 年的 3430 万上升为 7120 万，道路交通伤害将成为全球疾病负担的第 3 位原因。

我国道路交通事故死亡人数近年来位居世界第一。我国汽车保有量仅占世界汽车保有量的 1.58%，但交通事故死亡人数却占世界总数的 8.70%。随着机动车数量的快速增长，我国交通事故及伤亡人数呈不断上升趋势。自 1951 年有交通事故数据统计开始，至 2001 年的 51 年中，我国的道路交通事故一直呈上升趋势。道路交通事故发生次数从 1951 年的 5922 起增加到 2001 年的 754 919 起，伤亡人数以 10 年翻一番的速度上升。

道路交通事故对劳动人口造成严重威胁，车祸死亡人员中，行人、乘客、骑摩托车者和骑自行车者等交通弱势群体占了 80% 以上，以儿童和青壮年劳动人群为主，半数以上的车祸死亡者是 16～45 岁的青壮年。

我国加强对道路交通的管制和治理后，道路交通事故增长率和死亡率均有所下降。

据统计，2003 年，全国公安部门共受理一般以上道路交通事故 66.8 万起，造成 10.4 万人死亡，49.4 万人受伤，直接经济损失 33.7 万元；2016 年，全国涉及人员伤亡的道路交通事故下降为 21.3 万起，死亡人数减少至 6.3 万人，受伤人数 22.6 万人，直接经济损失缩减为 12.1 万元。2003—2016 年，全国道路交通事故各项指标都有不同程度的下降，事故发生得到明显遏制，但交通安全形势依然十分严峻（表 3-1）。

表 3-1　2003—2016 年交通事故统计表

年份（年）	事故起数（万次）	死亡人数（万人）	受伤人数（万人）	经济损失（亿元）	日均死亡人数（人）
2003	66.75	10.44	49.42	33.69	285
2004	56.78	10.71	45.18	23.91	293
2005	45.03	9.87	46.99	18.84	270
2006	37.88	8.95	43.11	14.90	245
2007	32.72	8.16	38.04	11.99	223
2008	26.52	7.35	30.49	10.10	201
2009	23.84	6.78	27.51	9.14	184
2010	21.95	6.52	25.41	9.26	179
2011	21.08	6.24	23.74	10.79	171
2012	20.42	6.00	22.43	11.75	164
2013	19.84	5.85	21.37	10.39	160
2014	19.68	5.85	21.19	10.75	160
2015	18.78	5.80	19.99	10.37	158
2016	21.28	6.31	22.64	12.08	172

二、交通事故

（一）定义

交通事故（traffic accident）是指车辆在公路、街道或其他道路上运行时引起或所发生的死人、伤人或物件损失的事故。交通事故不仅是由不特定的人员违反交通管理法规造成的，也可以是由于地震、台风、山洪、雷击等不可抗拒的自然灾害造成。交通事故在广义上还可包括铁路机车车辆、船舶、飞机造成的事故，但习惯上仅指公路运输和城市交通中发生的事故。

（二）类型

根据公安部 1991 年《关于修订道路交通事故等级划分标准的通知》，根据人身伤亡或者财产损失的严重程度或数额，交通事故按损害后果分为轻微事故、一般事故、重大事故和特大事故四类。

1. 轻微事故：是指一次造成轻伤 1～2 人，或财产损失机动车事故不足 1000 元，非机动车事故不足 200 元的事故。

2．一般事故：是指一次造成重伤 1～2 人，或轻伤 3 人以上，或财产损失不足 3 万元的事故。

3．重大事故：是指一次造成死亡 1～2 人，或重伤 3 人以上 10 人以下，或财产损失 3 万元以上不足 6 万元的事故。

4．特大事故：是指一次造成死亡 3 人以上，或重伤 11 人以上；或死亡 1 人，同时重伤 8 人以上；或死亡 2 人，同时重伤 5 人以上；或财产损失 6 万元以上的事故。

交通事故等级划分标准中的死亡，是指因交通事故致伤而当场死亡或受伤后 7 天内抢救无效死亡的。重伤，主要是指下列情况：使人肢体残废或容貌损毁的；使人丧失听觉、视觉或其他器官功能的；其他对人身健康有重大伤害的。具体重伤的确定按《人体重伤鉴定标准》执行。轻伤是指表皮挫裂、皮下溢血、轻度脑震荡等情况，具体按《人体轻伤鉴定标准》执行。在交通事故处理工作中，死亡不以事故发生后 7 天内死亡的为限；重伤、轻伤同样按上述标准确定；财产损失的数额应根据有关法律法规确定。

除了按交通事故损害后果分类外，还有按交通事故责任分类、按交通事故原因分类、按交通事故对象分类和按交通事故发生地点分类。在此不进行赘述。

三、评价指标

交通事故率（traffic accident rate）是评价交通事故多少的一种指标。常用的事故率有 3 种。

1．人口事故率　是在所研究的区域内，平均每 10 万人中一年内发生的事故次数或死亡人数。因用死亡人数作标准，便于比较，所以一般都以死亡人数作统计标准。每 10 万人中的事故死亡率 T1 可按下式计算：

$$T1 = B \times 105/P \quad (3\text{-}1)$$

式中：B——一年内因交通事故死亡总人数；

P——该地区的人口数。

2．车辆事故率　是在所研究的区域内，平均每 1 万辆机动车中一年内的事故次数或死亡人数。每 1 万辆机动车的事故死亡率 T2 按下式计算：

$$T2 = B \times 104/M \quad (3\text{-}2)$$

式中：B——一年内因交通事故死亡总人数；

M——该地区的机动车辆总数。

3．运行事故率　是在所研究的区域内，平均每 1 亿车公里一年内发生的交通事故次数或死亡人数。每 1 亿车公里的事故死亡率 T3 按下式计算：

$$T3 = B \times 108/V \quad (3\text{-}3)$$

式中：B——一年内因交通事故死亡总人数；

V——该地区一年内行驶的车公里总数。

四、危害特点

1. 突发性强，难以预料　车辆由于超载、超员往往容易导致爆胎事故发生，车辆的刹车失灵、刹车淋水缺水或发动机故障，驾驶人员对车况和行驶道路不熟悉，违章超车、饮酒驾车等违章行为等都会导致道路交通事故的发生。这些事故往往因事发突然而导致驾驶员无法准确驾驭车辆。

2. 死亡率高，损失巨大　由于车辆多，车速快，非轨道运行，所以道路交通事故发生概率高。有关统计显示，以每小时 160 公里速度行驶的小轿车若出现爆胎，司乘人员的死亡率是 100%。同时，道路交通事故往往会造成车辆变形，车内人员无法自行逃生，人员伤亡概率大，车辆损坏大，同时公路灾害事故可能伴随着着火，火灾烧毁大量的车辆和货物，造成重大的经济损失。

3. 易引发二次伤害　道路交通事故可能直接引发火灾、爆炸，即使事故后没有发生火灾，但燃油四处流淌，一旦救援迟缓，也可能引发火灾事故。另外，如果救援不及时或现场保护不周，也可能出现新的车辆碰撞、翻车事故，导致出现二次事故，造成二次灾难。

4. 抢险救援条件差，救援难度较大　公路上一旦发生交通事故，事故车辆无法及时疏散，随时可能发生起火燃烧、爆炸或化学危险品泄漏。同时，事故车辆往往撞毁变形或坠入路沟，司机和乘客等众多人员被困在受损的事故车辆内无法及时逃生，随时都有生命危险。尤其是多车连环相撞时，救援点多，灾害事故造成道路堵塞，救援装备和人员难以接近事故现场。如果事故发生在高速公路或地形复杂的山区公路上时，如有的事故地点位于悬崖、坡度陡峭、灌木重叠等地，救援难度则会更大。

第二节　儿童意外伤害

近年来，儿童急慢性传染病以及严重营养不良等影响儿童身心健康的疾病得到控制，伤害成为大多数国家 0～14 岁儿童及青少年的第一位死因。联合国《儿童权利公约》指出，18 岁以下为儿童，包含学龄前儿童（0～6 岁）和学龄儿童（7～18 岁的儿童以及青少年）。儿童伤害已经被国际学术界确认为 21 世纪重要健康问题和儿童保健领域里的一个前沿课题。

一、概述

（一）儿童意外伤害的死亡和残疾情况

青少年儿童由于其生理特点，是伤害的主要受累人群。全球每天有 2300 多名儿童死于非故意或故意伤害，有数以千计的受伤儿童就医，而且往往会留下终身残疾。儿童意外伤害的发生率虽有所降低，但仍是中国和其他国家 0～14 岁儿童的首要死因。

20 世纪 70 年代末期，欧洲的流行病学报告表明，意外伤害已成为儿童死亡顺位的首位。80 年代到 90 年代，世界各发达国家和发展中国家儿童意外伤害率为 14.1/10 万～151/10 万，意外死亡率为 2.6/10 万～28.8/10 万。阿根廷、古巴等国，意外伤害是儿童死亡的第 1 位死因；伊朗 16.6% 的死亡是因为意外伤害所引起；非洲则是第 5 位死亡原因。WHO 在 1995 年年度报告中指出，当年死于意外伤害的人数有 700 余万，全球范围内约有一半儿童死亡是由于意外伤害所致，已超过小儿肺炎、恶性肿瘤、先天性畸形以及心脏病等疾病的死亡总和。

1992 年，在卫生部妇幼司和联合国儿童基金会的资助下，开始了我国儿童期意外伤害的流行病学调查。意外伤害是我国 0～14 岁儿童的首位死亡原因，死亡率为 67.1/10 万，占儿童总死亡的 31.3%（1～14 岁占 55%～71%）。溺水、窒息、车祸占全部伤害死亡的 80.4%。我国的全国死亡监测网显示：无论城市或农村，意外死亡均为 1～4 岁儿童第一死因，死亡率高达 685/10 万～941/10 万，边远地区在 5 岁以下儿童意外死亡率甚至达 1056/10 万。

意外伤害致死不是意外伤害的唯一结局，其伤残人数则远远超过死亡人数。20 世纪 90 年代后期，美国青少年意外伤害发生率为 22.4%。1992 年，在美国有 83 000 例青少年因意外伤害致死，却有超过 170 万致残。有学者在重庆、合肥、天津、锦州、舟山 5 地调查过 15 228 名 1～14 岁儿童，伤害发生率为 11.3%（8.2%～12.7%）。叶冬青等在安徽怀远调查 15 149 名中小学生：初中生伤害发生率为 51.7%，小学生伤害发生率为 28.9%。成都市 2165 名学龄前儿童伤害总发生率为 29.3%。1999 年，广东省在广州市、江门市、汕头市、茂名市和珠海市进行多中心研究，共调查 15 244 名 7～18 岁青少年和儿童，意外伤害年发生率为 46.45%（38.0%～50.6%），男生发生率高于女生（52.1% 和 47.7%）。

《中国青少年儿童伤害现状回顾报告》显示，2010—2015 年间，我国 0～19 岁青少年儿童伤害死亡率呈波动下降，但伤害一直是我国 0～19 岁青少年儿童死亡的首要原因，占所有死亡的 40%～50%，溺水、道路交通伤害和跌倒 / 坠落是前三位伤害死因。

来自全国伤害监测系统的门急诊监测数据显示：2010—2015 年门、急诊 0～18 岁儿童伤害病例中 1～4 岁年龄组占比最高，家中是伤害发生最多的场所，7—8 月伤害发生相对较多，跌倒 / 坠落是门急诊病例最常见的伤害类型。

（二）儿童意外伤害导致的经济负担

意外伤害使儿童早死或残疾，对儿童身心造成巨大影响，给家庭和社会造成巨大的负担与损失。早死影响人均期望寿命，而意外伤残则将给受伤儿童家庭带来极大的不幸及高昂的医疗费用。伤害的社会代价是指因伤害而离职、伤残、早死所致的生命力损失加上医疗经费。儿童意外伤害的社会代价是惊人的。WHO 用残疾调整生命年或伤残调整寿命年（DALY）为 0～14 岁的孩子进行评价，120 万伤残调整寿命年在中等收入人群中失去，280 万伤残调整寿命年在低收入人群中失去。据报道，每年有 1/5～1/4 的青少年因为意外伤害需要给予医学关注，其中 1/3 的意外伤害要求手术、卧床、休学或一天以上活动受限。美国 1982 年花费在意外伤害的费用为 750 亿美元，其中主要花费在交通伤害、碰伤上。

意外伤害不单是一种躯体伤害，而且是一个严重的社会经济问题。同时，儿童意外死亡和伤残后对家庭的精神打击是无法直接计算的。在我国独生子女的家庭模式中，失去一个孩子或孩子终生伤残给父母带来的心理打击更是难以估计。根据中国致公党发布的调查报告，中国 15～30 岁的独生子女总人数约 1.9 亿，这一年龄段的年死亡率为 4/10 000。中国每年新增"失独家庭"7.6 万个。"失独家庭"是指独生子女死亡，其父母不再生育、不能再生育和不愿意收养子女的家庭，中国的"失独家庭"至少已超 100 万，儿童意外伤害给"失独"家庭带来沉重的打击。

二、鉴定与分类

儿童期意外伤害可以按照不同的原则进行鉴定与分类。常见的分类为：按照国际疾病分类标准划分、按照意外伤害的主要原因划分、按照意外伤害的性质划分和按照意外伤害发生的场所划分。

1. 按照国际疾病分类标准划分，可以分为交通意外、溺水、意外中毒、意外跌落、烧烫伤、意外窒息、砸伤、其他意外。

2. 按照意外伤害的主要原因划分，可以分为意外窒息、淹溺、意外交通事故、中毒、吸入、误服、接触吸收、跌伤、烧烫伤、触电、自然灾害、地震和砸伤等。

3. 按照意外伤害的性质划分，可以分为物理性、化学性和生物性。

4. 按照意外伤害发生的场所划分，可以分为家庭意外伤害、托幼机构意外伤害和课余时间发生的意外伤害。

三、影响因素

意外伤害的发生，既有外部因素，也有其内在规律性。儿童意外伤害存在多种多样的影响因素，正确地认识这些发生伤害的危险因素，有利于预防伤害的发生。

（一）宿主因素

1. 年龄因素　由于不同年龄阶段的儿童躯体发育情况和活动范围不同，儿童意外伤害的发生率也不一样。美国的调查显示，儿童意外伤害发生的高峰年龄在 1～4 岁组，其次是 10～13 岁组，最低的是 5～9 岁组，对于严重非致死性儿童意外伤害，则是 5～9 岁组高于 10～13 岁。儿童非致死性意外伤害发生存在明显的年龄差异，其中学龄前（3～5岁）和青春前期儿童（9～11岁）发生率较高，而1岁幼龄儿童和6～8岁学龄儿童发生率较低，呈“马鞍形”年龄分布。丹麦儿童非致死性意外伤害在生命的头5年最高，其可能原因与这一时期儿童运动能力的逐渐发展，好奇心强，识别危险能力差，自我保护能力弱有关。年龄不同，意外伤害死亡的原因也不相同，婴儿期意外窒息较多，1～4岁儿童组以溺水比较突出，5～14岁则是车祸。儿童年龄愈小，意外伤害发生率愈高。

2. 性别因素　从性别来看，男孩意外伤害发生率大于女孩，且随着年龄增长这种比例加大。儿童非致命性伤害也表现男高于女。美国调查显示，男女性别比为（2.05～3.34）：1。南希（Nance）等对城市儿童枪击伤的研究中发现82.3%是男童，黑人男童发生率最高，且损伤较严重，无论是发达国家或发展中国家都有这种情况。2004年1月至2013年12月，广东省某市三甲医院收治的0～14岁4626例意外损伤住院儿童病案中，男孩共2990例（占64.6%），女孩1636（占35.4%），男女比例为1.83：1。意外伤害发生率与性别有明显差异。意外伤害的死亡率、伤残率、发生率均表现出男孩高于女孩，其可能原因可能是男、女暴露比例不同、行为差异（男孩生性好动、活动频率高、范围广、更喜爱刺激性游戏）以及家长或老师对男孩和女孩教育及保护方式也不尽相同。因此，儿童意外伤害的预防重点应放在男孩身上。

（二）环境因素

1. 地区因素　儿童意外伤害不仅在国与国之间存在差异，也存在地区间的差异及城乡分布差异。各国之间意外伤害发生率及发生类型存在明显差异，原因主要为各国的制度、文化风俗习惯、经济状况等不同引起的。美国的意外伤害发生比欧洲要高。李国华等调查显示：我国自行车伤害的死亡率为2.2/10万，是美国的7倍多。我国非致死性意外伤害发生率农村高于城市。地理位置不同，死因也有差异。溺水是我国南方，尤其是水域地区儿童意外死亡的主要原因，其次为窒息、中毒和车祸；城市儿童主要死因为车祸，农村地区为溺水。

2. 家庭成员因素　父母的年龄也影响儿童意外伤害的发生。母亲年龄在19岁以下，其子女更易被母亲虐待而受伤。母亲年龄大于30岁比母亲年龄小于30岁的儿童，因意外致死至少会减少一半。另外，儿童意外伤害与父母文化程度呈相关性，因为文化程度与卫生知识水平及安全意识有关。父母文化程度太低直接影响父母对子女的安全卫生教育。因此，提高父母的卫生知识水平和安全意识对预防儿童意外伤害有重要意义。李丽萍等调查显示：父亲饮酒、职业与儿童意外伤害发生呈相关性，尤其父亲饮酒是伤害发生的危险因素。再者留守儿童比较容易发生意外伤害。在中国的农村地区，留守儿童意外伤害发生率达到32.4%，显著高于平均水平。一项对广州的3～6岁流动儿童调查显示，意外伤害发生率高达35.0%，在12个月中发生2次和2次以上伤害的发生率是9.3%，高于其他地区。留守儿童和流动儿童普遍缺失父母的关爱，获得健康教育途径有限，意外伤害的发生率较高。

（三）心理行为因素

身体与心理发育水平是影响儿童意外伤害的重要因素，他们的行为气质、行为动机都与意外伤害发生有关。心理冲突、情绪压抑、行为偏离、攻击性行为等心理行为因素在意外伤害发生中起一定作用。雅克（Jaquess）等认为行为问题可作为预测儿童意外伤害的一个指标。多发性意外伤害的儿童，常表现情绪不稳，大胆冒失、富有冒险心理、好奇心很强，遇事有强烈的情绪反应。科布（Cobb）的研究表明，儿童挑衅、敢作敢为的性格特点决定了青少年时期伤害的高发率。雅克等从行为问题研究发现，有恶劣行为问题的孩子发生意外损伤的概率是寻常孩子的 1.65 倍。儿童青少年认知和行为不相一致是伤害预防工作的一大障碍。

（四）其他因素

独生子女伤害发生率明显低于非独生子女。蒂姆卡（Timpka）等发现意外伤害史与意外伤害次数相关，认为既往伤害史可作为儿童意外伤害的危险因素。

四、预防和控制

儿童意外伤害的预防是一项社会性很强的工作，涉及的领域较广泛，政府和卫生部门以及社会协同是预防的关键。政府和卫生部门应该充分认识到儿童意外伤害是一个重要的公共性问题，应该有计划地把意外伤害纳入到 21 世纪儿童疾病控制工作中，家长、教师、卫生部门应密切配合，采取一些喜闻乐见的形式进行学校卫生知识和安全教育等。对意外伤害的研究最终目的是减少伤害的发生率、死亡率、伤残率。目前，国内外对此进行了多方面的干预研究，三级预防策略作为预防伤害发生的主要策略，在全人群预防策略中，必须把意外伤害的三级预防策略融入社工保健和社区卫生服务工作中。安全促进、就地救护、院前急救、伤员转送、后期康复和残疾人照料等，多与社会卫生服务六大功能密切相关。危险人群预防策略，不同伤害类型的危险人群不同，如儿童期以窒息、溺水、中毒、车祸等伤害多见，措施应有针对性，因人而异。

美国研究对伤害预防的投入可以获得数倍或十倍以上的收益。如用于烟雾报警器上，每 1 美元可以获得 69 美元收益；用于头盔上，每 1 美元可获得 29 美元收益；用于儿童安全带上，每 1 美元可获得 32 美元收益；用于有毒物品管理上，每 1 美元可获得 7 美元收益。2017 年 12 月 22 日，《“让梦想高飞，儿童无伤害”中国青少年儿童伤害现状回顾报告》在北京发布。这是继 2010 年发布的中国儿童伤害报告以来，集 2010—2015 年共 6 年的数据，专家提倡行为指导的方法，帮助家长培养儿童安全的行为习惯，远离伤害。

第三节　职业性伤害

一、概述

在全球范围内，职业性伤害占整个伤害疾病负担的20%，其所造成的直接经济损失相当于世界各国国民经济总产值的0.5%。由于职业性伤害常见、多发，造成的死亡和伤残又是社会中最具有劳动力的一部分人群，从而给个人、家庭、社会带来巨大损失。因此，从公共卫生和职业健康及职业安全的角度，对职业性伤害进行研究显得十分重要。

职业性伤害是指与工作有关的伤害和疾病。职业性伤害的发生由诸多因素造成，如工人的年龄、工作经验、工作环境、生产和防护设备、组织和管理因素等。近年来还逐渐注意到心理因素在工伤发生中的作用。这些因素相互影响，贯穿于整个劳动过程中，构成一个复杂的系统。

按照《企业职工伤亡事故分类》(GB 6441—86)，依据职业性伤害事故产生的原因、致伤物和伤害方式等，可以将其进行如下分类：物体打击、车辆伤害、机械伤害、起重伤害、触电、淹溺、灼烫、火灾、高处坠落、坍塌、冒顶片帮、透水、放炮、火药爆炸、瓦斯爆炸、容器爆炸、中毒和窒息等。

二、职业性伤害的危险因素

职业性伤害的危险因素包括环境因素、人的因素及组织管理因素。

(一)环境因素

1. 工作环境　工效学(ergonomics)是研究人、机器和环境之间的关系，把人、机器和环境作为一个系统的整体考虑，以人为主，研究这三者的最佳匹配关系。设备的状态不佳、工具缺陷和缺少防护措施等机器因素，高温、噪声、采光照明不良和空气中含有有害气体等工作场所环境不良因素，都和伤害的发生有很大关系。刘新荣等在对某化工开发区职业性伤害的流行病学研究中发现，生产设备和防护装置缺陷占职业性伤害总原因构成的26.5%、工作环境因素占13.2%。易发生职业性伤害的企业多是化工行业、钢铁业、采矿和建筑业等，这些企业大多存在工作场所环境不良工效学因素。这种环境易造成工人视觉、听觉疲倦，注意力不集中而导致事故。长期暴露于不良工效学因素，不仅影响工作效率，而且可导致安全事故频发。高希(Ghosh)等对煤矿工人的病例对照研究表明，工作条件不良(OR＝1.61，95% CI：1.00～3.18)是引起伤害的重要因素。有的中小企业还存在生产环境布局不合理，工作场所拥挤杂乱，地面凹凸不平等问题，这些不利的生产条件都会导致伤害的发生。

另外，夏季和秋季是事故高发期。在夏秋高温湿热的环境下进行生产活动，职工的生理、心理适应能力都很差，容易身心疲劳、思想麻痹，从而造成工伤事故高发。周毅等对某机械企业工伤事故的调查分析，工伤事故季节以夏季较多，并在7月份高发，可能由于7月天气最炎热，高温环境对中枢神经系统有一定的抑制作用，影响操作过程的准确性、协调性和反应速度。在一天之中，有学者认为以中班（8～16点）为事故的高发时段。陈国元等对平顶山的3个矿的回顾性调查显示，中班事故多发，分别占3个班次总工伤人数的51.4%、47.8%、39.7%。可能与该时段工作量大、上班人员多，多数机械设备处于运行状态，导致产生事故的基数大、不安全的因素多等原因有关。也有研究表明，夜班为事故高峰期，以凌晨4点为最高发期。夜班员工内分泌系统肾上腺素水平较低，激活水平低导致警觉性降低，以致工作松懈，容易发生事故。

2. 社会环境　除了工作环境外，工效学还特别注重社会环境对职业性伤害的影响。职业压力、同事朋友间的关系、获得的社会支持和家庭因素等都是易引起职业性伤害的危险因素。

职业压力是能引起职业性伤害的重要因素。陈维清等对近海石油工人职业压力与职业伤害关系的探讨中发现，工作环境中的社会心理因素与工人发生职业性意外伤害有关。工人感觉“工作中的管理问题及与同事间的关系”压力大，是过去1年发生职业性意外伤害的危险因素（OR＝1.33，$P<0.05$）。社会支持对处于压力状态下的个体具有缓冲作用。在高度紧张压力的工作环境中，工作人员所获得的社会支持愈多，发生疾病和职业性意外伤害的可能性就愈小。

家庭的和睦程度对舒缓工作中的压力有很大的作用，和睦的家庭使人在繁重的工作中得到精神、心理、生理的舒缓。生活中遭受负性生活事件打击，如离婚、亲人去世、意外事故等，都可使大脑受到长期的恶性刺激，致大脑皮质兴奋抑制失调，直接影响情绪，使人产生焦虑、紧张、恼怒、悲伤和抑郁，这些都是易引发事故的不良情绪。另外，居住条件、收入等都对工人的情绪有影响，从而容易引发事故。

（二）人的因素

1. 年龄与性别　国内外许多研究发现，不同性别和不同年龄发生职业性伤害的危险性不同。男性较女性更易发生伤害，这可能是由于女性人数少，或暴露于危险工种少的缘故。巴塔·切吉（Bhattacherjee）等对法国东北部2562名工人的调查显示，男性发生伤害的危险性要比女性高（OR＝1.99，95% CI：1.43～2.78）。职业伤害的发生有低龄化的趋势。如Gauchard等对2610名铁路工人职业伤害倾向研究显示，年龄在30岁以下与频繁发生伤害有关联（OR＝1.81，95% CI：0.92～3.54）。年龄大者在工作中更易发生伤害，年龄大者体力、应激能力和动作协调性较年轻人都有所下降，导致了对危险所作出的反应没有年轻工人敏捷。刘金英等在对某港口企业的职业性伤害流行病学调查中发现，伤害发生者以40～49岁年龄段为主，占47.4%。老年工人的视力、听力下降也可能是伤害发生的危险因素。泽维尔（Zwerling）等观察了

5600 名 51～61 岁老年工人的工伤发生情况，结果表明：视力、听力较差和一般性的残疾增加了工伤事故的发生率（RR＝1.45，95% CI：0.94～2.22；RR＝1.35，95% CI：0.95～1.93；RR＝1.58，95% CI：1.14～2.19）。

2. 生活行为方式　吸烟是职业伤害发生的危险因素之一。王瑾等对铁路职工职业性伤害危险因素的病例对照研究，伤害组和对照组的吸烟量差异有显著性（$P<0.05$），吸烟能导致交感神经系统紊乱，并可导致注意力分散，不易集中，不能及时察觉和排除出现的危险情况，而易导致伤害的发生。高查德（Gauchard）等对铁路工人的职业性伤害和个性特征进行了病例对照研究，在被调查的 427 名病例中，吸烟者占 40.30%（OR＝1.58，95% CI：1.17～2.14），每天都饮酒者 12.20%（OR＝1.50，95% CI：0.92～2.47），吸烟和饮酒都与职业性伤害的发生有关。

工人体力负荷过重而导致的疲劳是发生工伤事故不可忽视的原因。余金明等对某钢铁企业的研究中发现，它可使工人的安全意识懈怠，对紧急情况的判断和处理能力降低，造成事故高发。Nakata 等在对 2903 名中小企业工人的横断面研究中发现，难以入睡（OR＝1.50，95% CI：1.20～1.80）、睡眠质量差（OR＝1.50，95% CI：1.10～2.00）、睡眠不足（OR＝1.30，95% CI：1.10～1.70）、失眠症（OR＝1.50，95% CI：1.10～1.90）对职业性伤害的发生有显著意义。有研究表明，在工作中加班者受伤害的风险率比不加班者高 61.00%，每天至少工作 12 小时可增加 37.00% 的风险率，每周工作 60 小时可增加 23.00% 的风险率。提示疲劳是发生职业性伤害的危险因素之一。

3. 个性特征　随着心理学的发展，心理因素和伤害的密切相关性逐渐被人们所重视。如 Marusic 等在对事故的倾向和个性之间关系的研究中发现，外向、敏感者易发生事故。有 A 型行为特征的个体，表现为性格急躁、求成心切、善于进取和争强好胜，情绪不稳定，可能反映在工作过程的耐性减少，冲动性增强等。A 型行为或偏 A 型行为在病例组和对照组中分别占 61.70%、36.20%，B 型行为和偏 B 型行为则在病例组和对照组中分别占 38.30%、64.40%。提示 A 型行为或偏 A 型行为人群可能是职业性伤害保护的重点人群。

金如锋等研究个性特征中的 N 维（情绪不稳者）因素也是影响职业性伤害发生的因素之一，N 分每增加 1 分，发生伤害的危险性增加 0.19 倍。Ghosh 等在对煤矿工人个性特征和职业性伤害关系的研究也表明，情绪不稳定（OR＝2.33，95% CI：1.04～5.22）的工人有更高的发生伤害的风险。N 分高者表现为：焦虑、紧张、易怒，对各种刺激的反应强烈，情绪激发后又难以平复，强烈的情绪反应可影响正常工作。

4. 安全认知和行为　国内外许多研究都表明，安全认知和行为与职业性伤害的发生有必然的联系。人的不安全行为相关的事故占事故总数的 80.0%～90.0%，人的不安全行为是触发事故的主要原因。邵涛等对某钢铁企业伤害的调查研究中发现，4 年职业性伤害发生总的原因以操作不当（22.2%）和安全意识不强（15.8%）为主。王颖丽等对造船工人的知信行调查中显示，有 21.48% 的工人认为职业性伤害纯属偶然和多数偶然，对职业性伤害的可控、可防性认识不足，6.69% 的工人没有把安全需求放在应有的重要位置上，20.0% 的工人在实际作业中存在着明显的不安全行为。

（三）组织管理因素

安全操作教育中培训不够也是伤害发生的重要危险因素，特别是对新职工或换岗职工的安全教育和培训尤为重要。频繁地调换工种，而不对新上岗的职工进行培训就容易造成事故多发。临时从事非本工种的工人往往缺乏本工种的工作经验，影响他们与其他熟练工人的配合程度，同时对生产设备的性质、设备本身存在的缺陷、工作中可能出现的问题以及工作场所周围的环境等因素缺乏了解。当人们在工作中调换工种时，在第1年工作中预防伤害对于工人来说尤为重要。组织管理上的松弛，缺乏相应措施来加强安全管理，缺乏严格的检查和考核制度，这些都与事故的发生有一定的关系。

三、研究进展

（一）回顾性调查

目前大部分描述性研究是利用现有的职工健康档案、保险或死亡登记资料，尤其是造成伤残和死亡的登记资料；对那些相对不完整的资料，通过访谈等方式进行补充完善。资料主要包括：各种职业伤害的保险或赔偿机构的登记报告；各级劳动局或安全局的登记资料；各级医疗部门或卫生行政机构的登记资料；各种职业伤害的监测系统资料和厂矿企业的职业健康档案或工伤登记资料。

不同来源的资料，各有其不同的用途。全国性的或地区性的资料可以分析全国或某地区职业性伤害的种类、分布特征及各种伤害的危险因素。同时可利用长时间积累的资料对各种伤害的逐年变化趋势进行分析，还可进行职业性伤害的社会经济学研究。

（二）横断面调查

了解某一职业人群中职业性伤害的发生情况，发现被调查人群中的全部职业性伤害，并给予及时的治疗，但普查需要花费大量的物力和财力，因此横断面调查主要应用于高危人群或某些高危环境且发生率较高的职业性伤害的调查。这种研究的好处在于获得的个人信息比较完整、全面，而且可根据研究者的目的来设计调查内容，一般采用面访、电话、函件的方式，必要时可进行实验室检查获取某一段时间内某一职业人群的职业性伤害情况，如泽维尔等用横断面调查了51～61岁共6854名过去一年中的职业性伤害情况。

采用抽样调查可以实现横断面研究的目的，目前多用于全国性等大范围的职业性伤害调查。如帕尔默（Palmer）等用这种方法以函件方式调查了13 325名男性工人来了解英国振动病的发生情况和分布特征。

根据研究目的的需要，有时只需要调查一些患者，这称为病案研究。如奥利弗（Oliver）等采用面访结合检查的方式，调查了长期工作于公路建设的359名6年内患有呼吸道疾病的患者，这种研究结果可以揭示某一行业内的各种职业性伤害的危险因素；扎拉尼（Zahrani）等也用相同的方法对某一医院诊断的 108 名职业性手外伤患者进行了研究。这种方法的好处在于它能反映各种职业性伤害在各个行业或工种中的分布情况，可以帮助确定高危环境或高危职业。

（三）病例 - 对照研究

这是一种由果及因的回顾性研究方式，可以为进一步的队列研究和干预性研究提供一些线索。它在选择对照时比较方便，但可能存在混杂因素，导致危险度（OR 值）的降低或增加。

病例 - 交叉研究的方法目前已应用于急性职业性伤害危险因素的研究。如索洛克（Sorock）等用这种方法对急性职业性手损伤进行了研究，发现该方法用于研究短暂的异常行为与急性手损伤的关系是行之有效的。这种设计的优点在于，能消除病例和对照之间由于个体因素不同而造成的混杂偏倚，回忆的信息准确，而且在没有合适对照选择时会更有用。缺陷是不能发现一些个人因素、职业和环境因素与伤害的关系，而且在对照时间段内，偶尔出现的活动可能对暴露与结果之间的关系有干扰作用。

为避免回忆偏倚，为了使资料完整、准确，国内外流行病学家研究并提出了一种新的研究设计，即巢式病例 - 对照研究，这种方法现已用于某些职业性伤害的研究。巴雷托（Barreto）等用 13 年的队列中因工伤死亡的人群作为病例组，以出生年份和工作时间作为匹配因素，从同一队列的生存者中为每一个病例选出 4 名工人作为对照，对钢铁企业的致命性伤害的危险因素进行了研究。泽维尔等用此方法研究邮递员的职业性腰痛的危险因素。优点在于其资料完整，两组之间的资料具有可比性，而且不会导致病例和对照的分类错误。

（四）队列研究

它是调查病因及相关危险因素的另一种分析性研究方法，较病例 - 对照研究更具有说服力。在计算各变量的相对危险度时对其他变量进行了调整，这样可以避免其他因素的干扰；而且这种方式能按自己的要求选择研究人群，同时可收集可能产生偏倚的混杂因素。它需要较长的随访时间，易造成失访，而且费用很高。杜福特（Dufort）等采用短时间大样本的方式调查 5 个电力公司的 127 129 名工人在两年中致命性职业伤害的情况，这样可减小失访率。

利用完善的工人健康档案进行研究，采用这种方法可节省时间和费用，但往往缺乏准确的暴露记录及混杂因素的资料。如张敏等利用工人体检的资料对铸造作业与工作相关疾病进行了 17 年的回顾性队列研究，发现铸造工人呼吸系统疾病、腰背痛及关节炎的人年发病率明显高于对照组，且 RR 值随铸造工龄而增加。

（五）干预研究

职业性伤害流行病学研究的最终目的是对造成职业性伤害的原因或危险因素进行

干预，进而减少伤害的发生率和死亡率，使工人的生命健康得到保障。干预研究可以用来验证上述研究提出的线索或病因假说，并最后对干预措施进行效果评价。现已形成共识的有 4 种干预措施：工程干预、经济干预、强制干预和教育干预。目前有关完善的职业性伤害干预研究设计很少，比较常见的是自身前后对照。如康威（Conway）等对阿拉斯加州的伐木工人进行自身前后对照的干预研究发现，加强对工人上岗前的培训、合理安排作息时间等能明显减少伤害的发生。而卡里维克（Carrivick）等采用了设立对照的方式对医院的清洁工进行了干预研究，结果显示，给工人提供咨询和教育能减少伤害的发生。干预研究是一项必不可少的工作，但也有其困难之处，对单一因素的干预判断常不能区分其他因素的混杂作用，然而，对多个因素进行干预，则失去针对性。

对干预措施的效果进行评价是干预研究的另一个作用。要对干预效果进行准确评价，需要有合适的评价方法和指标。目前，常用的评价指标有发生率或死亡率，此外还有一些人群的信息指标，如对预防措施的认识、对工作环境的满意程度、对预防知识的认识态度等。对常用指标的评价可通过简单的调查来实现，而对有些指标需要一些特殊的方法来完成。如马克林（Marklin）等用美国职业安全局建立的举重方程（lifting equation）、静态力量测定、腰部的运动监测及 Borg 心理学评价 4 种方法，对患工作性下背痛工人采取工程干预措施前后进行了评价，具体措施包括改变工作姿势、改善生产设备的设计、改变生产过程等。

四、职业性伤害干预研究进展

对职业性伤害基本特点和影响因素进行研究的最终目的，是对职业性伤害进行干预，从而减少职业性伤害的发生率和死亡率。职业性伤害的干预研究也可以用来验证病因假说或用于预防措施的效果评价。职业性伤害干预可以归类成以下几个方面：工程干预，又称为技术干预，主要针对体力劳动环境；管理干预，专注于过程和政策；个人干预，又称为行为干预，如改善劳动者的行为、教育和培训；或结合以上几种的手段进行综合干预。

（一）工程干预

工程干预（engineering intervention）是从人体工效学的角度进行干预，主要针对工人身体上的损伤，这些损伤通常与急性外部创伤和工作导致的肌肉骨骼疾病相关。工程干预的原则是工作场所适应于人，使设备、机械、工具的使用更加合理和安全，是减少职业性伤害的最根本、最有效的方法。大量研究和事实证实了技术控制确实有效地减少了人体工学的危险系数。

在急性外部创伤方面，工程干预通常包括套管针放血或静脉穿刺设备和利器盒，用来预防针头刺伤；便利商店的环保设计用来减少犯人相关的抢劫风险；设计石油钻采设备以减少钳子相关损伤；近地警告系统和最低安全高度警示设备用来防止空难的发生。在工作导致的肌肉骨骼疾病方面，干预手段通常包括患者转移设备，可调节工作中心，工作场所再设计，作业工具再调整，新工厂建设和护腰带的佩戴。对于存在职业有害因素如高危接触岗位，其基本要求是密闭化管道化生产，以及革新生产工艺，用无毒与低毒原料代替有毒工艺。

（二）管理干预

管理干预（management intervention）是指一种组织策略，主要是通过工作应用和政策改变工作程序、作息时间，改善工作环境等，包括参与式管理，改良的管家实践，改善的工作量和工作节奏，工资标准和规章制度。

大量实践研究表明，行政管理策略给安全作业行为带来了积极的影响，并且降低了事故的发生率。有研究报道显示，职业性伤害在 24 小时内有明显集中趋势，伤害发生率多集中在中午。根据工效学理论，中午这段时间人体处于疲劳期且反应慢，易发生职业性伤害。因此，相应的干预措施应以调整工人作息为主，将工作量大的任务安排在工人注意力集中的时间段，尽量减少外界因素的干扰。另外，管理干预在作业场所的适当设计中起到重要作用，即在设备、工艺流程和作业场所的设计阶段，同时考虑职业的安全和卫生，具体来说，包括消除或减少有害物质的发生源，对扩散挥发性的毒物采用隔离技术，对粉尘采用通风除尘或湿法作业技术。

（三）个人干预

个人干预（personal intervention）的目的是改善劳动者的认知、态度和行为。干预手段包括安全教育、岗位培训和技术训练等。相对于工程干预和管理干预，作业人员的个体防护是一种较经济有效的方法。在安全教育方面，其中较普遍的是推广防护设备如安全带和安全防护眼镜的使用。实施以安全教育为主的干预措施后，工人的安全知识知晓率明显提高，职业性伤害危险行为减少，跟踪干预 1 年后的伤害发生率比之前下降了 30%。

从设备改善方面不能完全防止职业有害因素时，个人防护措施仍是保护工人生命安全的主要手段。如有色金属企业职业性伤害易发部位多为手、脚、头等，且受伤原因主要是物击、车辆和高坠，因此特殊手套、鞋套、安全帽是保护工人的重要防护设备。采用了个人干预措施的劳动者从不同程度上减轻了职业性伤害，如缩短了下腰痛的发作时间，降低了职业性伤害事故的发生率，提高了劳动者的安全意识。所以，有潜在职业危害的企业也要注重防护用具的推广和使用。另外，急救常识培训及灵活性训练也帮助提高工人应对突发情况的应变能力。

（四）综合干预

尽管大多数伤害预防干预的同行评价多集中在某一种干预类型（技术干预、管理干预或个人干预），而事实上很多干预措施是多方面的。只有通过工程干预、管理干预和教育干预的科学结合，才能够控制职业性伤害的发生。

在实际工作中，单一采用某一种干预方法的效果可能不理想，而必须综合采取工程干预、管理干预和个人防护这三种措施，才能比较有效地控制职业性伤害。如某些化工厂控制有毒有害气体的方法是采用工业防毒技术，除此之外工厂也必须加强防毒管理，向员工提供配套的个体防护设备，同时定期进行安全培训和急救演练，才能有效地控制职业性伤害事故的发生。又如，某有色金属制定了安全生产的管理措施，加大了安全生产宣传的力度，有效地控制了职业性伤害的影响因素，职业性伤害的发生率、重伤率和死亡均显著下降率。技术干预控制的实施可能会需要确保培训和行为改变确实起到了作用。如当设计建造新工厂或工人被转移至新设施时，若同时注重考虑改良的技术和工作组织培训，会出现病假和人员流动减少，以及生产力提高的现象。

五、职业性伤害研究中存在的问题

（一）登记或监测资料的漏报

职业性伤害研究的资料绝大部分来源于各种登记资料，但目前职业性伤害的漏报问题相当严重。Pransky 等对漏报原因进行了分析，主要有以下几个方面：工人担心失去工作或升职的机会；报告者缺乏报告的意识；负责检查的医务人员不能及时、准确地诊断某些职业性伤害；企业领导采取奖励安全生产者的方式阻止伤害的报告。由于这些原因使得报告资料的可信度下降，流行病学家为此采取了一些方法如捕获 - 再捕获方法（CMR）来比较准确地估计职业性伤害的实际发生情况，但在用此方法时要注意重复报告。

（二）资料的偏倚

偏倚是影响流行病学研究真实性的重要问题，每一种流行病学方法都不同程度地存在着各种偏倚，主要存在以下几种偏倚。

1. 选择偏倚　由于选择研究对象的条件受限或方法有问题而使结果偏离真实情况。如各种报告系统中的漏报或现场调查时出现的不应答；病例 - 对照研究时选择以医院为基础的研究而产生的入院率偏倚，选择不同病例时所出现的现患病例 - 新病例偏倚，某些职业上岗前的特殊体检而造成的健康工人效应偏倚，或由于缺乏早期检测手段而将病例归为对照而出现的时间效应偏倚；队列研究时的失访偏倚。

2. 信息偏倚　是指在调查并收集信息时出现的误差。如现有资料的各项内容登记不全；调查时由于被调查者对轻的伤害回忆不清或不愿回忆既往的伤害经历而说谎，或被调查者对伤害的理解有差别等都可导致信息的不准确。此外，调查者的询问技术不当也可造成信息偏倚。针对病例 - 对照研究中出现的回忆或说谎偏倚，流行病学家采用了巢式病例 - 对照研究的方法来减少这种偏倚。

3．混杂偏倚　在职业性伤害的流行病学研究中，伤害的发生与危险因素暴露有关外，还掺杂着许多个人和环境因素的影响，而在很多研究中只分析了伤害与暴露因素的关系，没有对可能的混杂因素进行调整。因此，在收集资料时除了收集暴露因素和结果之外，还应同时收集可能引起混杂的因素的资料。

（三）资料的可比性差

目前，各个国家或地区对职业性伤害的认定，尤其是对职业相关疾病的诊断标准存在着很大差别。不仅如此，同一国家内的各种统计报告机构的报告标准也不尽相同，Letitia 的研究结果可以证实这一点。而且不同的调查方式，其调查结果在某些变量上存在显著性差异，因此对各种来源的资料分析结果就缺乏可比性。

（肖媛媛　陈　莹）

延伸阅读

［1］ Bachani AM, Peden M, Gururaj G, et al. Injury prevention and environmental health (3rd edition): Chapter 3 Road traffic injuries[M]. Spring, 2016.

［2］ Wasserman D, Wasserman C. Oxford textbook of suicidology and suicide prevention[M]. Spring, 2009.

参考文献

［1］ Bachani AM, Peden M, Gururaj G, et al. Injury prevention and environmental health (3rd edition): Chapter 3 Road traffic injuries [M]. Spring, 2016.

［2］ 叶万宝，严淑珍，李丽萍．1997—2016 年中国道路交通伤害变化趋势的 Joinpoint 分析［J］．中华疾病预防控制杂志，2019，23（5）：501-505.

［3］ 王亚，夏昭林，金克峙．中低收入国家道路交通伤害预防的机遇和挑战［J］．伤害医学（电子版），2018，7（4）：43-48.

［4］ 雷林，周海滨，彭绩．2012—2016 年深圳急门诊职业伤害病例特征分析［J］．伤害医学（电子版），2017，6（3）：47-51.

［5］ 唐雨萌，潘敬菊，周芳，等．职业伤害干预措施的研究概况［J］．职业卫生与病伤，2015，30（1）：57-61.

第四章　心理应激理论及伤害行为

学习提要

- 通过学习应激理论模型掌握应激、心理应激反应、事故倾向性等行为特征。
- 掌握伤害发生的影响因素是多因素（个人、家庭、社会环境）相互作用的结果。

第一节　心理应激及伤害行为

伤害作为可产生机体应激反应的应激源或压力，在个体识别、评价这种应激或压力过程中，产生一系列适应或不适应（环境）的紧张反应，最终心理应激行为的产生是应激源、应激反应和其他相关因素所构成的多因素之间相互作用的结果，并非单一的因果关系。

一、应激的概念及类型

应激（stress）：是指个体“察觉”环境刺激对生理、心理及社会系统过重负担时的整体现象，所引起的反应可以是适应或适应不良的。应激三要素包括：应激源、应激中介和应激反应。应激大致可归纳为三种类型：

（1）结果论：应激属于有机体对有害刺激的反应。以早期汉斯·瑟耶（Hans Selye）为代表的学者认为应激是有害刺激作用于人的结果，特别注意应激状态下的生理反应过程。在病理生理研究、精神病学研究领域中，体现了以此为主的思想及运用。

（2）应激源论：应激是引起机体发生应激反应的刺激物。把应激作为自变量，研究各种有害性刺激物的性质和特征。与汉斯·瑟耶为代表的病理生理学家，强调的躯体性应激源所不同，心理学界发展了应激源理论，认为应激源的范围相当广泛，除了躯体性应激源外，还包括心理的、社会的和文化性的应激源。

（3）过程论：应激是应激源和应激反应的中间变量。学者们认为应激反应结果的产生与否与介于应激刺激物和应激心理生理反应之间的中间（介）变量密切联系，其中认知因素是首先被证实的应激的决定因素，应对方式、社会支持、个人经历和个性特征等许多因素对应激反应起着中介作用。

二、心理应激理论模型

（一）概念

医学心理学将心理应激（psychological stress）定义为个体在觉察（认知评价）到威胁或挑战、必须做出适应或应对时的心身紧张状态。心理应激是有机体在某种环境刺激作用下由于客观要求和应付能力不平衡所产生的一种适应环境的紧张反应状态。普遍认为，应激是由应激源、应激反应和其他许多有关因素所构成的多因素之间相互作用、反馈调节与控制的系统，心理应激不是简单的因果关系或刺激与反应的过程，而是多因素相互作用的整合系统。

（二）心理应激理论模型

应激理论从应激产生的外部环境、应激源、中介因素及应激心理行为产生过程进行的不同侧面的研究，逐步形成应激的刺激理论模型、认知 - 现象学 - 相互作用理论模型（cognitive-phenomenological-transactional，CPT）、应激的反应理论模型等，并提出应对过程论。应激是应激源和应激反应间的中介变量与应激多因素系统。随着应激研究的发展，一些研究者逐渐认识到心理应激实际不是简单的因与果的关系，也不是线性的刺激 - 反应的过程，而是多因素相互作用的系统，国内具有代表性学者姜乾金等提出“应激多因素作用系统”，在此基础上，其他学者进行了发展和补充，较新的研究中提出了应激过程模型。因此，应激的理论模型可分为应激刺激理论模型、应激的反应理论模型、认知 - 现象学 - 相互作用理论模型、应对过程理论模型和应激多因素系统五大分类。

1. 应激刺激理论模型　该模型把应激定义为能够引起个体产生紧张反应的外部环境刺激，把应激看作自变量，试图寻求环境刺激和紧张反应之间的因果关系，尤其是生活事件的定量研究促进了人们对社会心理刺激和疾病关系的认识，从而加速了身心医学的发展。但随着研究的进展，人们发现该模型忽视了人类的主观能动性和心理行为的复杂性，难以建立应激与紧张反应的比例关系，存在一定的理论缺陷。

2. 应激反应理论模型　20 世纪前半叶，加拿大病理生理学家汉斯 · 瑟耶认为 GAS（general adaptation Syndrom）是机体通过对兴奋腺垂体 - 肾上腺皮质轴即为下丘脑 - 垂体 - 肾上腺轴，对有害刺激所做的防御反应的普遍形式。将 GAS 分为警戒（alarm）、阻抗（resistance）和衰竭（exhaustion）三个阶段。

（1）警戒期：是机体为了应付有害环境刺激而唤起体内有的整体防御能力，称为动员阶段。

（2）阻抗期：如果有害刺激持续存在，机体通过提高体内的结构和机能水平以增强对应激源的抵抗程度。

（3）衰竭期：如果继续处于有害刺激之下或有害刺激过于严重，机体会丧失所获得的抵抗能力而转入衰竭阶段。

这种理论模型是把个体的紧张反应（生理的、心理的、行为的）称为应激，而把引起这种反应的刺激因素称为应激源（stressor）。该模型认为应激作为因变量，是机体对有害刺激的反应。

3．认知 - 现象学 - 相互作用理论模型 20 世纪 60 年代以理查德·斯坦利·拉赞鲁斯（Richard Stanley Lazarus）为代表的心理学家提出了认知评价、应对方式在应激中的重要性。在应激过程中，中间通过许多因素的中介作用，最后决定应激反应的过程。尤其强调中介因素对个体心理和行为的影响，以及调节的作用。在应激过程中，个体由于中介因素作用效果的不同，会产生不同的应激反应。

认知 - 现象学 - 相互作用模型包含了压力的四个基本要素：压力源、中介变量、生理或心理的反应结果。该理论认为应激是通过个体与环境之间存在的特定关系而产生的，如果个体认为自身无法对付环境的需求则会产生应激体验（压力）；个体也可以通过有效的应对努力来解决自己面临的困境，从而消除应激或降低应激水平。

4．应对过程理论模型 应对过程理论（process-oriented theory）又称为情境论。该理论强调应激中的内部认知和行为过程，将应对看作是多维和多变的、与应激源的特点密切相关的认知 - 行为的动态过程。过程论认为应对是复杂多变的，抛开应激情境，将应对理解为评估 - 应对方式 - 后效认同的防御模式。应对的功效与情境密切相关，个体从感知到应激源再到行为的发生要经过多次的评估与应对策略的选择，从外部情境角度对应对过程进行深入探索，但一定程度上忽略了应对的内在动力，即人的主观能动性。

5．应激多因素系统 姜乾金等为代表的学者提出“应激多因素作用系统”的观点，即应激是由应激源、应激反应和其他要素所构成的多因素之间相互作用、反馈调节、控制的系统。若按“过程论”生活事件是“应激源”，不同人对其可以作出认知评价，不同的评价结果趋向于采用不同的应对方式，也会有不同的反应结果。反过来，上述因素也会影响生活事件本身。认知评价、应对方式和社会支持等作为“过程论”的“中间因素”，同样也分别受其他各种因素的相互影响和制约，可以是“原因”，也可以是“结果”。这一认识给予应激以一个生物、心理、社会一体化的系统概念，它将生物 - 心理 - 社会模式根植于一般系统论，是应激与健康、疾病关系的多因素、多原因、多效应的模型。（见图 4-1）。

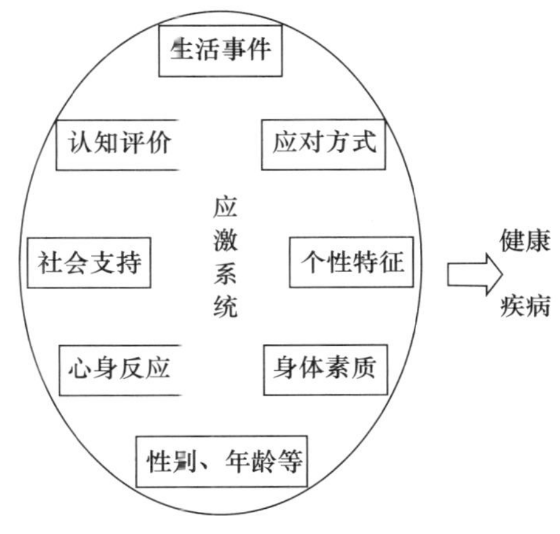

图 4-1 应激多因素系统（姜乾金，2006）

三、应激与行为

应激状态下人的情绪和行为表现，常见的应激行为有敌对与攻击、逃避与回避、退化与依赖、无助与自怜、药物滥用等。

1. 攻击性行为　攻击性行为是指只在导致他人身体上或心理上的痛苦的有意伤害行为。这是人们在应激时常采取的一种与愤怒有关的行为。

攻击可以直接指向造成应激状态的人或事物，称为直接攻击，其方式可为嘲笑、谩骂或动手打人，甚至杀人。攻击行为也可采取间接方式，当攻击的目标过分强大，惹不起或不能攻击时，就把攻击的对象转向弱小对象，即所谓找“替罪羊”，甚至指向自身，如采取自我惩罚，甚至自杀的行为。

2. 抑制或逃避性行为　是指当机体认为危险应激源是可以控制或躲避时，一般会倾向采取主动防御策略，即逃跑行为（flight）；当危险应激源无法控制或躲避时，则更倾向采用被动防御策略，如冻结行为（freezing）。此行为是在应激状态下，较多采取的一种与抑郁和恐惧情绪有关的行为反应。当面对不同环境时，机体往往会进化出适应性的行动策略。

抑制性行为表现为活动减少、沉默寡言、不爱交往、表情呆滞、行为退缩、躲避现实、疲乏无力等，严重时出现木僵状态、麻木不仁，陷入不能自主的深度抑制状态。例如，儿童的逃避性行为可出现玩手指甲、东张西望、搓手、放弃原有行为、自我安慰性逃避行为等。

3. 退化与依赖　指抑制或逃避性行为遭受挫折后，促进使用幼儿期的方式应对环境变化的行为，多是青少年应对危机的表现形式。

4. 敌对与攻击　前者内心有攻击的欲望，后者以攻击方式作出反应。

5. 无助与自怜　前者为一种无能为力，后者为自我可怜、自我惋惜情绪。

6. 物质滥用　个体习惯使用一些物质应对心理冲突。

四、心理应激障碍与常见伤害行为

心理应激障碍是心理应激反应的一种表现。心理应激在一定程度上是机体对外界刺激的再适应和调适，但当应激事件超过了机体的“适应程度”，将会引起一系列的异常反应，进而可能出现应激性心理障碍，也可发生伤害行为。某些伤害行为如暴力、校园欺凌，也可以作为一种应激源，进而引起不同程度的心理应激障碍。

（一）心理应激障碍

个体由应激性事件引发的一系列的反应，如异常的生理、心理和行为反应，将会导致应激性心理障碍，统称为应激相关障碍，包括急性应激障碍、创伤后应激障碍和适应障碍。

1．急性应激障碍（acute stress disorder，ASD） 又称为急性应激反应，是指以急剧、严重的精神刺激作为直接原因，患者在受刺激后立即（通常在数分钟或数小时内）发病，表现有强烈恐惧体验的精神运动性兴奋，行为有一定的盲目性，或者为精神运动性抑制，甚至木僵。如果应激源被消除，症状往往历时短暂，一般在几天至一周内完全恢复，预后良好，缓解完全。本病可发生于任何年龄，但多见于青年人。男女患者接近，两性患病率在统计学上无明显差异。

急性应激障碍患者症状以意识障碍、精神运动性兴奋和精神运动性抑制为主要特点，以意识障碍为主。大多数患者初期为“茫然”或“麻木”，并伴有一定程度的意识范围狭窄、意识清晰度下降、定向困难、不能理会外界的刺激等。精神运动性抑制者，临床表现有对周围环境的退缩，目光呆滞、表情茫然、情感迟钝、少语少动，严重者可表现为亚木僵或木僵状态，呼之不应，对外界刺激毫无反应，事后不能回忆应激性事件；精神运动性兴奋者，常表现为激越喊叫，过度乱动或情感爆发，甚至出现冲动伤人及毁物行为，内容常涉及心因性反应与个人经历，并伴有自主神经功能紊乱症状，如心动过速、震颤、出汗、面色潮红等。

急性应激障碍出现与否，严重程度如何，不仅与应激事件有关，而且与个体的人格特点、对应激源的认知和态度、应对方式以及当时躯体健康状态等密切相关。有关急性应激障碍的流行病学研究很少。仅有个别调查发现，严重交通事故后的发生率为13%～14%；暴力伤害后的发生率约为19%；集体性大屠杀后的幸存者中发生率为33%。

2．创伤后应激障碍（post-traumatic stress disorder，PTSD） 也称为延迟性心因性反应，是由于受到异乎寻常的威胁性、灾难性心理创伤（应激事件），导致延迟出现和长期持续的精神障碍。这类事件包括战争、严重事故、地震、被强暴、被绑架等。几乎所有经历这类事件的人都会感到巨大的痛苦，常引起个体极度恐惧、害怕、无助之感。其主要症状包括噩梦、性格大变、情感解离、麻木感（情感上的禁欲或疏离感）、失眠、逃避会引发创伤回忆的事物、易怒、过度警觉、失忆和易受惊吓。多数患者在创伤性事件后的数天至半年内发病，一般在1年内恢复正常，少数患者可持续多年，甚至终生不愈。

创伤后应激障碍的病因学研究表现为以下三个方面。

（1）遗传因素：PTSD患者家族史中精神疾病发病率是经历同样事件未发病或无此经历者的3倍，所患精神疾病以焦虑症、抑郁症、重性精神病和反社会行为为主。

（2）神经生理学：PTSD患者肾上腺皮质激素水平降低，且与患者父母患PTSD间具有显著相关性。灾难性事件记忆的建立与氨基丁酸（GABA）系统的下调有关。PTSD患者其海马体积缩小；大脑白质发生非特异性损害。

（3）社会心理因素：童年期创伤，如受歧视、性虐待、被遗弃等均使PTSD的发病率增高。其中家庭暴力是PTSD普遍重要的病前易感因素。它可导致受害儿童发生PTSD或成为PTSD高危个体。另外，生活在相对隔绝并受歧视、虐待的社会环境中的成年人也同样易感PTSD。与之相反，良好的家庭和社会支持（精神和经济上的）则是免于发展成 PTSD 的保护因素。

3. 适应障碍（adjustment disorder） 是指在明显的生活改变或环境变化时产生的、短期的和轻度的烦恼状态和情绪失调，常有一定程度的行为变化等，但并不出现精神病性症状。典型的生活事件有：居丧、离婚、失业或变换岗位、迁居、转学、患重病、经济危机、退休等，发病往往与生活事件的严重程度、个体心理素质、心理应对方式等有关。

任何年龄皆可发病，但多见于成年人。患者中男女两性无明显差异；发病多在应激性生活事件发生后的 1～3 个月内出现，表现多种多样，包括抑郁心境、焦虑或烦恼，感到不能应对当前的生活或无从计划未来，失眠、应激相关的躯体功能障碍（头痛、腹部不适、胸闷、心慌），社会功能或工作受到损害，有些患者可出现暴力行为。

适应障碍以抑郁为主者，表现为情绪不高、对日常生活丧失兴趣、自责、无望无助感，伴有睡眠障碍、食欲变化和体重减轻，有激越行为。以焦虑为主者，则表现为焦虑不安、担心害怕、神经过敏、心慌、呼吸急促、窒息感等。以品行障碍为主者，常见于青少年，表现为逃学、斗殴、盗窃、说谎、物质滥用、离家出走、性滥交等。儿童适应性障碍主要表现为尿床、吸吮手指等退行性行为，以及无故腹部不适等含糊的躯体症状。

第二节 应激的心理反应和伤害行为

一、应激的心理反应

（一）概念

应激的心理反应主要包括积极的心理反应和消极的心理反应两种形式。

1. 积极的心理反应 是指适度的皮质唤醒水平和情绪唤起；注意力集中；积极的思维和动机的调整。这种反应有利于机体对传入信息的正确认知评价、应对策略的抉择和应对能力的发挥。

2. 消极的心理反应 是指过度唤醒（焦虑）、紧张；过分的情绪唤起（激动）或低落（抑郁）；认知能力降低；概念不清等。这类反应妨碍个体正确地评价现实情境、选择应对策略和正常应对能力的发挥。

（二）应激的情绪表现

应激的情绪表现可向低落或高涨两个方向发展。当这种情绪极度低落或极度高涨时，往往会出现超出正常范围的应激反应，对机体产生一定的损坏或伤害。其主要表现形式有以下 4 类。

1. 焦虑 是最常出现的情绪，是人们对一些预感将要发生的危险所表现的紧张、担心情绪状态。焦虑过度不仅不利于应激状态的解除，还可影响心身健康，而可能出现攻击行为，甚至自杀行为。

2. 抑郁 是一种病理的情绪状态。

3. 恐惧 是一种企图摆脱已存在的危险的情绪状态，过度、持久的恐惧，会影响个体社会功能，增加心身疾病的发生。

4. 愤怒 是与挫折或威胁有关的情绪状态。此外，应激常见的情绪还有激动、兴奋、怨恨、嫉妒等。

（三）事故倾向性表现

事故倾向性（accident proneness；accident liability）：是指一些人因生理心理原因比另外一些人更容易发生事故的内在属性。事故倾向性人群引发事故的心理、生理特性是相对稳定的，一定时期特定环境下此种特性得以激发，一定环境特定时期内此种特性被高度激发而诱发事故。目前国内将事故倾向性发生频率定义为 1 年内发生 3 次及 3 次以上，而发生意外伤害的人群即为事故倾向性人群。研究结果表明具有事故倾向性特质的人群与多种伤害行为的发生有关。

在心理学研究中，心理包括了心理过程和心理特征，在影响心理应激过程及结局中起着重要的中介作用。

二、伤害发生的影响因素

伤害相关行为除了与个人的认知心理因素有关外，还与个人、家庭、社会层面的诸多社会心理因素存在关联，伤害行为的发生是多因素相互作用的结果。

（一）人口学因素

伤害行为的发生与个人因素密切相关，个体人口学特征（如：性别、年龄）和个体心理因素及伤害行为之间存在密切联系，后者常影响伤害应激后的调适与适应。

1. 性别差别 研究发现，行为具有性别二态性，男性与伤害行为可能具有更高相关性。动物实验研究提示：雌性动物在种群延续方面付出更多，因此，行为模式的选择更为谨慎，攻击性、冒险性行为相对降低，伤害性信息在雌性动物脑内的预警系统阈值更低。

2. 性别与相关心理特质 个体的心理特质和人格特征与伤害行为发生的类别上具有一定关联性。例如，男性的高感觉寻求导致冒险行为、饮酒性伤害行为发生，具有低安全感的女性对 PTSD 更易感。A 型行为性格与伤害有关。

3. 年龄与认知 个体不同年龄段的认知发展不同，伤害行为发生的特点与各年龄段的认知发展特征有关联。有学者认为，认知因素在儿童危险行为的决定中起重要作用，个人对危险的感知、对伤害发生可能性及其程度的判断，以及对意外伤害的归因均可用于预测其危险行为。

4. 认知方式、情绪与应对 认知方式的差异因受生物学以及后天环境的影响，他们在个体年龄很小的时候就开始显现了，并随着人的成长经历不断发展稳固。个体的认知方式一旦形成，就成为个体人格的稳定特征，对个体的情绪和行为起着重要的调节作用。认知方式一定程度上反映了认知能力，认知方式不当与伤害行为的发生有关。

（二）家庭因素

家庭是个体最早形成行为的单位和社会基础，是对儿童和青少年有关健康行为态度和健康观念产生影响的重要因素之一。个体所处的家庭环境、父母教育方式、父母受教育程度、家庭婚姻状况、经济水平、缺乏监管等因素与个体伤害行为的发生有关。

研究表明，在童年期受到的创伤经历，尤其是情感、身体的虐待和忽视与伤害暴力行为有关。在幼儿时期被忽视、虐待过的人群中有 1/2 可能会发生犯罪行为，其中暴力行为高达 40%。边缘人格形成的主要原因之一就是在童年期遭受到情感虐待。国内研究表明，来自单亲家庭的青少年罪犯约占 19%，父母的文化程度在初中以下的青少年罪犯超过 80%。

（三）社会因素

社会因素除家庭因素外，包括来自组织、社区、社会文化、制度等层面的因素。在对伤害行为的社会环境研究中，交通意外和青少年暴力、欺凌的研究较为多见，并形成了一定的理论体系。青少年伤害行为发生的环境主要包括学校、同伴、组织、社区及社区文化环境。

社会支持（social support）是指一个人通过社会联系所获得的能减轻心理应激、缓解紧张状态、提高社会适应能力的影响，也是伤害行为研究的重要影响因素之一。良好的社会支持能够缓冲生活事件对心理健康的不良影响，有利于健康。社会支持一方面对应激起缓冲作用，另一方面对维持一般良好的情绪体验具有重要意义。在青少年时期，学校支持是社会支持的重要组成部分，其中同伴关系（peer relation）是影响青少年健康发展的重要因素，同龄人群能够维持和加强青少年的积极和消极的健康行为。但在与性别、心理特质、社会因素与应激障碍的相关性研究中发现，女性内在的安全感对心理健康的保护作用强于来自外界的社会支持，而并未发现社会支持能减轻应激症。

（张京晶　张建萍）

延伸阅读

[1] Lazarus RS and Launier R. Stress-related transactions between person and environment [M]. In: A Pervin and M Lewis (Eds). Perspectives in International Psychology. New York, Plenum, 1976.

［2］ 师海玲，范燕宁．社会生态系统理论阐释下的人类行为与社会环境——2004 年查尔斯·扎斯特罗关于人类行为与社会环境的新探讨［J］．首都师范大学学报（社会科学版），2005（04）：94-97．

参 考 文 献

［1］ 严进．现代应激理论概述［M］．北京：科学出版社，2008．

［2］ 姜乾金．心理应激多因素系统（综述）——20 年来对心理应激理论及其应用的探索［C］．中华医学会心身医学分会．中华医学会心身医学分会第 12 届年会论文集．中华医学会心身医学分会：中华医学会，2006：14-19．

［3］ 姜智．系统科学视域下多要素心理应激系统过程模型［J］．集美大学学报（教育科学版），2012，13（4）：16-20，36．

［4］ 李婷，朱婉儿，姜乾金．心理应激的生物学机制研究进展［J］．中国行为医学科学，2005（9）：862-864．

［5］ 季成叶，陶芳标．儿童青少年非故意伤害预防［J］．中国公共卫生，2005，21（9）：1150-1152．

［6］ 景兴科，马小兰，尹洁，等．雌雄小鼠对伤害性刺激敏感度不同和缰外侧核反应有关［J］．西安交通大学学报（医学版），2019，40（05）：674-678．

第五章　伤害流行病学研究

学习提要

- 作为一个科学研究工作者，伤害流行病学研究是常用的研究方法，培养公共卫生硕士（MPH）专业的学生或其他专业学生掌握和运用。
- 利用流行病学的研究方法，分析伤害发生的影响因素。
- 学习医学文献检索工具，对相关的伤害文献检索和进行 Mate 分析。

第一节　流行病学研究方法

伤害流行病学（injury epidemiology）是运用流行病学原理和方法描述伤害的发生频率及其分布，分析伤害发生的原因及危险因素，提出干预和防制措施，并对措施效果做出评价的一门流行病学分支学科。伤害流行病学研究的主要目的是确定伤害的重点种类，阐明分布，探讨因果关系，制订防治策略并评价其效果。从一般死因分析和伤害描述扩展到各类伤害研究。

近年来有关伤害的研究已从最初的交通事故描述拓展到火灾与烧伤、青少年伤害、老人跌倒、溺水、自杀、眼外伤、运动或训练伤、旅行伤害等。在伤害危险因素的研究中，常用的测量指标包括伤害发生频率的测量指标和伤害造成的损失程度的测量指标两大类，研究方法仍然是经典的流行病学方法，如描述性研究、病例对照研究、前瞻性研究、临床试验和社区类实验研究等。随着方法学的发展，近年来一些新的流行病学研究方法被用于伤害研究领域，如病例交叉研究、巢式病例 - 对照研究，捕获 - 再捕获方法等方法应用于伤害原因和危险因素的探讨。

一、流行病学研究方法

流行病学研究方法总体分为观察法、实验法和数理法。其中观察法包括描述流行病学和分析流行病学，实验法称为实验流行病学，数理法称为理论流行病学。

（一）描述流行病学

1. 描述流行病学 又称为描述性研究（descriptive epidemiology）。它是将专门调查或常规记录所获得的资料，按照不同地区、不同时间和不同人群特征分组，以展示该人群中疾病或健康状况分布特点的一种观察性研究。专门调查有现况研究、生态学研究、个案调查和暴发调查；常规记录有死亡报告、出生登记、出生缺陷监测、药物不良反应监测和疾病监测等。描述流行病学可以：①为病因研究提供线索；②掌握疾病和病因的分布状况，为疾病防制工作提供依据；③用来评价防制策略和措施的效果。

2. 现况研究 又称为横断面研究（cross-sectional study）或患病率研究（prevalence study），是描述性研究中应用最为广泛的一种方法。它是在某一人群中，应用普查或抽样调查的方法收集特定时间内、特定人群中疾病、健康状况及有关因素的资料，并对资料的分布状况、疾病与因素的关系加以描述。所获得的描述性资料是在某一时点或一个短暂时间内收集到的，客观地反映了某时点人群健康、疾病的分布及其相关因素。因此，现况调查的数据是一个人群的现状，是时间横断面的数据。现况调查的因素与结果是同时存在的，因此不能进行因果关系的推论。对于慢性病，尤其是病程长的疾病，最适合做现况调查。根据研究目的，现况研究既可以采用普查，也可以采用抽样调查的方式。

（二）分析流行病学

1. 概念与分类

分析流行病学（analytical epidemiology）也称为分析性研究（analytical study）。它是进一步在有选择的人群中观察可疑病因与疾病和健康状况之间关联的一种研究方法。分析流行病学主要有两种方法：①从疾病（结果）开始去寻找原因（病因）的方法称为病例 - 对照研究（case-control study），从时间上是回顾性的，所以又称为回顾性研究（retrospective study）。②从有无可疑原因（病因）开始去观察是否发生结果（疾病）的研究方法称为队列（或群组、定群）研究（cohort study），从时间上是前瞻的，又称为前瞻性研究（prospective study）。它们的目的都是检验病因假设，估计危险因素的作用程度。

2. 病例 - 对照研究

（1）定义：是选择患有和未患有某特定疾病的人群分别作为病例组和对照组，调查各组人群过去暴露于某种或某些可疑危险因素的比例或水平，通过比较各组之间暴露比例或水平的差异，判断暴露因素是否与研究的疾病有关联及其关联程度大小的一种观察性研究方法。

（2）特点：不给予任何干预措施，属于观察性研究；可追溯研究对象既往可疑危险因素暴露史，是由“果”至“因”的回顾性研究；可以观察一种疾病与多种因素之间的关联。

（3）应用范围：初步检验病因假设；提出病因线索；评价防制策略和措施的效果。

（4）病例组选择：疾病的诊断标准；病例的确诊时间；病例的代表性；对病例某些特征的限制。病例的来源：主要来自医院和社区。

（5）对照组选择：对照是病例所来源的人群中未患所研究疾病的人。确认对照的标准；对照的代表性；对照与病例的可比性；对照不应患有与所研究因素有关的其他疾病；有时可同时选择两种以上对照。对照的来源：对照最好来自于产生病例的人群中，或全体非患该病人群的一个随机样本。

（6）样本量估计：分别有非匹配病例对照研究分类变量资料样本含量的估计和匹配病例对照研究分类变量资料样本含量的估计（具体计算方法请参阅有关教材）。

（7）统计分析：病例 - 对照研究采用比值比来估计暴露与疾病之间的关联强度。比值（odds）是指某事物发生的可能性与不发生的可能性之比。比值比（OR）是病例组的暴露比值与对照组的暴露比值之比。

（8）优点：适用于少见病或罕见病研究；研究对象数量较少，节省人力、物力、财力，容易组织；既可检验危险因素的假设，又可经广泛探索提出病因假设，适用于疾病危险因素的筛选；收集资料后可在短时间内得到结果。

（9）局限性：暴露与疾病的时间先后常难以判断；选择研究对象时易发生选择偏倚；获取既往信息时易发生回忆偏倚；易发生混杂偏倚；不能计算发病率、死亡率等，不能直接分析相对危险度，只能用比值比来估计；不能完全确定因素与疾病的因果联系。

3．队列研究

（1）定义：是将一个范围明确的人群按是否暴露于某可疑因素或暴露程度分为不同的亚组，追踪各组的结局并比较其差异，从而判定暴露因素与结局之间有无关联及关联程度大小的一种观察性研究方法。

（2）应用范围：检验病因假设和描述疾病的自然史。

（3）分类：依据研究对象进入队列时间及观察终止时间不同，队列研究可分为前瞻性队列研究、历史性队列研究和双向性队列研究三种。它可根据队列中研究对象是相对固定还是不断变化情况，分为固定队列和动态人群。

（4）研究对象的选择

① 暴露组的选择：要求暴露组的研究对象应暴露于研究因素并可提供可靠的暴露和结局的信息。如可根据情况选择特殊暴露人群、一般人群或有组织的团体。若研究需要，暴露组还可分成不同暴露水平的亚组。

② 对照组的选择：应是暴露组来源的人群中非暴露者的全部或其随机样本。除研究因素之外，其他与结局有关的因素在暴露组与非暴露组间皆应均衡可比。可有内对照、外对照、总人口对照和多重对照等形式。

（5）样本量估计：队列研究与病例对照研究使用的样本含量估计公式一样，但队列研究比较的是结局的发生率，因而 P_0 和 P_1 分别为非暴露组和暴露组结局的发生率。

（具体计算方法请参阅有关教材）

（6）统计分析：可计算发病率，包括累积发病率和发病密度。估计暴露与发病的关联强度一般用相对危险度、归因危险度、归因危险度百分比、人群归因危险度、人群归因危险度百分比等。另外，当用全人口发病（死亡）率作比较时，可计算标准化发病（死亡）比。

（7）优点：研究结局一般较可靠；论证因果关系的能力较强；可计算暴露组和非暴露组的发病率，能直接估计暴露因素与发病的关联强度；一次调查可观察多种结局。

（8）局限性：不宜用于研究发病率很低的疾病；观察时间长，易发生失访偏倚；耗费的人力、物力和时间较多；设计的要求高，实施复杂；在随访过程中，未知变量引入人群，或人群中已知变量的变化等，都可使结局受到影响，使分析复杂化。

（三）实验流行病学

流行病学中所用的实验法（experimental method）也称为实验流行病学（experimental epidemiology）。它和一般医学基础学科的实验不同，主要在人群现场进行。人群现场是流行病学的主要的、最大的实验室。根据研究对象不同，实验流行病学又可分为临床试验（clinical trial）和人群现场试验（community field trial）。实验中对病因进行干预的又称为干预研究。当一项实验研究缺少前瞻性观察、平行对照、随机分组三个特征中的一个或更多时就称为类实验或准实验。

二、流行病学的衍生研究方法

（一）病例 - 交叉研究（case-crossover study）

该方法是由麦克卢尔（Maclure）在 1991 年首次提出的。它是一种用于研究短暂暴露对罕见急性病的瞬间影响的流行病学方法。

（1）定义：选择发生某种急性事件的病例，分别调查事件发生时及事件发生前的暴露情况及程度，来判断暴露危险因素与某事件有无关联及其关联程度大小的研究方法。

（2）设计思路：按照病例 - 交叉研究对照选择方法的不同，可以将其分为单向病例 - 交叉研究和双向病例 - 交叉研究。按照其对照选择的多少，又可以分为 1∶1 的病例 - 交叉研究和 1∶n 的病例 - 交叉研究。

研究的假设为突发事件即暴露在疾病发生前的出现频率要高于通常的情况。例如，体力劳动和精神压力可能会引起心源性猝死。如果假设成立，心源性猝死在重体力劳动或生活压力增加后发生的频率增高。又如饮酒和伤害，酒精的作用是瞬时的，而饮酒与伤害发生通常相关，饮酒之后伤害发生的危险增加。“交叉”主要是用来描述所有个体经过治疗和安慰剂阶段的实验。在病例交叉设计中，治疗和安慰剂阶段分别指在疾病或突发事件发生前的危险期和危险期以外特殊时间间隔——对照期。该研究方法通过比较同一个体在危险期和对照期对某种活动或因素的暴露信息，对疾病和暴露之间的关系进行验证。

（3）应用范围：该方法用于伤害研究领域，评价在伤害发生以前异常而又短暂的暴露对伤害发生的作用。该方法用受伤害的人作为自身对照，避免了不同人群在性别、职业、年龄、不同驾驶技术方面不同而带来的混杂。病例 - 交叉设计被用于车祸发生与镇静药使用、饮酒的关系研究，移动电话使用与机动车交通事故的关系，城市交通环境与步行儿童发生伤害关系等研究。

（二）巢式病例对照研究（nested case-control study, NCC）

该方法又称为队列内病例对照研究（case-controlstudy nested in a cohort），最早在1973 年由美国流行病学家曼特尔（Mantel）提出综合式病例对照研究设计，并于 1982 年将其正式命名为巢式病例对照研究。

（1）定义：是将传统的病例对照研究和队列研究进行组合后形成的一种新的研究方法，即在一个事先确定好的队列进行随访观察的基础上，再应用病例对照研究的设计思路进行研究和分析，是一种将队列研究和病例对照相结合的研究方法。先建队列，然后收集每个队列的暴露信息，以及有关混杂的资料，确认随访期内发生的病例，并在同一队列中选择对照作病例 - 对照分析。

（2）设计思路

① 建立队列：在研究开始时，按照队列研究的方法进行设计，选择一定条件的人群作为研究队列，收集研究对象的基线资料，并留存生物学样本备用（如血清、组织等），然后开始进行随访。

② 确定病例和对照：随访结束后，将新发的病例全部挑选出来，作为病例组。然后按照 1 : 1 或 1 : n 的比例，以病例进入队列的时间、疾病出现的时间以及年龄、性别等信息作为匹配条件进行匹配，再从同一队列中随机抽取未发生疾病的研究对象作为对照组。

③ 提取信息进行分析：当病例组和对照组确定后，提取他们的基线资料，并检测留存的生物学样本，最后按照病例对照研究的分析方法进行统计分析。

（3）应用范围：该研究方法在登记系统健全的人群中易于实施，被用于工伤事故的危险因素研究、镇静药使用与机动车交通事故研究等。

（三）捕获 - 再捕获方法（capture-mark-recapture methods，CMR）

（1）定义：是为估计某地有某病或某种特征人数多少的一种快速流行病学调查方法。它最早应用于生态领域，是根据 2 个或 2 个以上独立样本来估计生物群体大小的一种方法。它最早由野生动物学家用于估计限定区域内某种野生动物（如鱼、鸟、昆虫等）的数量，现用于研究人类疾病和健康问题，其理论随着生物统计学的发展而逐步完善。

（2）设计思路：捕获 - 再捕获方法根据资料来源途径的多少分为两样本 CMR 法和多重 CMR 法。两样本 CMR 法是利用两个不同途径的资料（样本）来估计某一群体大小的方法。其原理是从总体的生物群体中随机捕获第一个样本，然后对其进行标记并释放到原生物群体中去，随后再从该生物群体中随机捕获第二个样本，其中第二次捕获的样本中含有第一次捕获的个体，最后用第一个、第二个样本的个数及第二个样本中含第一次捕获的个体数来估计该生物群体的大小。

CMR 法理论上可用于任何具有 2 个或以上个不完整资料的总体估计，如医院记录、医生的病例记录、医生处方、各种伤害的保险或赔偿机构的登记资料及各种疾病监测系统的资料等。为了使两样本 CMR 法能准确估计某生物群体的大小，应用时应具备以下条件：①调查期间，被调查人群保持不变；②在捕获期间，每一个被标记的个体标记没有丢失，以确保第二次捕获的个体能与第一次捕获的个体相匹配；③每一个个体都有同等机会被不同样本所捕获；④ 2 个样本是相互独立的。在实际研究中选择限定的人群时，第一个条件基本能得到满足，而第二个条件能否得到满足取决于各个样本之间用于匹配的变量的唯一性，即第二次被登记的代码必须与第一次相同，否则估计可能出现偏倚。第三、四项条件难以得到真正满足，第三项条件得不到满足会直接影响第四项条件，即各个个体被不同样本捕获的机会不同，两样本之间就可能存在依赖性，若某一样本中的个体更可能被另一个样本所捕获，则会低估总体的数量，相反则会高估总体的数量。

（3）应用范围：CMR 法技术由于其自身的特点，已在各个领域得到了广泛应用。①出生缺陷：主要用于估计唇裂、腭裂、脊柱裂、Down 综合征、致命性酒精中毒的发病率或流行率。此外，用于评估这类疾病监测报告系统的完整性。②癌症：采用两样本 CMR 法和对数线性模型用于检测某些地区癌症登记系统的完整性，以确保登记系统的完善。有部分研究用于估计某种乳腺癌筛查法的敏感度和灵敏度。③药物依赖：估计药物依赖和静脉注射吸毒的流行率，旨在准确估计某地区、国家中海洛因、鸦片等毒品的使用情况，为政府部门采取干预措施提供准确的数据。④传染性疾病：主要用于性传播疾病流行情况的研究，尤其是艾滋病，并评估此类检测系统的有效性和资料的完整性。⑤胰岛素依赖型糖尿病：该方法已被认为是全球范围内监测胰岛素依赖型糖尿病流行情况的标准方法，目前已被 WHO 用于儿童糖尿病多国计划。⑥伤害：主要用于交通事故、工伤、青少年伤害等意外事故流行情况的研究，目前已在国外得到了广泛的应用，主要利用各种医疗、保险、赔偿登记资料来估计伤害事故的发生情况。

（四）meta 分析

meta 分析为一种对不同研究结果进行收集、合并及统计分析的方法。其主要目的是将以往的研究结果更为客观地综合反映出来。研究者并不进行原始的研究，而是将研究已获得的结果进行综合分析。这种方法逐渐发展成为一门新兴学科——“循证医学”的主要内容和研究手段。

1．定义：利用 meta 分析将许多目的相同、相互独立的研究结果，进行质量评估、定量综合后得出比较精确的结论。它能提高统计功效，计算出综合联系和防治效果，减少成本，提高效率。研究者收集先前完成的某一类研究结果，对这些独立研究结果进行系统的、定性的和定量的综合分析。

2．分类：根据荟萃分析所依据的基础或数据来源可以将其分为三类，即文献结果荟萃分析（meta-analysis based on literature，MAL）；综合或合并数据荟萃分析（meta-analysis based on summary data，MAS）；独立研究原始数据荟萃分析（meta-analysis based on individual patient data，MAP or IPD meta-analysis）。

MAL 的文献检索局限于已经发表的研究，然后将这些研究的结果合并进行分析；MAS 不仅要得到相关的发表的文献，同时还有作者进行的相关统计学数据的总结；IPD 荟萃分析除了要检索所有已发表的相关文献，还要寻找存在于各科学团体中的未发表的有关研究，在 MAS 基础上更进了一步。所有临床试验不管是否已经发表，必须能够从研究者处得到单个患者原始的，以及各效应指标的数据。这一点对于肿瘤病因或疗效研究方面的分析来说较为重要。因为多数的关于肿瘤患者预后的Ⅲ期临床试验，主要的研究指标大多为生存时间或生存率，或疾病无进展时间等，在多数情况下，不同的出版物中所得到的信息不足以进行一项真正的事件（如肿瘤死亡）发生时间全过程的分析。这使得以已经发表的文献作为基础的 MAL 和 MAS 变得较为困难。同时，考虑到有统计学意义的阳性结果较阴性结果更易发表等能够造成偏倚发生的情况存在，故 MAL 和 MAS 有一定的不足。相对来讲，IPD 荟萃分析不存在上述的弊端或受有关偏倚的影响较小。因此，在肿瘤生存或疗效研究领域中，当要求进行这方面的分析时，IPD 荟萃分析是唯一推荐使用的分析方法，尽管它比其他两种方法要耗费更长的时间，以及更多的人力和物力。

3．meta 分析优缺点

优点：避免了单个小样本临床试验的局限性，使分析的结果更为全面和可靠，从而为医学决策提供了良好的依据。

缺点：许多人为因素可能会对分析结果产生影响，如试验的选择、研究终点的确定、试验同质性的认可程度等。

第二节　伤害发生的影响因素研究

一、伤害的发生原因

原因论（etiology，aetiology）是一门研究事件发生因果关系的学问。它在医学界比较常见，被称为“病原学”或“病因学”，专门研究有关疾病的成因及解决方法。另外，在哲学或其他学科亦有采用原因论的方法。在哲学、物理、心理学、行为学等学科，原因论被用于解释多种现象的起因。这包括了为什么事件会发生，以及事件发生的背后牵动因由。

从病因论的观点来看伤害发生的原因，即把致伤害因素与发生伤害的途径结合起来进行研究的分类方法较之以往更为合理、明确，主要为致伤害因子、宿主和环境三个方面。

（一）致伤害因子

引起伤害的致病因子是能量（energy），能量的异常交换或在短时间内暴露于大剂量的能量就会导致伤害的发生。通常容易引起伤害的能量有以下几种。

1．动能（kinetic energy） 亦称为机械能（mechanical energy）。这是伤害中最常见的病因。如汽车相撞所产生的能量传递，跌落所产生的能量传递等均属此类。

2．热能（thermal energy） 各类烧伤均属于过度的热能暴露所致，而热能的过度缺乏则会导致冻伤。

3．电能（electric energy） 是导致触电或电烧伤的重要原因。

4．辐射能（radiant energy） 大剂量的放射线暴露会产生烧伤。

5．化学能（chemical energy） 通过干扰机体的能量代谢而造成伤害。

（二）宿主

宿主（host）是指受伤害的个体，也是伤害流行病学的主要研究对象。在伤害流行病学研究中，应从宿主的人口学特征和心理行为特征两个方面研究分析。

1．人口学特征

（1）年龄：不同的年龄发生不同的伤害而产生的危险性不同。儿童易发生溺水，青壮年易发生交通事故，老年人易发生跌落。因此，年龄是伤害研究中必须单独予以分析和考虑的因素。通常计算伤害发生率、死亡率时，多采用年龄别的发生率和死亡率。

（2）性别：伤害发生中存在着明显的性别差异，除自杀外均为男性高于女性。

（3）种族：伤害的种族差异是存在的。在美国，白种人和土著人的自杀率很高，而亚裔美国人的自杀率就明显低于其他种族。在中国，蒙古族的肢残率就明显高于其他民族。

（4）职业：职业因素是伤害的一个十分重要的影响因素。在我国东风汽车公司1983—1997年工伤流行病学研究中发现，冲压工工伤率最高达22.38%，其他为机加工、特种工等。在工伤种类中，又以机械伤害、物体打击、起重伤害、坠落和车祸为主。

2．心理行为特征

（1）饮酒：是影响司机判断力的重要原因，在车祸中 我国车祸原因的64%为驾驶员责任，而其中3%为饮酒过量。在美国，车祸司机中则有一半以上血中酒精含量超过规定含量。同时，由于酒后自控力和综合定向能力的下降，也容易造成意外跌落、烧伤等其他伤害。

（2）安全带：驾驶员系安全带是有明文规定的，但许多驾驶员因感到不舒适，尤其是夏天，就不愿意系安全带。在美国，车祸中有 13% 的司机是因未系安全带所致，在中国这个比例则更高。尤其是在新建的高速公路上行驶，很多司机未系安全带，从而使车祸伤害的危险性增高。

（3）心理因素：主要是指心理素质是导致各类伤害的重要原因。由于女性和老年人心理脆弱，容易产生自杀倾向。A 型性格人群由于在生活中容易争强好胜，所以，多发生车祸、溺水和坠落等伤害，有学者将此称为事故倾向。在德国，选择士兵时要经过心理测试，凡具有事故倾向的人均被排除在外。在我国，部分城市也已开始对司机进行心理素质的测试。

（三）环境

影响伤害发生的环境是十分复杂的，但主要包括社会环境、自然环境、生产环境和生活环境。

1. 社会环境　主要强调的是社会支持环境。即一个国家和地区是否有相应的伤害预防的法律、法规及其执行的程度。如驾驶员开车时必须系安全带；摩托车驾驶员必须戴头盔；建筑工人进入工地必须戴安全帽；儿童进入游泳场所必须有大人陪伴等。

2. 自然环境　在自然环境中，气象条件是伤害发生的重要影响因素。雨雪天是交通事故的多发时间；浓雾或雨雾天极易造成撞车事故；天气长期干燥，易发生火灾；气压低或潮湿闷热天气，会使人疲乏，是工伤多发的时期等。

3. 生产环境　在生产环境中，安全防护设施、生产管理水平、劳动时间、强度及操作规范都是影响伤害发生的因素。

4. 生活环境　生活环境是最容易被忽视，但对伤害的发生却有重要影响。比如居室装修时未采用防滑地面易导致跌落。

二、自杀的危险因素

自杀行为的发生受到社会、经济、家庭、精神健康等多方面影响，有着与其他伤害不同的特点。美国卫生与公众服务部（United States Department of Health and Human Services）2001 年提出与自杀有关的危险因素包括主要的三个危险因素（生物 - 心理 - 社会危险因素、环境危险因素和社会文化危险因素）。

1. 生物 - 心理 - 社会危险因素　包括精神疾患、酒精与其他物质滥用、绝望、行为冲动或具有攻击倾向、有创伤史或药物滥用史、患有严重的躯体疾病、自杀未遂史、自杀家族史等。

2. 环境危险因素　包括失业或财政紧张、人际关系或社会关系的丧失、容易获得致死性工具和物品、系列自杀事件不良影响的扩散等。

3. 社会文化危险因素 包括缺乏社会支持系统和社会隔离、耻于寻求帮助、寻求卫生保健（特别是精神卫生服务和物质滥用治疗）存在障碍、特定的文化和信仰（如认为自杀是解决个人困境的体面方式）、暴露于媒体报道的自杀事件和他人自杀事件的影响等。

第三节 伤害信息检索及应用

21 世纪的人类社会，是一个以知识、信息为核心的知识经济社会。信息作为一种特殊资源，在社会经济发展、日常生活以及科学研究中发挥着日趋重要的作用，已成为促进经济发展的重要战略资源之一。只有熟练掌握信息检索的基本知识和技能，才能快速、准确、全面地从浩瀚的信息海洋中获取所需的资料，也包括各种伤害研究的文献资料。

一、信息检索

（一）信息检索的概念、基本原理和类型

1. 概念 检索（retrieval）即查找和获取。信息检索是指通过一定的方法和手段，使信息存储和检索这两个过程所采用的特征标识达到一致，以便有效地获取和利用文献信息的过程。广义的信息检索包括信息的存储和检索两个过程；狭义的信息检索则主要是指信息的检索过程。

进行科学的信息检索有利于减少重复劳动，提高科研成功率；有利于节省科研时间，提高科研效率；有利于为决策提供科学依据。

2. 基本原理 信息检索包括了两个最基本的过程，即信息的存储和检索过程。

存储过程主要包括对大量无序的信息资源进行分析和标引，将其外表和内容特征用特定的检索语言转化为信息特征标识，按一定规则编排后输入检索系统或工具（如数据库），从而为检索者提供有据可循的检索途径。

检索过程则是检索者根据信息需求，确定检索词（即主题词、关键词、自由词、分类号、著者姓名等）或检索式，并将检索词转换成检索提问标识，在检索系统中查找出匹配信息的线索，最后再对其进行筛选，以确定所需的信息。检索者在检索时，务必使自己的检索提问标识与检索系统中所标引的信息特征标识达到一致，方能检索出所需要的信息。

3. 类型 根据信息检索的目的和检索对象，信息检索可分为文献检索、数据检索和事实检索。

（1）文献检索（document retrieval）：是在文献信息集合（文献信息检索系统）

中查找特定文献或含有特定内容的文献的信息检索，包括书目信息检索和全文信息检索。它最大的特点是不直接解答用户提问，而是提供与提问有关的文献信息线索或原始文献。

（2）事实检索（fact retrieval）：是直接获取关于某一事件发生时间、地点和过程等事实或相关知识的检索。

（3）数据检索（data retrieval）：是直接获取以数值形式表达的量化信息的检索，包括各种实验数据、统计数据、图表、化学结构式和分子式、计算式等。

（二）信息检索语言

1. 概念　信息检索语言是为了能够有效地组织、检索利用丰富的信息资源，在自然语言的基础上根据信息检索需要而创造的人工语言。其实质是一系列表达信息内容的概念及其相互关系的概念标识系统。

2. 类型　目前，世界上的信息检索语言有几千种，依其划分方法的不同，其类型也不一样。

根据信息检索语言所标识的内容，可分为外表特征检索语言和内容特征检索语言两种。外表特征检索语言包括题名、著者、出处、文献序号、引文等。内容特征检索语言包括分类语言、主题语言、代码语言等。

（1）分类（Classification）语言：又称为分类检索语言，是一种族性检索语言，是以学科分类为基础，以分类号作为类目标识，采用逻辑分类一般规则对概念进行层层划分，构成上位类和下位类之间的概念隶属、同位类之间的概念并列等级体系，按由总到分、由一般到具体、由简到繁的原则组织文献。国际上使用较多的分类法有《中国图书馆分类法》（简称《中图法》）、《杜威十进分类法》、《国际专利分类法》、《美国国会图书馆图书分类法》等。

《中图法》是目前我国使用最广泛的一种等级体系分类法，由 5 大部类、22 个大类组成，标记制度采用英文字母与阿拉伯数字相结合的形式。它不仅应用于各类图书馆的藏书排架和组织目录体系，许多信息检索系统也都是按《中图法》的分类体系编制和提供检索服务。

（2）主题（descriptor）语言：又称为主题检索语言，是一系列反映主题内容的概念标识，从不同的角度揭示文献信息内容，词语的排列没有逻辑上的顺序，只有形式上的顺序。目前应用较多的是标题词、关键词和叙词。

① 标题词（title words）：是从文献信息标题中抽选出来，具有实质意义的名词或名词词组。

② 关键词（key words）：是从文献题名、文摘或正文中抽取出的具有实质意义的名词术语，表达文献信息主题概念。关键词语言是自然语言，最大优点是词语直接取自文献信息，一些最新出现的科学术语能及时进入索引系统。其缺点主要是同一概念会有多种表达形式，这样就会使同一内容的文献信息分散在不同的关键词下，检索时

必须查遍不同词形的同义和近义词才可能避免漏检。

③ 叙词（subject headings）：是表征文献信息主题并经严格规范的名词术语或词组。其主要特点是对表达一个概念的同义词、近义词及拼法变异词等进行规范，以保证一个概念只能用唯一的一个词语来表达，使同义规范、词义规范、词类规范。叙词往往采用参照系统，显示叙词间的并列、属分、相关关系。叙词强调构词规则和取词统一，一般都有一部词表作为标引者和检索者取词的依据。在医学领域最具代表性的叙词表是美国国立医学图书馆（NLM）的《医学主题词表》（medical subject headings, MeSH），国内外许多著名的数据库，如 Medline、PubMed、CBM 都采用该词表作为主题标引和检索的工具。

MeSH 是美国国立医学图书馆（national library of medicine, NLM）自 1960 年起编制的世界医学领域最权威和常用的一部规范化的、可扩充的动态叙词表，是 NLM 用以标引生物医学期刊文献、图书、视听数据、电子资源等主题的受控词汇表。MeSH 具有以下特点：对医学文献中的自然语言进行规范，使概念和主题词单一对应；保证文献的标引和检索过程在用词上的一致；可以对主题词进行扩检和缩检；具有动态性。

MeSH 可通过 NLM 的网站查到。使用 MeSH Browser 工具可快速查到主题词及其词义解释、历史注释、可组配的副主题词、树状结构等。

二、信息检索技术

计算机信息检索过程实际上是将检索提问词与数据库文献记录中的标引词进行对比匹配的过程。为了提高检索效率，计算机信息检索系统常采用一些运算方法，从概念相关性、位置相关性等方面对检索提问进行技术处理。计算机信息检索需要用户将检索需求转换为计算机系统能够识别和处理的检索提问表达式并输入计算机，这样计算机才能按照用户的旨意在数据库中查找与之相符合的文献信息。检索提问表达式由检索词和运算符组配而成，即：检索提问表达式＝检索词＋运算符。

检索词包括各种描述文献内容和外表特征的标识：主题词、关键词、自由词、分类号（树状结构号）、特征词、代码、著者姓名、刊名、出版年等。

常用运算符有布尔逻辑运算符、字段限定符、位置限定符、短语检索符等。

1. 布尔逻辑检索（Boolean logical search） 是计算机信息检索中最常用的检索技术。在检索实践中，检索提问涉及的概念往往不止一个，同一个概念又涉及多个同义词、近义词和相关词。为了正确表达检索提问，可采用布尔逻辑运算符来组配多个检索词，指定词间的逻辑关系。

（1）逻辑与：运算符为“AND”或“*”，是表达概念交叉关系和限定关系的一种组配。“AND”两侧的检索词必须同时出现在同一条记录中，该记录才会命中。常用于缩小检索范围，提高查准率。

（2）逻辑或：运算符为“OR”或“+”，是表达并列关系的一种组配。OR两侧的检索词只要有一个出现在同一条记录中，该记录便命中。常用于扩大检索范围，提高查全率。

（3）逻辑非：运算符为“NOT”“AND NOT”或“-”，是表达排斥关系的一种组配，即从检索结果中剔除不需要的概念的文献信息。一般用于缩小检索范围，增强专指性。

（4）运算顺序：当一个检索表达式含有多个布尔逻辑运算符时，逻辑运算的先后顺序是：（ ）＞NOT＞AND＞OR。

2．截词检索（truncation search） 又称为通配符检索（wildcard search），是以符号取代检索词中的部分字母从而检出相同词干的词。截词主要用于同根词、单复数词、词性变异和拼法变异词的检索，以提高查全率。

截词检索符号有多种，如“*”“？”“#”“$”等。不同的信息检索系统其截词检索符的表示不同。例如，PubMed检索系统用“*”表示（详细规则可通过各检索系统的帮助菜单了解）。

3．字段限定检索（limit field search） 数据库中的记录是由字段构成的。字段限定检索是通过字段限制符把检索词限制在指定字段中的检索。几乎所有的计算机信息检索系统都支持限定检索。

4．词组检索（phrase search） 限定所输入的两个以上单词为词组时，可用双引号（“ ”）将其括起，否则，系统将其分割后按逻辑与（或）关系运算。该检索主要用于固定短语或专有名词的检索。如“road traffic injury”在短语前后加双引号，系统将其按词组对待，不再将其分割按单词检索。

三、信息检索的方法与步骤

因检索需求、检索系统以及检索人员等方面的不同，导致了每个课题的检索步骤也不一样。但对于基本的检索，可以遵循以下步骤，再结合实际情况进行检索。

（一）分析课题，明确需求

在信息检索之前，应对课题进行深入分析，明确以下几个方面，这是确定检索策略，书写检索提问表达式的根本，也是信息检索效率高低和成败的关键。

1．课题所属学科范围、主题范畴。

2．检索时间范围（根据课题研究的起始年代和研究的高峰期确定）。

3．检索目的（需要查找的是文献、数值、事实；提供题录、文摘还是原始文献；国内还是国外）。

4．文献信息来源（包括文献类型是期刊、学位论文、会议文献、专利、科技报告、技术标准等；语种；出版类型；著者；机构等）。

5. 检索评价要求（查全、查准、查新）。

（二）选择信息检索系统（数据库）

数据库选择的正确与否直接影响检索效果，即使再完美的检索策略，如果数据库选择不当，同样会导致检索失败。因此，检索前必须对所选数据库的学科覆盖范围、收录文献类型、数据库起止年限、检索方法等有所了解。选择数据库应遵循以下原则：

1. 根据检索目的选择数据库类型。如需要统计数据，应选择数值型数据库，如WHO全球卫生观察站；需要疾病的分类标准，应选择指南型数据库；只需要文摘，可检索文摘型数据库；若需要全文，则须检索全文型数据库。

2. 根据课题的专业范围选择数据库。专业性强的课题，可选择专业数据库或大型数据库中的专业文档；如检索交叉学科或多学科综合课题，可同时选择多个不同的数据库。

3. 根据数据库中信息的来源选择数据库。如数据库中信息的来源有期刊、报纸、会议资料、学位论文、科技报告、专利文献等。

4. 根据数据库的标引质量、检索功能、收录范围、更新速度选择数据库。当几个数据库内容交叉、重复率较高时，应首选标引质量高、检索功能强、收录范围广、更新速度快者。

（三）确定检索词，构建检索式

首先对课题进行主题分析，提炼出主要概念、上位概念、下位概念、隐含概念；通过词表将概念转换为规范词，以保证概念表达的准确性、唯一性、专指性；如果必须用自由词，应穷尽其可能的表达形式，以避免漏检。

检索式是检索策略的具体表述，是通过逻辑算符、位置运算符、字段限制符等把检索词组配起来，既能表达信息需求，又能为信息检索系统识别和执行的命令形式。检索式编写是否恰当对检索效果起着关键作用。

广义的检索策略是指为实现检索目标而制订的全盘计划和方案，是对整个检索过程的科学规划和制定。具体而言就是在明确检索目的、分析课题特征的基础上，选择合适的信息检索系统（数据库），拟定检索方案，确定检索词，构建检索提问式，执行检索并调整检索式，直至获得较满意的检索结果的全过程。狭义的检索策略特指检索过程中构建检索式的环节，包含检索词的确定、运算符的选择、检索字段的设定及限制选项的设置等。

为方便编写检索式，可将其过程总结为“5步法”。①切分：分解到最小的检索点；②删除：排除检索意义不大而且比较泛指的概念；③定词：选择有检索意义的概念，去除重复概念，增加隐含概念；④组合：确定检索词并用逻辑运算符连接；⑤限定：特殊的条件。

（四）根据结果反馈调整检索策略

当检索结果与检索期望存在差距时，需要对检索策略进行调整。认真检查所确定的检索方法、信息检索系统、检索途径是否对口，是否符合课题的要求。合理调整检索策略，修改检索提问式，是确保文献信息检索质量的重要环节。

1. 检出的文献太多，缩小检索范围的方法

（1）增加用“AND”连接的检索词，或用“二次检索”。

（2）用特定的副主题词进行限定。

（3）用字段限定检索，如标题词字段检索。

（4）使用主要主题词进行加权检索、下位主题词检索或不扩展检索。

（5）进行文献类型、语种、重要核心期刊、年份等限定检索。

（6）用逻辑非“NOT”来排除无关检索词。

2. 检出的文献太少，扩大检索范围的方法

（1）删除某些用“AND”连接的不重要检索词。

（2）增加用“OR”连接的检索词。

（3）位置运算符放宽。

（4）检索词后用截词符。

（5）多用几个副主题词，甚至选用全部副主题词。

（6）选用上位主题词扩检，或选用扩展全部树检索。

（7）同时用主题词和自由词检索，用“OR”连接。

（8）从在某个学科范围中输词检索改为在所有学科中输词检索。

（9）多用几种信息检索系统进行检索。

（五）文献筛选，获取原始文献

通过反复调整检索策略获得的检索结果也并非完全满足检索需求，因此，还需要对检索结果进行评判和筛选，最终获取所需文献的全文。

获取原始文献是大多数文献信息检索的最终目的，其基本原则是由近而远。常用的获取方法有以下几种。

1. 利用本单位馆藏目录，了解文献收藏情况（纸质资源和电子资源），就地借阅、复制或下载。

2. 对本馆缺藏文献，利用区域性或全国性联合目录了解兄弟馆收藏情况，并作馆际借阅或复制。

3. 利用信息检索系统的全文库下载所需原始文献。

4. 利用 Internet 上的相关网站收费订购或免费获取原始文献。

5. 其他途径：向文献著者直接索取、论坛求助等。

（陈　莹　王俊瑛）

延伸阅读

[1] 王声湧. 伤害流行病学［M］. 北京：人民卫生出版社，2016.

[2] 詹思延. 流行病学［M］. 北京：人民卫生出版社，2017.

[3] 叶临湘. 现场流行病学［M］. 北京：人民卫生出版社，2009.

参考文献

[1] 王声湧，李洋. 中国伤害研究与控制25年［J］. 中华疾病控制杂志，2013（10）：829-832.

[2] 梅秋红，许国章. 伤害流行病学的研究进展［J］. 浙江预防医学，2011（7）：20-22.

[3] 王小莉，周金意，杨婕，等. 江苏省儿童青少年伤害流行病学特征分析［J］. 预防医学，2017（12）：1223-1226.

[4] 袁慧，王声湧. 我国伤害预防与控制工作的主要进展及展望［J］. 中华疾病控制杂志，2017（10）：971-973.

[5] 邹亚明，郝元涛. 我国伤害所致死亡损失生命年和经济负担分析［J］. 中华疾病控制杂志，2016（05）：495-499.

第六章 伤害的疾病负担评价

学习提要

- 伤害导致的疾病负担是值得关注的问题，了解疾病负担的评价指标及测算是学习的重要内容。
- 掌握疾病负担的定义、分类及疾病负担产生的原因。
- 熟悉常用评价疾病负担指标及计算方法，对不同伤害所造成的疾病负担进行评价。

第一节 疾病负担

疾病负担的研究和发展，将疾病负担作为卫生工作重点与优先的重要依据，不仅可以用来衡量因疾病所产生的各类负担如失能以及过早死亡，还估计某些疾病危险因素引起死亡及失能的比例，评价疾病危害性的大小、严重程度和预测疾病的发展趋势。另外，疾病负担作为卫生项目或方案中成本效益分析的指标，有助于卫生资源的优化配置、评价和提高卫生资源的利用效果。

一、疾病负担的定义与分类

疾病负担（burden of disease）是指疾病 / 失能和过早死亡对整个社会经济和健康造成的总损失，给个人、家庭与社会所带来的后果和影响。所谓“后果”是指疾病和伤害结局——发病、死亡、失能（包括暂时性失能和永久性失能）和康复，以及疾病过程的损失，其中包括个人损失、家庭损失和国家损失。疾病负担是一个多层次、多方面、多维度的评价体系。它包含生物、心理和社会三个方面，个人、家庭与社会三个层次，健康、经济与社会三个维度，是用来研究疾病和健康状况的一种社区诊断方法，是将早亡造成的损失与由于疾病伤残 / 失能造成的健康损失结合起来考虑的疾病对社会造成的总损失。

（一）个人负担、家庭负担和社会负担

1. 个人负担　指的是疾病对人造成的身体损伤、身心残疾和死亡，并引起失能、

生活、心理、工作、学习和交际困难等问题。

2. 家庭负担 是指疾病对家庭成员（或照顾者）造成的困难、问题和不良影响。包括婚姻、经济、亲友的心理影响、日常生活以及家庭关系等。

3. 社会负担 是指疾病对于社会各方面所造成的负面影响，不仅包括疾病造成的患者群体社会功能的下降，疾病对整个社会造成的经济压力，还包括疾病在社会人群心理、社会经济贸易和商业、政府形象、社会安定等方面造成的影响，如社会安定、资源配置、生产力、商业、经济贸易、期望寿命和健康水平等。

（二）疾病健康负担和疾病经济负担

1. 疾病健康负担（disease and health burden） 也称为疾病健康损失，是指因为疾病造成的早死、生活质量下降、残疾和死亡的健康损失。可利用很多指标反映其损失情况，如病伤患病率、门诊和住院率、药品利用情况、健康调整寿命年、与健康有关的生存质量等效用指标。

2. 疾病经济负担（economic burden of disease） 也称为疾病经济损失，是指由于疾病以及疾病所造成的失能（残疾）和过早死亡给患者、家庭与社会带来的经济损失，以及为了防治疾病而消耗的卫生经济资源。如病伤引起的医疗行为的直接医疗花费、间接医疗花费，以及引起的社会生产和财富的损失，即为病伤的经济负担。另外，政府、社会、家庭为预防病伤所支出的花费也应包含其中。按疾病对社会与人群的影响，疾病经济负担可分为直接经济负担、间接经济负担和无形经济负担三类。

（1）直接经济负担（direct economic burden）：是指个人、家庭以及社会直接用于治疗疾病的费用总和。按消耗地点，直接经济负担可以分为直接医疗费用和直接非医疗费用。直接医疗费用是指在医药保健部门购买卫生服务所消耗的经济资源，主要包括挂号、检查、药物、换药、注射、住院、手术、特护、防治疾病等费用。直接非医疗费用是指在非医药保健部门所消耗的经济资源，或在治疗疾病过程中支持性活动的费用和疾病导致的财产损失，如营养费、交通费、差旅费、陪护费，以及用来克服疾病而购置的各种康复器具等非处方费用。按支付主体，直接经济负担可分为医疗保健部门为了防治疾病而提供保健服务所消耗的经济资源和患者或服务对象为了接受服务而消耗的经济资源。

（2）间接经济负担（indirect economic burden）：是指由于疾病、伤残和死亡使得有效劳动时间减少及劳动能力降低，从而带给社会和家庭的损失。间接经济负担包括：因疾病、伤残和过早死亡所损失的劳动工作时间；由于疾病和伤残导致个人工作能力和效率降低而造成的损失；患者的陪护人员损失的劳动工作时间；疾病和伤残对于患者本人及其家属所造成的沉重的精神损失等，如社会生产力损失、收入损失、家务劳动损失、雇佣费用、培训费用、保险费用、管理费用等。即将目标人群由于某种伤害造成的伤残/失能所降低的工作能力转化为有效工作时间的减少。主要用伤残/失能指标、平均期望寿命、发病率、伤残率等指标。

（3）无形负担（intangible economic burden）：是指患者及亲友因疾病和伤害使本人和家庭成员在心理上、精神上和生活上遭受的痛苦、悲哀与不便所带来的生活质量的下降和生存年数的减少，或因该疾病而引起的相关疾病所带来的其他无形损失。

二、研究疾病负担应注意的问题

医疗费用的不断上涨，导致疾病经济负担不断加重。其中，既有合理的一面，也有不合理的一面。例如：新旧药物的替代会因为价格的提升而增加费用，科技发展和高新技术的出现给诊疗带来的帮助，也导致医疗卫生服务成本上升。另外，发病率、患病率的上升，新病种的出现，及民众对健康投资的重视等也会增加医疗成本。但在医疗过程中也存在某些不合理的现象。例如：过度医疗、滥用药物、滥用大型设备检查，乱开昂贵药物或重复收费，出现医疗过错和事故，发生医源性疾病等，都可能引起患者承担不合理的，额外的经济负担。因此在研究疾病经济负担中应注意分析其合理性，分析不合理负担的来源及大小，对于卫生经济政策的制定、卫生服务市场的管理、减轻患者的不合理负担有相当的重要性。在考虑疾病经济负担的合理性时，应关注以下几个问题：

1. 时间价值问题　在疾病经济负担测量时，一些慢性病或永久性伤残的时间跨度较差长，导致健康生命的现在损失与将来损失是不等价的，即会出现贴现的问题，需要用贴现率来调整，WHO 建议采用 3%。

2. 数据代表性问题　费用数据测算的渠道和来源不同，得到的疾病负担会存在较大的差异，例如：患者患病后分别在多家医院就诊，如果数据仅从一个医疗机构采集费用数据，无法准确测量患者在一年中所有就诊的平均费用，也无法回答患者人均门诊次数及费用，更无法回答自购药品费用的多少等问题，此时会低估患者的疾病负担。反过来，利用卫生服务需要指标如发病率，患病率的实际数据来测量疾病负担时，会高估疾病的实际负担，原因是并非所有的患者都会或都能就诊。但发病率和患病率出现严重漏报，实又会使测算的经济负担结果偏低，因此要准确测算疾病的负担，就需要综合考虑不同来源的测算数据，并注意数据的代表性。

3. 测算结果的可比性问题　不同疾病负担研究时不同的数据来源，不同的调查方法，不同的测算方法会导致疾病负担测算结果的不一致，例如某个研究测算伤害带来的间接经济负担，一人使用的测算方法是人力资本法，而另外一人采用支付意愿法，两者的测算结果不具有可比性，因此在疾病负担的比较中，应充分考虑其可比性问题。

第二节　疾病负担的评价指标

疾病负担的评价是确定疾病控制工作的重点和优先的决策依据。随着疾病控制工作范畴的扩大，疾病负担的评价内涵和评价方法也不断发展，评价指标采用一系列流行病学和经济学信息及其指标，综合反映因疾病和伤害造成的个人和社会的经济负担。

一、疾病负担指标

（一）潜在减寿年数（protential years of life lost，PYLL）

是表示不同年龄死亡对社会的实质性影响，以人年为单位估计出来，也是一种测量疾病与致死因子对社会影响的相对指标。该指标表示某病某年龄组人群死亡者的期望寿命与实际死亡年龄之差的总和，就是疾病造成死亡而引起的个体或人群寿命的减少。该指标考虑了死亡年龄的影响，以期望寿命与死亡年龄之差对不同年龄的死亡赋予了权重。

指标突出了疾病造成“早死”的损失，定量地估计疾病造成过早死亡的程度。其主要用于综合估计导致某人群过早死亡的各种死因的相对重要性，为确定不同年龄组重点疾病提供科学依据。

（1）计算

$$\text{PYLL}=\sum_{i=1}^{e} aidi \tag{6-1}$$

式中：e——预期寿命（岁）。i——年龄组（通常计算其年龄组中值）。di——某年龄组死亡人数。ai——剩余年龄。$ai=e-(i+0.5)$，其意义为：当死亡发生于某年龄（组）时，至活到 e 岁时，还剩余的年龄。由于死亡年龄通常以上一个生日计算，所以尚应加上一个平均值 0.5 岁。

（2）应用：①可用于计算每个病因引起的寿命减少年数，并比较各种不同原因所致的寿命减少年数，可确定不同年龄组重点疾病（尤其是青少年的死亡）；②该指标可用于将某一地区（县）和另一标准地区（或省）相比较；③在卫生事业管理中，筛选确定重点卫生问题或重点疾病时的指标，同时也适用于防治措施效果的评价和卫生政策的分析。

（二）伤残调整寿命年（disability adjusted life years，DALY）

又称为失能调整寿命年或失能调整的健康生命年，是指从发病到死亡所损失的全部健康寿命年。一个 DALY 代表一个健康的人年。DALY 包括两个部分，早死所致的寿命损失年（years of life lost，YLL）和残疾所致的寿命损失年（years lived with disability，YLD）。DALY 将早死所损失的寿命年与带有伤残的生存时间结合起来，准确地表达了死亡的寿命损失年 YLL 和病后伤残状态下（特定的伤残严重程度和伤残持续时间）生存期间的伤残寿命损失年，因此，具有广泛的可比性，可以直接测量比较不同地区、不同疾病间的疾病负担。

该指标综合考虑了死亡、发病、疾病的严重程度，年龄相对重要性以及贴现率等多种因素，可以定量地计算某个地区每种疾病对健康寿命所造成的损失，指明该地区危害健康严重的疾病和主要卫生问题，科学地对发病、失能、残疾和死亡进行综合分析。

（1）计算

$$DALY=\int_{x=a}^{x=a+L} D[kCxe^{-\beta c}+(1-k)]e^{-r(x-a)}dx$$
$$=\frac{KDCe^{-\beta a}}{(\beta+r)^2}\{e^{-(\beta+r)L}[1+(\beta+r)(L+a)]-[1+(\beta+r)a]\}+\frac{D(1-k)}{r}(1-e^{-rL}) \quad (6\text{-}2)$$

式中：e——根据某一理想标准估计的某一年龄组的期望寿命；

d——残疾权重（从完全健康的 0 到死亡的 1）；

γ——贴现率；

α——发病导致失能或死亡年龄；

L——残疾期限或早逝的寿命损失；

β——年龄函数参数；

k——年龄权重调节因子；

c——常数。

计算 DALY 时应当注意以下几个问题。

① 健康生命年的损失包括早逝和残疾（暂时性失能和永久残疾）两个方面。在计算非致死性疾病的健康生命年损失时，根据不同的疾病严重程度给予相应的权重。

② 不同性别、不同年龄的生命价值是不等价的，应给予相应的权重，目前仍然沿用 1990 年全球疾病负担（GBD）的失能权重标准，各个国家和地区的专家组成团运用世界银行的六级和七级标准进行失能的评估。例如，对失明、精神忧郁症等 22 种失能的指示症状进行严重程度的评估，从完全健康的 0 到相当于死亡的 1。

③ 在不同地区及不同人群，同一种疾病 DALY 损失计算方法应相同，以增加可比性。

④ 健康生命年的现在损失与将来损失的社会价值也是不等价，采用适当贴现率调整。

（2）应用

① 疾病负担中测算：DALY 可以从宏观角度认识疾病，为制定相应的卫生政策和制定卫生策略提供科学依据，也动态进行健康监测和评价，综合评价不同疾病对人群的危害，可进行危险因素的分析。

② 对不同地区、不同对象（性别、年龄）、不同病种进行 DALY 分布：可以确定主要病种、重点人群和高发地区，以制定有针对性的预防措施。

③ 测算 DALY 也可以进行成本效益：通过研究不同病种、不同干预措施挽回一个 DALY 所需的成本（美元 /DALY），确定优先控制的疾病与择优选择最佳的对策与

措施来防治重点疾病，以使有限的卫生资源得到合理配置。

④ 可用于危险因素：将疾病负担分解为与危险因素有关的部分，将不同疾病与某一危险因素有关的部分相加，估计危险因素对健康的总效应，为确定预防措施重点（控制何种危险因素）提供依据。

⑤ 用于评价一个国家或地区各年龄组的疾病经济负担和总的疾病经济负担，测算疾病的间接经济费用：间接经济费用＝人均国民生产总值 ×DALY× 生产力权重。

（3）DALY 的优缺点

① 优点：该指标考虑了健康结局死亡和残疾两个方面的内容，以时间为单位，从而使致命和非致命健康结局在同一尺度下比较其严重程度。

② 局限性：DALY 引入了贴现率、年龄权重、失能等级等主观变量。DALY 不能测量疾病对健康的全部损害，没有反映出患者能力丧失的全部情况，因为没有考虑个人的健康满意度，只是以病态的程度估计患者的负担，没有涉及疾病对家庭、朋友和社会所造成的负担，年龄权重没有充分地考虑社会和人际上的复杂性。用 DALY 进行成本 - 效益估算时，忽略了过早死亡和伤残预防以外的效益。

（三）质量调整寿命年（health life days，HLD）

该指标是一种健康状况和寿命质量的正向综合测量指标，把不正常功能状态下的生存时间通过效用值（功能状态权重）换算成健康的生存年数。该指标是生存质量与生存时间结合起来产生的综合评价指标。一个 QALY 反映一个健康生存年。

（1）计算

$$QALY=\sum_{i=1}^{n}\overline{\omega}_i\gamma_i \tag{6-3}$$

式中：$\overline{\omega}_i$——权重（效用值）；

n——功能状态数；

γ_i——各状态下生存年数。

计算 HLD 时应注意以下几点。①计算时须测量两个方面的内容，即生存时间和生活质量。其中生活质量测量相对复杂，通常采用生活质量量表，获得人群的生活质量。②计算不同健康状态下的权重，是计算 QALY 最关键的问题，常见的有评量尺度法、标准概率技术等。

（2）应用：①用于计算疾病的经济负担，测量人群建康状况和临床试验结果；②作为成本效用分析指标评价治疗方案和保健措施，并参考 QALY 成本，分配卫生资源，制定卫生服务政策。

HLD 的优缺点：①优点：反映健康的敏感性较高，既能反映健康的不良方面，也能反映健康的积极方面；从躯体、心理、社会等方面综合反映健康，从疾病现象和结果两个方面反映对健康的影响。②局限性：QALY 引入了生命质量权重主观变量，不能反映所分析地区人群的意见。

二、疾病经济负担指标

（一）直接经济负担

（1）宏观成本（macro）或自上而下法（top-down approach）：又称为流行病学归因法，是基于全国疾病的总成本或总预算。将这些成本按疾病的初步诊断进行分配，然后比较不同疾病之间这种估计的疾病单位成本。按照下列公式计算人群归因分值（population attributable fraction，PAF）。

$$PAF=\frac{p(RR-1)}{p(RR-1)+1}\times 100\% \quad (6\text{-}4)$$

式中：p——疾病患病率；

RR——相对危险度。

获得人群归因分值后，将人群归因分值与某病的直接经济负担相乘，即可获得归因于某危险因素的疾病经济负担。

（2）微观成本（micro）或自下而上（bottom-up approach）：基于每一名患者实际的资源消耗，最终计算出每一种疾病的平均成本。这一方法需要收集患者所接受的医疗服务记录以及各项服务的单位成本。

① 疾病直接医疗负担

$$DMC_i=[PH_i\times QH_i+PV_i\times QV_i\times 26+PM_i\times QM_i\times 26]\times POP \quad (6\text{-}5)$$

式中：DMC——直接医疗负担；

PH——每次住院治疗平均费用；

QH——12 个月内人均住院治疗次数；

PV——每次门诊平均费用；

QV——两周内人均门诊次数；

PM——每次自我医疗平均费用；

QM——两周人均自我医疗次数；

POP——某年平均人口数。

② 疾病直接非医疗负担

$$NDMC_i=[PHI_i\times QH_i+PVI_i\times QV_i\times 26+PMI_i\times QM_i\times 26]\times POP \quad (6\text{-}6)$$

式中：NDMC——直接非医疗负担；

PHI——平均每次住院治疗用于交通、营养伙食和陪护人费用；

PVI——平均每次门诊用于交通和其他非医疗费的费用；

PMI—平均每次自我医疗用于交通和其他非医疗费的费用。

其他符号与公式（6-5）相同。

（3）分步模型法：四步模型法（four-step model）是对门诊利用和门诊费用、住院利用和住院费用建立测算模型。

① 年门诊医药费用

$$年门诊医药费用=\sum（次均就诊医药费用\times两周就诊率\times年龄组就诊率\times年龄组人口数\times26）\tag{6-7}$$

② 年住院医药费用

$$年住院医药费用=\sum（次均住院医药费用\times年住院率\times人口数）\tag{6-8}$$

③ 年门诊交通费用

$$年门诊交通费用=\sum（次均就诊交通费用\times两周就诊率\times人口数\times26）\tag{6-9}$$

④ 年住院交通、营养、陪护费用

$$年住院交通、营养、陪护费用=\sum（次均住院交通、营养、陪护费用\times年住院率\times年龄组人口数）\tag{6-10}$$

（4）直接法：通过调查得到疾病的例均直接经济负担，再结合地区人口、患病率等计算疾病总的直接经济负担。

$$某种疾病直接费用（X_i）=年平均直接费用\times地区居民人口数\times患病率或发病率\tag{6-11}$$

$$总的直接费用=\sum X_i\tag{6-12}$$

即将各种疾病或伤害的直接费用相加。

（二）人力资本法

人力资本法（human capital approach）：亦称工资损失法是指用收入的损失去估价由于污染引起的过早死亡的成本。广泛应用于间接成本的估计。

① 用于工作或市场劳动力价值测算：在发达国家，一般用工资率乘以因疾病和伤害损失的有效工时来计算疾病经济损失的间接费用，我国采用工资总额或平均工资进行测算。主要用来计算疾病对个人或家庭带来的间接经济损失。

$$间接经济损失=年人均工资\times损失工作人年数\tag{6-13}$$

$$损失工作人年数=人口平均期望寿命-死亡或致残的时间\tag{6-14}$$

② 用人均国民收入或人均净产值测算：用每日人均国民收入作为每个工作日的损失为指标进行计算。

$$间接费用=误工日\times人均国民收入/365\tag{6-15}$$

③ 用人均国民生产总值测算：目前较为合理的方法是以人均国民生产总值为基础，计算各疾病因伤残调整寿命年（DALY）损失所带来的社会经济损失。

$$间接经济损失=损失时间\times人均国民生产总值\tag{6-16}$$

国内有人计算过早死亡的潜在经济损失时，损失的时间用减去寿命损失工作年（WYPL）表示：

$$潜在经济损失值=DALY\times人均国民生产总值（元/人年）\times生产力权重\tag{6-17}$$

生产力权重：0～14 岁为 0.15；15～44 岁为 0.75；45～59 岁为 0.80；60 岁以上为 0.10。

④ 支付意愿法（willing to-pay）：是指个人为确保其健康或接受某种医疗卫生服务而愿意支付的最高费用额，是个人愿意支付多少货币以降低危险因素或死亡的可能性的估计。支付意愿法获得的估计主观性极高。这种方法综合了个人避免危险因素的偏好，对痛苦、悲哀的评估，延迟死亡的偏好和对通过小数目金钱来减少生命与健康危险因素的理解。

使用该方法有益于评价个体健康和生命的价值，尤其是考虑到了类似于疼痛等无形负担的影响。但此法可操作性较差，应用具有一定的局限性，其原因是受到收入的影响，即低收入者愿意支付的数额明显低于高收入者。此外，还有患病者与未患病者间的差异。患病者能够准确地回答出由于患该病而损失的福利［如治疗该病而花费的费用、损失的工作时间和效用（疼痛和痛苦）］；而未患该病者不知道其患病的概率、避免感染的概率以及一旦感染后疾病的严重程度，由此造成对个人健康状况价值判断不同。因此，将人力资本法和支付意愿法结合起来评价间接损失，其准确性更高。

（三）无形经济负担

无形经济负担又称为社会费用。对无形损失进行货币化，使各种费用都用货币来表示，有利于进行比较。可用的计算指标有伤残调整寿命年（DALY）、质量调整寿命年（QALY）、支付意愿法等。

三、疾病负担评价计算指标

传统上伤害危害性的描述性研究，多使用发病率、死亡率等流行病学指标。目前，国内外常用 DALY、YLL 和 YLD 等指标描述不同年龄、性别、地域和年份伤害导致的过早死亡和伤残所产生的疾病负担及构成情况。其中，YPLL、WYPLL 等指标是我国目前应用最多、最具代表性的伤害疾病负担评价指标，可用于比较伤害在不同地区造成负担的能力（指标具体计算方法详见本章第二节）。

（一）直接经济负担评价计算指标

1. 确定伤害负担的范围。根据费用的发生原则确定费用的具体指标。目前我国多数医疗卫生机构实行的是按服务项目收费。发生在卫生部门的费用就是所有的检查治疗项目、所有的药品和耗材料耗费的价值总和。发生在非卫生部门的费用则主要是患者和患者家属因为就医所发生的交通费、住宿费、患者的营养费及专人护理的护理费等。

2. 要确定伤害经济负担的测算期限。为了便于获取资料及进行比较分析，必须根据调查的目的，确定伤害经济负担的测算期限，明确起止时间点。

3. 要确定调查的样本。由于往往是计算某个国家或地区的疾病，经济负担，不大可能对所有的资料进行全面调查，因而有必要通过统计学方法来确定一个合理的有效的样本，通过样本人群相关资料和数据来推断总体情况。

4. 要确定样本人群在卫生部门与非卫生部门所发生费用的调查方法。对于在卫生部门所发生的费用，可以通过查阅卫生机构的病案记录、询问调查等方式获得。对于在非卫生部门发生的费用，主要采取询问调查法来获得。

5. 直接经济负担的总值计算。只要把某地某伤害的平均直接疾病经济负担水平及该地某伤害患者总数指标相乘，就能计算出该地某伤害直接经济负担总额。

（二）间接经济负担评价计算指标

1. 计算目标人群因为某种伤害造成的早亡和伤残 / 失能所减少的有效工作时间的总和，再将有效工作时间的减少转化为用货币单位表示的经济损失。

2. 主要用人力资本法或支付意愿法计算。

（三）无形经济负担评价计算指标

用货币对伤害的经济负担进行量化时，可以用 DALY 分析将死亡与失能有机结合起来，并将失能的程度等级化，或者用 QALY 测量疾病与伤害引起的疼痛、悲伤与寿命质量损失，或者用支付意愿法。

第三节　伤害负担评价

一、家庭负担评价

伤害的家庭负担是普遍的，涉及家庭经济、家庭婚姻、日常活动、家属躯体与精神心理、娱乐活动、伦理学、家庭关系等多个维度。个体伤害会对家庭产生多方面的冲击，使家庭承受经济、精神等多方面压力，可能产生适应不良等家庭功能障碍和相关的健康问题。目前，家庭负担测量常采用家庭关怀度指数（APCAR 问卷）和家庭负担问卷（family bunden scale of disease，FBS）测量。

1. 家庭关怀度指数（APCAR 问卷）：问卷从适应度（adaptation）、合作度（partnership）、成长度（growth）、情感度（affection）和亲密度（resolve）5 个维度反映家庭功能。患者家属根据目前的家庭状况分别回答该问卷，每个问题有 3 个答案可供选择，分别赋值为 2 分、1 分、0 分。家庭功能评价标准：APCAR 得分≤3 分为严重障碍，4～6 分为轻度障碍，≥7 分为功能良好。量表在国内外测试均有较好的信度和效度。

2. 家庭负担问卷（FBS）：由 28 个问题组成，从疾病家庭经济负担（6 个问题）、患病对家庭日常生活的影响（5 个问题）、患病对家庭休闲娱乐的影响（4 个问题）、患病对家庭关系的影响（5 个问题）、患病对家庭成员生理健康的影响（2 个问题）、患病对家庭成员心理健康的影响（2 个问题）和患病对家庭外关系的影响（4 个问题）7 个维度测量家庭负担。每个问题的赋值为 0、1、2。各个维度得分为所包含的问题的得分之和，得分越高则该维度对家庭负担越重。

二、社会负担评价

以往的疾病社会负担研究多着眼于疾病造成的患者群体的社会功能的下降，或者从疾病对整个社会造成的经济压力一个维度评价疾病的社会影响。但直接和间接的经验说明，疾病对社会造成的负担是多维的，不同疾病在社会人群心理、社会经济、贸易和商业、政府形象、社会安定等方面会造成影响，不同疾病在每个维度的影响存在差别，伤害所造成的生产力丧失、医疗费用的上升和其他损失给社会造成沉重的负担。伤害造成了大量的永久性残疾和过早死亡，消耗巨大的医疗费用，而且削弱了国民生产力。

德尔菲法（Delphi method）是通过有控制的反馈，可靠地收集专家意见的一种方法。由美国兰德公司收集专家意见以制定决策而命名。其核心是通过匿名的方式征求专家意见，整理后反馈给专家，再进行下一轮次的意见收集。经过几个轮次的反复，专家的意见趋于一致。从而得到一致而可靠性较大的结论。

目前，我国伤害预防控制相关研究仍处于起步阶段，全国性、多层次、综合指标体系融入的伤害预防证据体系的建立，需要伤害预防各相关部门的关注和投入，也需要更多伤害预防控制的专业人员队伍能力的不断提高，完善伤害相关信息的收集、分析、分享和利用。全面反映我国不同地区、人群和伤害类型的疾病负担综合评价，已经成为我国伤害预防证据体系的主要组成部分，它的发展与完善将对我国有的放矢地开展伤害预防控制工作，尤其是针对高危人群和重点伤害类型的防控工作产生深远的影响。伤害评价体系的建立和完善，需要全方位地推动伤害相关信息的采集、分析和利用，除了伤害相关死亡、伤残、住院和就医等伤害导致的直接后果，还包括伤害导致的家庭负担，伤害事件本身和后果影响所产生的社会负担等间接负担。疾病负担的全面评价是伤害预防优先领域确定的重要依据。伤害疾病负担指标是评价伤害预防控制策略、措施的重要依据。

（常　巍）

延伸阅读

[1] 王声湧. 伤害流行性病学［M］. 北京：人民卫生出版社，2003.

[2] 王声湧. 伤害流行病学现场研究方法［M］. 北京：人民卫生出版社，2007.

［3］ 蔡乐．慢性病疾病负担研究理论与实践［M］．北京：科学出版社，2017.

［4］ 陈文．卫生经济学［M］．北京：人民卫生出版社，2017.

［5］ Sherman Folland．卫生经济学［M］．北京：中国人民大学出版社，2011.

参考文献

［1］ 宇传华，吴思齐．基于全球视角的中国伤害负担现状及趋势分析［J］．公共卫生与预防医学，2019，30（3）：1-6.

［2］ 吕繁，曾光．疾病负担评价的理论框架及其发展［J］．中华流行病学杂志，2001，22（4）：259-261.

［3］ 段蕾蕾，王海东．全面评价伤害疾病负担，完善伤害预防证据体系［J］．中华流行病学杂志，2017，38（10）：1305-1307.

［4］ 邹亚明，郝元涛．我国伤害所致死亡损失生命年和经济负担分析［J］．中华疾病控制杂志，2016，20（5）：495-499.

［5］ 秦秋兰．我国伤害死亡流行及疾病负担研究进展［J］．应用预防医学，2016，22（1）：84-87.

［6］ 李中杰．伤害疾病负担评价指标的应用进展［J］．应用预防医学，2003，30（5）：313-316.

［7］ 宇传华，崔芳芳．全球疾病负担研究及其对我国的启示［J］．公共卫生与预防医学，2014，25（2）：1-5.

［8］ 李茜瑶，周莹，黄辉，等．疾病负担研究进展［J］．中国公共卫生，2018，34（5）：777-780.

［9］ 吕繁，曾光，钟天伦．伤害家庭负担评价的方法学研究［J］．中华流行病学杂志，2001，22（4）：246-248.

［10］ 兰蓝，周婷，孟琼，等．国外疾病经济负担研究现状分析［J］．预防医学情报杂志，2018，34（1）：106-109.

第七章 伤害生活质量的测定和应用

学习提要

- 掌握伤害生活质量的概念、根据不同需求选用适合的测定量表和测评方法。
- 熟悉伤害生活质量测定量表的研制步骤。

第一节 概　　述

临床医学仅用死亡和缓解等常用传统方法来评价疾病的结局不能表达健康的全部内涵，也不能全面地、客观地、真实地评价患者的健康状况。现代健康的定义不仅是身体功能正常，同时也要求心理健康和具有良好的社会适应能力。伤害给患者带来了包括身体和心理等各方面的痛苦，其痛苦可能也随之伴随终生。若忽视了患者对疾病和治疗在心理状态、主观感受、生理功能、家人关系和社会角色等方面的影响，则不能全面客观地评价患者治疗效果或康复标准。因此，不同身体或心理伤害的人群特别适合于进行生活质量评价。

世界卫生组织生活质量研究组将生活质量定义为不同文化和价值体系中的个体对与他们的目标、期望、标准以及所关心的事情有关的生存状况的体验。它具有整体性、综合性，能从患者角度评价治疗效果及其健康水平，不仅能够达到评价、评估的目的，同时更能够符合医学伦理学的道德要求，体现以人为本。生活质量测评目前已广泛应用于社会各领域，成为不可缺少的重要指标和评定工具。

生活质量作为测定健康与生活水平的综合指标之一，而且已经或正在成为医学或社会发展的需求，因此，对生活质量影响因素的探讨有利于找出防治重点，从而促进整体健康水平的提高。翁学清等采用 SF-36 量表对北京市城市社区老年人的生活质量进行测定，了解其伤害发生现状，探讨伤害与老年人生活质量的关系。结果显示：伤害是影响老年人健康的重要因素之一，老年人心理健康的维护与保健是预防和降低伤害发生、改善及提高其生活质量的重要措施。预防性干预及保健措施是面向社区一般人群的，随着预防医学和初级卫生保健的发展，对其措施的效果评价日益重视。对其效果进行综合评价可借助生活质量这一高度概括的指标来进行。

卫生资源配置与利用决策分析的主要任务就是选择投资重点，合理分配与利用卫生资源并产生最大的收益，通常用成本 - 效益或成本 - 效果分析来实现，其综合的效益指标常用预期寿命来衡量。随着对生活质量的深入研究和广泛开展，人们愈来愈倾向于用“质量调整寿命年”（QALY）这一指标来综合反映投资的效益。因为 QALY 综合考虑了生存时间与生活质量，克服了以往将健康人生存时间和患者生存时间同等看待的不足。于是，相同成本产生最大 QALY 或同一 QALY 对应的最小成本就是医疗卫生决策的原则。

据此，德拉蒙德（Drummond）等将 QALY 用于资源分配中，提出选择医疗卫生投资重点时要考虑到各项投资的健康效益，以费用和 QALY 为分析指标；莫斯特勒（Mosteller）则用于卫生立法和卫生政策的制定；汉斯·安德罗（Hatziandreu）等用 QALY 为指标作了运动预防冠心病的经济学评价，结果表明运动预防冠心病比其他预防和干预冠心病的措施更经济；Kristiansen 等用 QALY 对挪威降低人群胆固醇项目进行了评价，结果发现人群干预、个体饮食干预和药物治疗降低胆固醇获得一个 QALY 分别需要花费 10 100 456 英镑和 125 860 英镑，可见人群干预措施的效率最高。

第二节　评价方法与量表

心理现象也是一种主观现象，人们很早就对心理测验进行了深入的研究，发展起一套较为成熟的完整测验理论，包括效度模型、信度理论、效用理论、量表理论、预测策略、测验设计、反映定势、心理物理测量、潜特征模型、条目分析等。生活质量研究起步较晚，鉴于其与心理现象的相似性，因而生活质量的测定大量地移植采用心理测验的理论和方法。

一、生活质量评价方法

生活质量的测定，按照测定目的和内容不同可有不同的方法。常见的有访谈法、观察法、主观报告法、症状定式检查法和标准化的量表评价法五种方法。

（一）访谈法

研究者通过与研究对象的广泛交谈来了解对方的心理特点、行为方式、健康状况、生活水平等，进而对其生活质量进行评价。早在 20 世纪 20 年代，有学者就把访谈法定义为“有目的的谈话”。按照提问和回答的结构方式不同，访谈法可分为无结构访谈和有结构访谈两类。前者是事先规定了所问项目和反应可能性的访谈形式，访谈按预定内容进行；后者是一种非指导性的、自由提问和作答的访谈形式。在实际应用时可两者兼用。访谈法的优点：①较灵活，双方可以随时改变方式、变换话题，以便了解到一些量表无法反映的深层内容；②适用面广，可用于不同类型的人员，包括文盲、儿童、因病不能活动者。访谈法的主要缺点：①主观性太强，访问者的价值观和偏向会影响被访人的反应及其作出的判断；②花费较大，完成一例需要大量的时间和精力投入；③结果的定性分析处理较难。

（二）观察法

观察法是指在一定时间内由研究者对特定个体的心理行为表现或活动、疾病症状及不良反应等进行观察，从而判断其综合的生活质量。观察法比较适合一些特殊患者的生活质量评价，如精神病患者、植物人、老年性痴呆、危重患者等。

（三）主观报告法

由被测者根据自己的健康状况和对生活质量的理解，自己报告一个对其生活质量的评价（分数或等级数），这是一种简单的、一维的全局评价法。其优点是分析处理非常容易，但缺点也很明显，这样得到的生活质量很难具备可靠性和综合性。因此，这种方法一般不用或不单独使用，为其他方法的补充。

（四）症状定式检查法

当生活质量的测定主要限于疾病症状和治疗的毒副作用时，可采用症状定式检查法（symptom check list）。该法即把各种可能的症状或副作用列成一表格，由评价者或患者逐一选择。其选项可以是“有”“无”两项，也可根据程度分为不同项。许多疾病的症状和副作用评价采用此法，如著名的鹿特丹症状定式检查（roterdam symptom check list，RSCL）。

（五）标准化的量表评价法

这是目前广为采用的方法，即通过经考察具有较好信度、效度和反应度的正式标准化测定量表（rating scale）对被测者的生活质量进行多维的综合评价。根据评价主体的不同可分为自评法和他评法两种。尽管用于主观生活质量的评价具有客观性强、可比性好、程式标准化、易于操作等优点，但要制定一份较好的、具有文化特色的测定量表并非易事，涉及诸多问题的探讨。

以上介绍的5种测定方法，是在生活质量研究的不同发展过程中使用过的，其测定的层次和侧重点不同，因而其适用条件也不同。访谈法与观察法似乎与目前生活质量测定倾向于主观自我评价的趋势相违背。其实不然，目前生活质量概念应是多层次、多维度、多含义的，即使界定为完全的主观体验，也有很多场合不能靠量表来评价（如评价农村居民时有许多文盲存在，重病者不能自评等）。在量表测定中，如果的确需要代理者评价时，可采用访谈法或观察法进行评价，但其评出的生活质量存在不少问题，应与自我评价的生活质量相区别。总的说来，生活质量测定的方法以标准化量表测定为主流方向。

二、生活质量测定量表简介

伤害的生活质量测定日益增多，以量表测定为主，主要有两种测定情况，一种是采用一般人群使用的普适性量表来测定伤害的生活质量，另一种是针对具体的伤害开发特异性的生活质量测定量表。其中，生活质量测量普适性量表主要是反映被测对象总体的生活质量特征，不具特殊的针对性，它包括了与健康相关的生理、心理及社会功能诸方面的内容。此外，不少学者并未进行全面的生活质量测定，而只是测定生活质量中的某一方面，如功能状况方面、独立运动能力方面等。

（一）普适性量表

一些普适性的生活质量测定量表并不针对某一种疾病患者，测评的目的不在于评价治疗效果，而在于了解一般人群的综合健康状况，甚至作为一种综合的社会经济和医疗卫生指标，以便比较不同国家、不同地区、不同民族的生活质量和发展水平以及影响因素的研究。常用的生活质量测定普适性量表见表 7-1。

表 7-1　常用的生活质量测定普适性量表

量表名称	参考译名	作 者	条目
Duke health profile	Duke 健康量表	Parkerson（1981）	17
EuroQol	欧洲生活质量量表	EuroQol 组（1990）	5
health utilities index	健康效用指数	Torrance（1982）	
index of health related quality of life	健康相关生活质量指数	Rosser（1988）	
McMaster health index questionnaire（MHIQ）	McMaster 健康指数量表	Chambers（1987）	59
Nottingham health profile（NHP）	诺丁汉健康量表	Mcewen（1970）	38+7
general health rating index（GHRI）	一般健康评价指数	Brook（1979）	—
quality of well being index（QWB）	健康质量指数	Kaplan（1976）	—
15-D questionnaire on health related quality of life	15 种健康相关生活质量量表	Sintonen（1981）	15
sickness impact profile（SIP）	疾病影响程度量表	Bergner（1976）	136
medical outcomes study general health survey- short form 36（SF-36）	医学结局一般健康调查量表	MOS（1992）	36
WHO quality of life assessment（WHOQOL-100）	世界卫生组织生活质量测定量表	WHO（1995）	100
WHO quality of life assessment（WHOQOL-BREF）	世界卫生组织生活质量测定量表简表	WHO（1996）	26

伤害的生活质量测定中较为常见的普适性量表有总体健康状况量表（general health questionaire，GHQ）、NHP、SIP、QWB、MOS SF-36. WHOQOL-100 和 WHOQOL-BREF 等。总的说来，以 SF-36 用得最多，其次是 SIP 和 NHP。它们既可单独使用，也可同时使用，还可结合一些诸如智力、焦虑、抑郁、症状检查等方面的量表共同使用。如 Beaton DE 等同时使用了 SF-36. NHP、SIP、Duke 健康量表和 OHS（Ontario health survey）5 个普适性量表来研究肌肉骨髓系统伤害的工人的生活质量，结果表明：除 OHS 的生理功能外，其余量表均能发现不同健康状态间的差异（$P<0.05$）。伤害的

生活质量测定中常用的普适性量表简述如下。

1. 总体健康状况量表（GHQ） 1966 年，伯威克（Berwic）等建立了 GHQ。该量表原来主要用于精神心理评价，后来推广于一般的医学评价。量表包括 30、28.20 和 12 个条目的不同简化版，其中 28 个条目的简化版 GHQ-28 含四个方面：焦虑 / 失眠、严重压抑、社会功能障碍和躯体症状。斯特鲁申・马（Struchen MA）等用 GHQ 评价损伤性脑伤害的生活质量；布兰特（Bryant）等也将其用于探讨损伤性脑伤害所致的慢性疼痛与损伤后应急障碍的相互关系，结果表明有慢性疼痛的人比没有慢性疼痛的人有更多的损伤后应急障碍，疼痛程度与抑郁、功能调节、对生活的满意度之间的关系受损伤后应急障碍的程度影响。威廉姆斯（Williams）和布朗（Bury）则将 GHQ 用于测定慢性呼吸系统疾病造成的损伤、失能和残障者的生活质量，结果表明肺功能与失能间相关性较低，仅解释了方差变异的 14%，而呼吸困难与失能间则呈高度相关。

2. 诺丁汉健康量表（NHP） 1970 年，麦克尤恩（McEwen）在英国诺丁汉市建立了 NHP。其设计的目的是评价个人对卫生保健的需求和保健的效果，共 45 条。内容包括 6 个方面（38 条目）的个人体验（睡眠、身体活动、精力、疾病、情绪反应和社会孤独感）和 7 个方面的日常生活活动（职业、家务、社会生活、家庭生活、性活动、嗜好和休假）。比顿（Beaton）等使用 NHP 研究肌肉骨髓系统伤害的工人的生活质量，巴顿（Bent）等用 NHP 研究年轻的躯体伤残者参与性的决定因素，结果表明健康状态和社会心理因素会影响年轻人的参与性，然而缺损或伤残并不逆向地影响生活质量，也就是说伤残也许参与性受限制，但不一定生活质量低。此外，林达（Ringdahl）和格里比（Grimby）将 NHP 用于听力缺损的生活质量评定；Wiklund 等将 NHP 用于髓关节病所致伤残的生活质量评定。

3. 疾病影响程度量表（SIP） 1975 年，玛丽莲・伯格纳（Marilyn Bergner）建立了 SIP。SIP 包括 136 个问题，测定身体、心理、社会健康状况、健康受损程度、健康的自我意识等共 12 个大的方面，包括活动能力、自立能力、社会交往、情绪行为、警觉行为、饮食、工作、睡眠和休息、家务管理、文娱活动等。每个问题均经过专家讨论，给予权重。1981 年作者又做了发展和最后修订。恩特兰（Natterlund）等将其用于肌肉营养不良者（muscular dystrophy）的生活质量测定，结果表明逐渐增加的失能将导致对别人依赖性的增加和生活质量的下降。兰诺（Lannoo）将其用于严重脑损伤后的死亡率和患病率的早期预测研究，结果表明瞳孔反应性是用 SIP 测定的生活质量变化的最重要的预测因。卡龙（Carone M）将其用于慢性呼吸系统衰竭造成的健康损害的评价，通过 152 例患者的测定发现其自行研制的 28 个条目的量表与 SIP 和圣・乔治医院呼吸问题调查问卷（SGRQ）具有较高的相关性，相关系数分别为 0.70 和 0.86。乔克曼（Jonkman EJ）等将 SIP 用于脑卒中后患者的生活质量决定因素研究，发现脑卒中后情绪和认知功能受到了一定的损害，导致 3 个月生活质量的得分还不正常，仅有轻微的改善。

4. 生活质量量表（QWB） 1976 年，卡普兰（Kaplan）等建立了 QWB。QWB 包括两大部分：第一部分是有关患者日常生活活动的内容，包括移动、生理活动和社会活动三个方面，每个方面下设 3～5 个等级描述；第二部分由 21 个有关症状及健康问题的条目构成。QWB 计算得分需要考虑各条目和等级的权重。如爱尔维克（Elvik R）同时使用 QWB、欧洲生活质量量表（EuroQol）、McMaster 健康分类系统和 Rosser and Kind 指数四个量表测定交通伤害者的生活质量，结果表明 EuroQol 是四个量表中最有效的，并且没有一个量表的得分与公共政策目标相吻合。鲁宾（Rubin HC）等用 QWB 对 56 名惊恐障碍患者的生活质量进行评定，结果表明惊恐障碍者平均每年损失 39 个质量调整生存日，生活质量降低与惊恐发作的次数、焦虑状态和抑郁症状有关。

5．MOS SF-36 该量表是美国医学结局研究组（medical outcomes study，MOS）开发的一个普适性测定量表。该工作开始于 20 世纪 80 年代初期，形成了不同条目不同语言背景的多种版本。1990—1992 年，含有 36 个条目的健康调查问卷简化版 SF-36 的不同语种版本相继问世，其中用得较多的是英国发展版和美国标准版，均包含生理功能、躯体角色、机体疼痛、总的健康状况、活力、社会功能、情感角色和心理卫生 8 个领域。SF-36 是在伤害的生活质量测定中使用最多的量表。

此外，MOS 健康调查问卷的进一步简化版 SF-12 也被广泛用于伤害的生活质量评价。如希肯（Hicken）等同时使用（craig handicap assessment and reporting technique，CHART）和 SF-12 对脊柱损伤造成的大便和小便控制功能进行了评价，结果表明大便和小便控制功能障碍者其生活质量的多个领域得分均降低。

6．WHOQOL-100 和 WHOQOL-BREF　WHOQOL-100 是世界卫生组织组织 20 多个国家和地区共同研制的跨国家、跨文化并适用于一般人群的普适性量表。量表由 6 个领域（生理功能、心理功能、独立性、社会关系、环境和宗教信仰）的 24 个小方面外加一个总的健康状况小方面构成。每个小方面由 4 个条目构成，分别从强度、频度、能力和评价四个方面反映同一特质。每个条目均按 5 级等级方式排列，计算得分时分别计为 1～5 分或 5～1 分（逆向条目）。由于该量表较长，仅有少量学者用于伤害的生活质量测评。温伯格（Wirnsberger）等用 WHOQOL-100 对 32 例类风湿关节炎患者和 37 例类肉瘤病患者的生活质量进行了测定，结果表明两组患考生活质量中的躯体功能、独立性和总量表得分均下降，类风湿关节炎患者的疼痛与不适和移动性 2 个小方面的生活质量得分较低。

WHOQOL-100 的简化版 WHOQOL-BREF 只有 26 个条目，由 4 个领域（生理功能、心理功能、社会关系和环境）的 24 个小方面外加一个总的健康状况 2 个小方面构成。该简表既保存前者量表定义精确、结构清晰、覆盖面广的优点，又具有简洁明了，易于应用的特点。计分时条目 3、4、26 为逆向条目，根据其回答选项计为 5～1 分；其余条目为正向条目，根据其回答选项直接计为 1～5 分。将各领域相应的得分相加即可得到该领域的得分。

（二）特异量表

特异量表指主要观察某一疾病、某一症状或某一人群的生活质量特征的一类测量工具，伤害生活质量测定的特异量表指针对某种特定的伤害（如烧伤、交通事故、残障等）而开发的量表，只适用于特定的伤害。总的说来，这方面研究不多，而且很多作者自行开发的特异量表尚未得到公认，因此应用也不广泛。

1. 颈割裂性损伤指数（neck dissection impairment index，NDII）量表 Taylor RJ等开发该量表，包含10个条目，用于颈割裂性损伤的生活质量测定，并与SF-36量表进行了对比。结果表明：NDII量表的重测信度为0.91，内部一致性信度为0.95，与SF-36量表生理功能和生理角色的相关系数分别为0.50和0.60，说明具有良好的信度和效度。

2. 交通伤害生活质量研究量表的选择 目前国内外有关交通伤害的生活质量的研究和测定中常用的量表有：诺丁汉健康量表（NHP）、格拉斯哥结局量表（GOS）、Rosser残疾量表、WOMAC骨关节炎量表、欧洲生活质量量表（EuroQol EQ-5D）、改良创伤评分法（RTS）、受损严重度评分法（ISS）、疾病影响程度量表（SIP）、健康质量指数（QWB）、诺丁汉健康量表、医学结局一般健康调查量表（简洁版）、生活满意度量表、WHOQOL-100和WHOQOL-BREF。

3. 脑损伤后生活质量（quality of life after brain injury，QOLIBRI）评定量表 是由法国、德国等多国家多中心神经外科专家共同参与编制的针对创伤性颅脑损伤（traumatic brain injury，TBI）患者生活质量评价的专有量表。此量表主要是通过TBI患者主观自身报告其健康状态与生活质量的关系，对TBI患者的生理功能、生活满意度、心理情感状态及参与社会活动能力等方面进行全面评价，从而科学指导临床和康复治疗。QOLIBRI在欧美及澳大利亚均取得较好评价，现已被国内学者翻译为中文版。于洋等国内学者对该中文版量表进行考评得出，中文版QOLIBRI具有较高的信度和效度，且内容全面，可操作性强。

鉴于现有的颅脑外伤患者生活质量和康复评价量表不甚理想，赵元立等以功能生活指数（FLI，适用于恶性肿瘤患者生活质量评估的多维量表）为蓝本，结合颅脑外伤患者特点和国情，研制出了改良功能生活指数（revising functional living index，RFLI）量表。经临床试验，该量表与日常生活和工作能力评分法等有很好的相关性，能够反映患者的综合性生活适应能力，即整体康复水平。1999年10月召开的关于多发性损伤患者生活质量测评的国际多学科研讨会，主要讨论如何针对儿童TBI、成人TBI、成人多发性损伤以及脊柱伤等群体开展生活质量评价，最终认为目前尚没有足够的研究资料来建立基于“循证”观点的生活质量测评的指导方针，但是专家组建议用格拉斯哥结局量表（Glasgow outcome scale，GOS）和SF-36作为评价所有创伤患者的生活质量通用量表，同时结合创伤特异性量表来更好地评价伤者的生活质量。

4. 烧伤（CARe）量表 CARe烧伤量表成人版有助于确定患者需求，拥有评估生活质量和治疗的工具。尽管心理测量评价的水平总体上被认为很高，格里菲斯等的审查得出结论认为，大多数方案管理系统尚未得到成人烧伤患者的验证，只有少数方案管理系统是与成人烧伤患者合作开发的。有少量有效的烧伤特异性PROM可用于评估成人烧伤患者的生活质量，其中包括《特定烧伤健康量表简写本（BSHSA）》《特定烧伤健康量表简写本（BSHSB）》《成人烧伤结果问卷简写本（ABOBQ）》《青少年烧伤结果问卷（YABOQ）》《布里斯班成人烧伤瘢痕影响简介（BBSIP）》《生命影响烧伤恢复评估简介（LIBRE）》。然而，目前还没有为成人烧伤设计或与成人烧伤合作开发的方案管理系统。此外，CARe 烧伤量表成人版已经在英国人群中进行了测试。如果要在其他地方使用，则需要进行额外的验证研究；如果要在非英语患者中使用，则需要进行翻译研究。

5．自我伤害生活质量的测定及量表选择　自我伤害行为不同程度存在于人类行为中，学术界对自我伤害行为的界定还不统一。Favazza 用自残（self-mutilation）来描述自我伤害行为。自我伤害行为是一种故意的、非自杀的破坏或改变自身身体的行为。该定义中“故意的”是指并非意外的行为，“非自杀的”暗示行为常被误解为具有自杀意图。自我伤害行为的测量：随着统计手段的进步，可以通过高级统计分析探查不同自我伤害行为之间的关系，同时也可以通过测量的方式研究自我伤害行为与其他变量之间的关系。但是用于测量自我伤害行为的工具并不多，通过查阅文献，发现用于测量自我伤害行为的工具主要有 SIBS（self-injurious behaviors scale）、SITBI（self-injurious thoughts and behaviors interview）、SIQTR（self injury questionnaire treatment related）、DSHI、（deliberate self-harm inventory）、ISAS（inventory of statements about self-injury）、SHIF（self-harm information form）、SHI（self-harm inventory）、BPI-01（behavior problems inventory）的自我伤害行为子量表，以上量表全都需测量自我伤害行为的表现形式及其频率，但是量表所涵盖的项目数量、测量方式（SITB 是以访谈的形式开展测量）、行为类别（按照 Skegg 的分类）是不尽相同的。张芳等国内学者在 2015 年修订并汉化了渥太华自我伤害调查表（ottawa self-injury inventory finction，OSI），其他关于自我伤害的研究均是采用自编问卷开展的，但是这些问卷所涵盖的自我伤害行为并不完全相同，缺少权威且广泛适用的测量工具。

上述量表的编制多源自临床案例及样本，注重其诊断性功能。研究者发现，70% 的临床自我伤害行为案例当事人报告曾有自杀意图，可见自我伤害行为水平可以评估行为人的精神健康状况。但是专注于临床案例，忽视了“亚健康群体”中出现的较为隐蔽的自我伤害行为，即忽视了自我伤害行为对身心健康水平的描述性作用。国内学者王培席等人对中国大学生自我伤害行为调查显示，其发生率为 15.1%。任之等人运用汉语版 SIBS 调查发现自我伤害行为总检出率为 10.66%。对中国青少年学生的调查发现，17% 的受调查者报告有过自我伤害行为。国内学者杨宇琦、肖放等参考自我伤害行为问卷 DSHI、SHIF、BPH 及国内外相关研究所涉及的自我伤害行为项目，自制评估大学生精神健康状况，且具有较高的信度、效度的大学生自我伤害测评量表。但是由于缺少对非典型的（或心理的）自我伤害行为的研究，此研究仍然面临非典型的（或心理的）自我伤害行为目标项目较少、缺乏与临床样本进行比较研究的不足，还需要进一步地探索与研究。

（三）伤害生活质量其他方面的测定量表

伤害生活质量在某方面的测定量表仅是测定多维生活质量中的某一个或某些方面，而未进行全面的生活质量测定。当研究者仅关注某些领域时，常使用单一方面的量表（严格说是某一个量表中的模块或子量表）进行测定。如测量失能状态的有EDSS（expanded disability status scale），测量认知功能的有MMSE（mini mental state examination），测量抑郁状态有汉密顿抑郁量表（hamilton rating scale for depression，HRSD）、抑郁自评量表（self-rating depression scale，SDS）或贝克抑郁量表（beck depression inventory，BDI），测量疲倦状态有FSS（fatigue severity scale）或FAI（fatigue assessment inventory），测量一般功能的有功能评价量表（function assessment measure，FAM）、测量攻击性的有外显攻击行为量表（overt aggression scale，OAS），测量焦虑的有汉密顿焦虑量表（Hamilton anxiety scale，HAMA）或焦虑自评量表（self-rating anxiety scale，SAS），测量睡眠功能的有匹茨堡睡眠质量指数（pittsburgh sleep quality index，PSQI）或关于睡眠的信念和态度量表（belief and attitudes about sleep scale，OBAS），常用的是功能状态量表（kamofsky performance status，KPS）和日常生活活动（activities of daily living，ADL）量表。

1. KPS量表　由卡莫夫斯基Kamofsky（1948）提出，是医学领域中使用较早的测定量表，由医务人员根据病情变化对癌症患者的身体功能状况进行测评。该量表包括3个方面，10个等级的评价，每个等级用文字进行描述，根据相应的情况评为0～100分，其中0分为死亡，100分为“正常”。尽管该法有较好的重复性，但却不包括患者的主观感受，严格说来它所反映的并非生活质量，只能算作生活质量的一部分。乔巴尼奥利（Giovagnoli）等将KPS量表用于长期存活的恶性脑瘤患者生活质量和认知功能损害的测定，结果表明：对有症状和无症状两组，肿瘤位置和特定的认知缺陷之间的联系是不稳定的；神经精神测验也许能作为生活质量测定的必需指标；联合治疗和坚持治疗并不一定产生相同的有害作用。

2. Kats-ADL量表　在各种ADL测定中，最著名的是卡茨（Kats 1963）提出的日常生活独立活动指标（index of independence in activity of daily life），即Kats-ADL。该量表包括6项日常活动：洗澡、穿衣、去厕所、用餐、室内走动和大小便自我控制。经修正和扩充后ADL分三个部分：①躯体活动，反映日常生活自理的能力，包括室内走动、穿衣、进食、大小便自控等，每个项目分为能自理、半自理和不能自理三级；②日常家务活动，反映日常社区活动能力，包括购物、打电话或串门、理财等，每个项目分为能自理、半自理和不能自理三级；③总的躯体功能，用于测量四肢、躯干协调活动能力，包括端坐、站立、手举过头、握物等，每个项目分为无困难、有困难和不能做三级。量表主要应用于慢性疾病患者和老年人。阿尔斯通（Ahlstrom G）等用Kats-ADL、SIP等量表探讨肌肉营养不良症的生活质量和伤残的关系，结果表明：不同的伤残测定间具有高度的相关性；生活质量在肌强直组和非肌强直组间没有显著性差异；“步行与移动”和“手指功能”两个方面与生活质量有较好的相关性。

伤害生活质量测定中应注意，如果进行全面的生活质量测定，应选择普适性测定量表，如 SF-36 和 WHOQOL BREF 都是比较好的量表；如仅进行某方面的测定，则选择相应的量表，如 KPS 量表等 。

3．功能障碍与残疾的生活质量评价　伤害会造成各种功能障碍或残疾，持续很长时间而难于康复，甚至持续到死亡。因此，特别适合于进行生活质量评价。前面所讲的各种生活质量测定方法和测定量表均能用于伤害所致的功能障碍与残疾的评价，其测定的注意事项也相同。

（1）功能障碍的生活质量评价：综合的功能障碍生活质量评价可用前面的各种普适性量表，尤其是 SF-36、NHP、WHOQOL-BREF、SIP 等。一般来说，这些普适性量表既可以进行总的分析，也可以对每个功能领域（如生理功能、心理功能、社会功能等）分别进行分析。由于整个量表包含的内容较多，其每个领域的测定就不如专门针对该领域的特定量表详尽和深入。因此，不少研究者同时辅以某些特定功能的测定量表（表 7-2）。

表 7-2　某些特定功能测定常用的量表

功能	测定量表	条目数	作者	年份
认知功能	Wechsler 成人智力量表（wechsler adult intelligence scale）（cognitive bias questionnaire，CBQ）	23	Hammen	1979
性功能	简明男性性功能问卷（brief sexual function questionnaire，BSFQ）	21	Reyonlds	1988
	简明女性性功能指数（brief index of sexual function for women，BISFW）	22	Rosen	1993
疲倦	疲倦评定量表（fatigue assessment instrument，FAI）	29	Josoph Trudie	1993
	疲倦量表 FS-14（fatigue scale-14）	14	Chalder	1992
	疲倦严重程度量表（fatigue severity scal，FSS）	9	Josoph	1989
心理功能（抑郁）	贝克抑郁量表（BDI）	21	Beck	1967
	自评抑郁量表（SDS）	20	Zung	1965
	卡罗抑郁量表（carroll rating scale for depression，CRS）	52	Carroll	1981
	流调中心用抑郁量表（center for epidemiologic studies depression scale，CES-D）	20	Radloff	1977
	汉密顿抑郁量表（HRSD）	24	Hamilton	1960
心理功能（焦虑）	交往焦虑量表 IAS（Interaction Anxiousness Scale）	15	Leary	1979
	焦虑自评量表（SAS）	20	Zung	1971
	贝克焦虑量表（Beck anxiety inventory，BAI）	21	Beck	1983
	汉密顿焦虑量表（HAMA）	14	Hamilton	1971
心理功能（孤独）	UCLA 孤独量表（UCLA loneliness scale，UCLA-LS）	20	Russell	1979
	状态与特制性孤独量表（state versus trait loneliness scale）	22	Gerson	1978
	情绪与社会孤独量表（emotional versus social lone liness scale）	10	Wittenberg	1986
	情绪与社会孤独问卷（emotional-social loneliness inventory）	15	Vincenzi	1987

（2）残疾的生活质量评价：残疾是由病伤等原因在人体上遗留下来的固定症状，它给身体带来形态和功能上的改变，影响正常生活和劳动能力。我国 2018 年修订《残疾人保障法》对残疾人的定义：因不正常或丧失了某种器官或功能，可以是生理上或心理上，或者是解剖结构上遭受痛苦、失去表现正常活动的全部或部分能力，具体表现在以下方面：慢性损害、功能受限、活动受限。如同功能障碍的生活质量测定一样，残疾也可采用前述的各种普适性生活质量测定量表来进行评价。因为残疾中也包括各种功能性的障碍或残疾，因此，若对某些方面的功能较感兴趣，也可选择表 7-2 特定功能测定的量表来评价。

残疾分为不同的类别和级别，其严重程度不一样，在其生活质量测定中，常同时采用测量残疾程度的量表，从而还可分析残疾的程度与生活质量的关系。反映残疾的量表主要有肩痛与伤残指数（shoulder pain and disability index，SPADI）、伦敦残障量表（the London handicap scale）、Sheehan 伤残量表（Sheehan disability scale）、Craig 残障评价与报告技术（Craig handicap assessment and reporting technique，CHART）、扩展的伤残状态量表（expanded disability status scale）、亨利福特医院伤残量表（the Henry Ford hospital disability inventory）、昏睡残障问卷（dizziness handicap inventory，DHI）等。

4．职业伤害者生活质量量表的评价　国内学者胡志平等采用具有良好信度、效度和敏感性的 WHOQOL-100 作为主要调查工具，对安徽铜陵矿区职业伤害者的生活质量进行调查，调查对象分为职业伤害组和对照组。调查结果显示：职业伤害组的生活质量总分、生理领域、独立领域、社会领域、环境领域和信念得分均低于对照组，特别是在生理领域、独立领域和总体生活质量上存在显著差异。

第三节　生活质量评价的应用

针对伤害生活质量评价的应用，目前国外已有大量关于其生活质量研究的报道。Hensel E 等对智力残疾和非智力残疾的生活质量进行评价，结果表明有智力残疾者的健康状况比无智力残疾者差，并且对其健康显著不满意。Putzke JD 等利用 SF-12、SWLS 等量表对火炮伤引起的脊柱损伤者的生活质量进行了分析。Parving A 等用 SF-36 量表探讨了听力残疾者的生活质量。

目前我国对伤害的研究尚处于起步阶段，从现有文献资料看，伤害的研究对象较为局限，有关伤害的研究主要针对特殊人群（儿童、老年人口等）、特殊伤害类型（车祸、自杀等）、死亡资料和伤害住院病例的流行病学分析及疾病经济负担测算等几个方面，对全人群伤害进行的完整系统的研究较少，尚缺乏针对一般人群伤害生活质量普适性量表的研究。仅见韩璐、周亚敏等于 2017 年自编制的伤害生活质量量表（IQOL）。该量表包含生理领域、独立性领域、心理领域、社会关系领域和环境领域 5 个维度，由 22 个条目构成，经过考评 IQOL 量表具有较好的信度和效度，可以作为伤害生活质量研究的测量工具。

以“伤害”“生活质量”“伤害生活质量”等关键词进行伤害生活质量的相关研究检索，发现较为常用的评价量表有以下7种：总体健康状况量表（GHQ）、诺丁汉健康量表（NHP）、疾病影响程度量表（SIP）、生活质量量表（QWB）、SF-36量表、WHOQOL-100、WHOQOL-BREF，其中以SF-36量表、WHOQOL-100、WHOQOL-BREF最为常见。国内学者开展伤害生活质量的研究，主要是通过使用国内外一般人群生活质量量表（如SF-36量表、WHOQOL-100等）进行测量。翁学清等采用SF-36量表对北京城市社区老年人发生伤害后的生活质量进行测定，得出伤害是影响老年人健康的重要危险因素之一，应予以积极防治。

通过使用针对某一疾病、某一症状研制的特异性伤害量表，如于洋等人研制的创伤性颅脑损伤患者生活质量量表。一般人群生活质量量表具有普适性，适用范围广，能从一定程度上反映伤害发生后生活质量情况，但难以准确反映伤害对于人群生活质量的特异影响；而特异性伤害量表虽能准确反映某类型伤害对生活质量的影响，但适用范围窄，难以横向比较不同伤害类型对生活质量的影响程度。因此，研制出针对一般伤害人群，适合各类伤害类型的伤害生活质量量表，是流行病学伤害研究的重要任务之一。

从国内外已经发表的文献看，伤害的生活质量研究可以概括为以下四类。

1. 借助现已开发的生活质量测定量表（用得较多的是SF-36），对各种伤害的受害者进行生活质量评价。其目的一是对不同分类的受害者生活质量进行描述与比较，探讨其影响因素。如洪春荣等采用SF-36量表对跌倒老人的生活质量进行测定，分析其影响因素，得出跌倒对老年人生活质量具有较大影响，应积极预防跌倒的发生及其产生的不良后果。再如国内学者郑文贵等利用居民健康状况调查表进行访谈式调查，并利用凯斯勒心理疾患量表（Kessler 10量表，K10），对居民心理健康状况进行测评，分析居民意外伤害发生与心理因素的关系，探索意外伤害研究中心理因素的测量方法。其目的二是探讨好的治疗与康复措施，这类研究占绝大多数。Hultling C等采用SF-12、IIEF（international index of erectile function）等量表，通过生活质量测定来评价伟哥治疗脊柱损伤后造成的阴茎勃起功能障碍效果，与安慰剂对照组相比，伟哥治疗能明显地改善患者生活质量中的心理、抑郁和焦虑功能，明显改善患者对性生活的满意度、对性伴侣的关系和对勃起功能的担忧。

2. 开发针对不同伤害的生活质量特异量表。如国内学者杨宇琦、肖放等参考自我伤害行为问卷DSHI、SHIF、BPH及国内外相关研究所涉及的自我伤害行为项目，将自我伤害行为的范畴扩大到分别倾向于精神和身体的自我伤害行为，制定出典型自我伤害行为与非典型自我伤害行为两类测定量表，该量表经检测且具有较高的信度、效度，能较好地评估大学生精神健康状况。再如Taylor RJ等开发了一个含10个条目的颈割裂性损伤指数（NDII）量表，用于颈割裂性损伤的生活质量测定。Costa P等开发了一个含30个条目的量表Qualiveen，专门用于伴有排尿困难的脊柱损伤患者。

3. 同时使用多个生活质量测定量表或生活质量中某些功能的测定量表测定同种

伤害，以便探讨这些量表得分之间的关系，以及对该伤害的反映程度。如 Amato MP 等同时用多发性硬化症生活质量测定量表（MSQOL-54）、伤残状况量表（expanded disability status scale）、认知功能量表（mini mental state examination）、抑郁量表（hamilton rating scale for depression）、疲倦量表（fatigue severity scale）同时测定 103 例多发性硬化症患者，结果发现生活质量的生理功能得分与伤残水平间存在中等程度的负相关，在抑郁或疲倦的程度与生活质量的生理和心理功能间存在中度到高度的负相关。Beaton DE 等同时使用了 SF-36、NHP、SIP、Duke 健康量表和 OHS 5 个普适性量表来研究肌肉骨髓系统伤害工人的生活质量，结果表明除 OHS 的生理功能外，其余量表均能发现不同健康状态间的差异（$P<0.05$）。

4．同时考虑生活质量与生存时间，用 QALY 来综合评价伤害的危害，从而用于治疗方案筛选或决策分析。如 Demovsek MZ 等通过对 200 例精神分裂症门诊患者生活质量测定和 QALY 计算来评价治疗的成本，结果表明患者平均存活 10.20 个 QALY，每年治疗的直接成本为 216 216 美元（1996 年）。

（陈　莹）

延伸阅读

[1] 万崇华，罗家洪，杨铮，等．癌症患者生命质量测定与应用［M］．北京：科学出版社，2007．

[2] 万崇华，江文富．健康测量［M］．北京：中国统计出版社，2013．

[3] 万崇华，禹玉兰，谭健烽，等．生命质量研究导论：测定・评价・提升［M］．北京：科学出版社，2016．

参考文献

[1] The WHOQOL Group. The word health organization quality of life assessment (WHOQOL): Devolvement and psychometric properties [J]. Soc Sci Med, 1998, 46 (12): 1569-1585.

[2] 韩璐，周亚敏，罗旭，等．伤害生存质量量表的构建与评价［J］．实用预防医学，2017，24（1）：124-126

[3] 董晓梅，王声湧．交通伤害中的生存质量研究［J］．疾病控制杂志，2004，8（6）：563-566．

[4] Kelly M L, Shammassian B, Roach M J, et al. Craniectomy and craniotomy in traumatic brain injury: A propensity-matched analysis of long-term functional and quality of life outcomes [J]. World Neurosurg, 2018. 36 (1): 108-110.

[5] María Fernández, Laura E. Gómez, Víctor B. Arias, et al. A new scale for measuring quality of life in acquired brain injury [J]. Qual Life Rese, 2018 (12): 1-14.

第八章　伤害的临床评价与应用

学习提要

- 在临床工作中非常重要的一项工作就是对受伤害患者的创伤评估，院前及院内评估对挽救患者的生命提供了更有效的参考依据。
- 熟悉被伤害者快速评分，掌握创伤严重程度评分方法及应用。

第一节　概　　述

由外界机械因素带给人体组织或器官的伤害我们称为创伤（trauma）。由于 20 世纪 50 年代世界各地战争的频繁发生，以及汽车等交通工具的普及及变革，身体创伤成为日常生活中最为常见的一种外科急症。为了更高效、全面的诊断身体创伤，引起医务人员的重视度，提高救治效率，1952 年由德·汉文（De Haven）等在对美国汽车交通事故进行调查研究，首次提出了创伤评分。创伤评分提出后，确实对创伤救治工作起到了积极的推动作用，受到广泛关注。

时至今日，大范围的战争已经不常见，然而社会的高速发展和交通事故频发仍然让创伤成为 45 岁以下人群第一位的死亡原因。据 WHO 统计，全球每年因创伤而死亡的人数高达 580 万人。在发达国家，创伤已经成为第三大死因，仅次于心脏疾病和肿瘤。而在我国，由于人口众多，交通事故和自然灾害（地震、洪水）频发，严重创伤人数多、比例大、救治难度高的情况更为突出。由于创伤发生突然、病情进展较快、不同部位和程度的创伤给身体带来的影响差别巨大，如果不能早期识别并积极治疗，极易导致残疾，甚至死亡。因此，利用创伤评分快速、准确地对各类创伤作出评估，为后续抢救及治疗赢得时间并提供依据成为极其重要的治疗环节。

随着对创伤的不断深入探讨和总结，目前针对伤害的严重程度的评分系统已经有数十种之多。而越来越多的评分方法趋向于被各种计算机软件所融合，直观、简单的操作代替了抽象、复杂的测量和计算，使得院前创伤评分方法的研究和应用步入了新的阶段。

一、伤害严重程度评价 / 评分系统

伤害程度评价 / 评分系统是以患者的生理指标、解剖指标等作为参数并予以量化和

权重处理，再经数学计算得出分值，以显示患者全面伤情严重程度的多种方案的总称。

伤害严重程度评价，可方便医生、护士迅速掌握和实施，能快速确定患者的创伤等级，明确抢救的优先顺序，提示急诊抢救和治疗所需的力度，特别适用于急救的初步判断。

伤害严重程度评价系统对于日常急诊抢救和治疗的重要意义在于：①方便医务人员用统一量化的标准来评价创伤的复杂性和伤情严重程度；②预测创伤患者预后，如生存概率、残疾状况和远期生活质量等患者远期恢复情况；③客观地评价救治质量、医疗护理工作量；④用于质量控制，计算 ICU 周转和使用率、医疗费用等，有助于领导决策和科室管理，合理分配有限的医疗资源；⑤指导治疗方案的制订和调整；⑥为伤害救治的研究工作提供依据。

二、分类

目前对于各种各样的评价系统，按使用场合和按数据来源可分为两大类。

（一）按使用场合分类：院前评分和院内评分

1. 院前评分　约有 14 种，它们是创伤指数（trauma index，TI）、创伤评分（trauma score，TS）、改良创伤评分法（revised trauma score，RTS）、CRAMS 记分法（circulation，respiration，abdomen，motor and speech score，CRAMS）、院前分类指数（prehospital index，PHI）、病伤严重度指数（illness injury severity index，IISI）、类选对照表（triage checklist，TC）、类选指数（triage index）、类选记分法（triage score）、现场类选标准（field triage criteria）、急救员判定法（paramedic judgement，PJ）、院前类选示意图（prehospital triage decision scheme）、脉搏 / 呼吸 / 运动反应（Pulse respiration motion，PRM）以及呼吸 / 收缩压和运动反应（PSM）。

2. 院内评分　约有 9 种，它们是简明损伤定级（abbreviated injury scale，AIS）、损伤严重度评分（injury severity score，ISS）、新损伤严重度评分（new injury severity score，NISS）、解剖要点法（anatomic profile，AP）、最高 AIS 值评分（maximal AIS，MaxAIS）、基于国际疾病分类编码的损伤严重度评分（international classification of disease based injury severity score，ICISS）、创伤及损伤严重程度评分法（trauma and injury severity score，TRISS）、创伤严重特征评估法（a severity characterization of tauma，ASCOT）和急性生理学与慢性健康状况（acute physiology and chronic health evaluation，APACHE）。

（二）按数据来源分类：解剖学评分、生理学评分和综合评分

1. 解剖学评分　包括 TS、RTS、CRAMS 评分、PHI、TI 等。

2. 生理学评分　包括 ISS、MaxAIS、NISS、ICISS、APS、ICISS 等。

3. 综合评分　包括 TRISS、ASCOT、APACHE 等。

这些评分各有其侧重的方面和优点，然而根据评分使用的便捷程度及临床使用的

准确性不同，其中的几种评分方法得到了广大临床医师的认可并广泛使用。

第二节　伤害的临床评价指标

在实际临床工作中，我们多按照院前评分系统和院内评分系统两类开展创伤评估工作。

一、院前创伤评分

院前创伤评分的目的是结合现场情况和受伤因素，通过对患者生命体征和解剖结构状况的评价把患者区分为不同程度损伤，从而针对性地选择急诊处治方案，决定转送医院的优先顺序以及转送哪一级医院。

这类评分的作用主要是指导现场检伤分类、按类别给予急救复苏治疗、为安排转送及收治提供参考。其目的在于区分重伤患者与一般创伤患者，对重伤患者实施及时有效的救治。院前创伤评分的优点是直观、简便、实用、易掌握、省时、适合急救。局限性在于不够精确，判断预后的能力较差。

院前创伤评分有 5 种较为常见的分类方法，即创伤指数（TI）、创伤评分（TS）、修正创伤评分（RTS）、院前分类指数（PHI）、CRAMS 评分法。

（一）创伤指数（TI）

创伤指数评分方法 1971 年由 Kirkpat 等以患者生命体征为基础所研制，后被修订为根据受伤部位、损伤类型、外出血、血压、脉搏、呼吸和意识共 7 个方面，按照各个方面受伤严重程度不同选择不同评分（1、3、5 分或 6 分），7 项得分之和即为 TI 总分。总分越高，伤情越重。总分≤9 分为轻度伤，门诊治疗即可；10～16 分为重度伤，应住院治疗；≥17 分为极重度伤，死亡率可达 50%；≥21 分则死亡率明显增高；≥29 分有 80% 的可能在 1 周内死亡（表 8-1）。

表 8-1　TI 评分表

分值	1	3	5	6
受伤部位	四肢	背部	胸部	头、颈、腹
损伤类型	撕裂伤	挫伤	刺伤	钝器伤、子弹伤
循环状态				
外出血	有			
血压（mmHg）		60～97	＜60	测不到
脉搏（次 /min）		100～140	＞140	＜50
呼吸状态	胸痛	呼吸困难	发绀	无呼吸
意识状态	嗜睡	恍惚	浅昏迷	深昏迷

（二）创伤评分（TS）

创伤评分方法由Champion等于1981年首次提出，它是以格拉斯哥昏迷评分（GCS）为基础，结合心血管和呼吸系统状况评价伤情的方法，除了格拉斯哥总分外，TS还包括呼吸频率、呼吸幅度、收缩率和毛细血管充盈情况4项指标，将5项得分相加之和即为评分。TS总分介于1～16分，得分愈低，伤情愈重。有研究报道，总分为14～16分，生理变化小，生存率为96%；总分为4～13分生理变化效果显著，抢救价值极大；总分为1～3分，生理变化很大，死亡率超过96%。TS主要用于院前患者伤情初步分级，尤其适用于事故现场对大规模伤员的急救（表8-2）。

表8-2　TS评分表

分值	0	1	2	3	4	5
呼吸次数（次/min）	0	＜10	＞35	25～35	10～24	
呼吸幅度	浅或困难	正常				
循环收缩压（mmHg）	0	＜50	50～69	70～90	＞90	
毛细血管充盈	无充盈	充盈迟缓	正常			
意识状态（GCS评分）		3～4	5～7	8～10	11～13	14～15

（三）改良创伤评分法（RTS）

由于TS的灵敏度不佳，而且急救现场呼吸幅度和毛细血管充盈度很难判断，常遗漏严重创伤伤员。Champion和Copes于1989年提出了改良的TS评分，取消了TS中难以判断的呼吸幅度和毛细血管充盈度的观察，只用加以权重处理的收缩压、呼吸频率和GCS三项值相加为RTS值。RTS有两个版本：第一个版本是院前伤者分类，被称为T-RTS，T-RTS＝GCS＋SBP＋RR。T-RTS的有效值为0～12分，院前现场抢救时无须将三项分值相加，只要伤员在现场GCS＜13或SBP＜90mmHg或RR＞29或＜10次/分钟的任一异常生理指标即为转送至相应医院的标准；第二个版本是对三个指标分别给予一个权重，权重系数来评价，被称为MOTS-RTS［美国严重创伤结局研究（MTOS）］，RTS值＝0.9368×GCS＋0.7326×SBP＋0.2908×RR。RTS分值愈低，伤情愈重。RTS总分＞11分诊断为轻伤，＜11分诊断为重伤，并建议对急诊科RTS＜11分者应予重视并请高年资医生治疗（表8-3）。

表8-3　RTS评分表

分值	4	3	2	1	0
意识状态（GCS评分）	13～15	9～12	6～8	4～5	3
呼吸（次/分钟）	10～29	＞29	6～9	1～5	0
收缩压（mmHg）	＞89	76～89	50～75	1～49	0

（四）院前分类指数（PHI）

院前分类指数评分方法是用于入院前创伤急救检伤分类的一种方法，由克勒（Koehler）等在 1986 年提出。采用收缩压、脉率、呼吸状态和意识四项生理指标作为评分参数，每项分为 3～4 个级别，四项参数得分之和即为 PHI 值。对胸或腹部有穿透伤者，再加 4 分作为其最后 PHI 值。PHI 只适用于 15 岁以上的创伤患者，总分最高可为 24 分，分值愈高，伤情愈重。0～3 分：轻伤，死亡率为 0，手术率为 2%；4～7 分：重伤，死亡率为 7%，手术率为 22%；8～20 分：极重伤，死亡率为 53%，手术率为 57.9%。PHI 能较好地预测创伤患者死亡率和手术概率。但 PHI 也存在局限性：①创伤后至完成评定的时间、伤员的年龄对其影响较大，对某些较重创伤可得出较低 PHI 值；② PHI 记分中每分钟脉率和呼吸情况记分跨度太大（分别为 0、3、5 分），而 4 分以上即列为重伤，则必有过多伤员在现场为重伤（表 8-4）。

表 8-4　PHI 评分表

分值	0	1	2	3	5
收缩压（mmHg）	＞100	86～100	75～85		0～74
脉搏（次 / 分钟）	51～119			≥120	≤50
呼吸（次 / 分钟）	正 常			浅或费力	＜10 或需插管
意识状态	正 常			模糊或烦躁	言语不能理解

（五）CRAMS 评分法

CRAMS 评分方法是由戈尔米坎（Gormican SP）于 1930 年提出，1985 年克莱默（Clemmer）等又对其进行了修正，使其准确度得到了提高。修正后的 CRAMS 评分法使用简便，将生理指标和解剖部位相结合，是美国院前创伤评分体系中运用最多的方法。CRAMS 采用循环、呼吸、胸腹、运动和语言共 5 个参数，按轻、中、重度异常分别评为 2、1 分和 0 分，CRAMS 总分值为 5 个项目分值相加的总和。分值范围为 0～10 分，分值愈低，伤情愈重。9～10 分为轻度；7～8 分为重度；≤ 6 分为极重度（分值≥7 的死亡率为 0.15%；≤6 者死亡率为 62%）。CRAMS 评分法多应用于院前急救，也适用于急诊科的急救，还可以早期监测复苏急救工作是否有效。但 CRAMS 评分的生理指标易受精神心理因素及基础血压的影响，且未考虑伤员基础疾病的影响，对于多发伤的并发症如急性呼吸窘迫综合征、多器官功能障碍综合征同样不可预测。另外，对部分脊柱、四肢损伤的患者伤情判断可能存在误差，且不能完全反映脑损伤的严重程度（表 8-5）。

表 8-5　CRAMS 评分表

分值	2	1	0
循环（circulation）			
毛细血管充盈	正常	迟缓	无充盈

续表

分值	2	1	0
收缩压（mmHg）	≥100	85～99	<85
呼吸（respiration）	正常	异常（浅或费力、>35 次 /min）	无自主呼吸
胸腹压痛（abdomen）	无压痛	胸或腹压痛	连枷胸、板状腹或穿通伤
运动（motor）	遵嘱动作	只有疼痛反应	无反应
语言（speech）	回答切题	错乱、语无伦次	发音听不懂或不能发音

二、院内创伤评分

院内创伤评分是伤员到达医院完善相关检查、明确诊断后，根据所有信息（即解剖指标、生理指标等）评定伤员伤情的评分方案。其作用主要是指导治疗、预测预后、评价救治质量、质量控制及创伤研究。院内创伤评分的优点是预测、评估准确率高，缺点是相对复杂、耗时长。目前院内创伤评分以 AIS-ISS 应用最广，TRISS 和 ASCOT 最为复杂，ICISS 最有发展前景。常用的两类院内创伤评分为简明损伤定级（AIS）和损伤严重度评分（ISS）。

（一）简明损伤定级（AIS）

20 世纪 70 年代初，AIS 计分法被设计出来是为了给车祸伤建立一套判定损伤严重度和分类的标准。其适用范围逐渐从车祸撞击伤扩大到各种原因的损伤。该系统由美国机动车医学促进会（AAAM）所属的损伤定级委员会（IISC）定期修订，是目前国际上使用最广泛的损伤严重度编码系统。AIS 第 1 版将身体分为头部、胸部、腹部、脊柱、四肢和体表六大部位，每一部位损伤程度分为 1、2、3、4、5 分和 6 分值（1 分最轻、6 分最重），该版本是创伤严重程度评分的雏形。此后 AIS 经历 5 次更新。AIS—2005 版广泛采纳了各方面意见，扩充的损伤指标包括约 2000 个，新增了爆炸伤和其他非机械损伤。但此版本填写非常复杂，需要编码人员接受训练后方能正常评定。

AIS-90 评分（简明损伤评分）较为简便快捷。该评分系统将身体各部位的损伤情况分别给分再将分数相加，总分即可作为损伤严重程度的评估。AIS-90 评分总分对应标准：1 分＝轻度损伤；2 分＝中度损伤；3 分＝较重度损伤；4 分＝重度损伤；5 分＝危重度损伤；6 分＝极度损伤（目前不可救治）。[参见附录 2　AIS-90 评分（简明损伤评分）]

AIS 评分系统在对每一个损伤部位的严重程度进行评分外，还针对每一个损伤部位的具体损伤情况制定了相应的编码。AIS-98 版及其以前版本，AIS 编码格式是 7 位编码格式，中间以小数点符号隔开，小数点前面 6 位，另一位位于小数点后。小数点前的 6 位编码，称为点前编码；而小数点后的 1 位编码即 AIS 严重度分值，称为点后编码。AIS—2005 新增损伤定位编码（4 位）和损伤原因编码（4 位），由使用者根据需要采用，属可选编码。由于各个编码项目均对应不同的参考数字表格，较为复杂，在此不做详细介绍（图 8-1）。

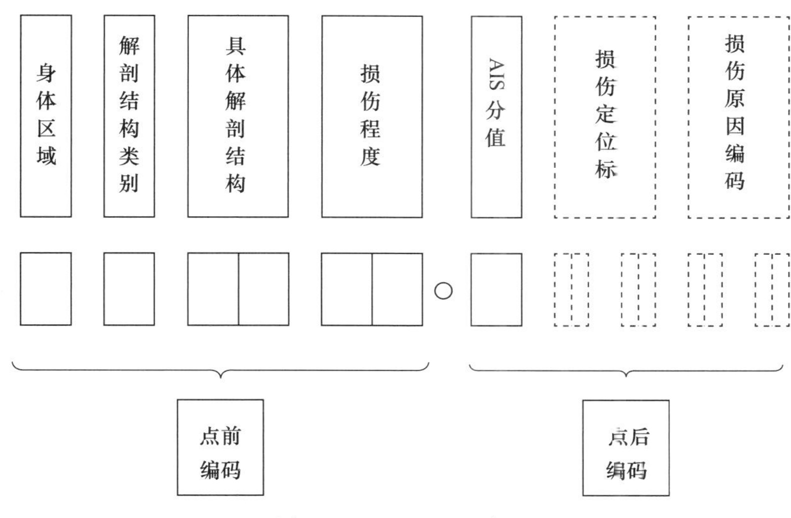

图 8-1　AIS—2005 编码

（二）损伤严重程度评分（ISS）

当患者的同一个部位出现两处以上损伤时（如腹部损伤，肝、脾同时破裂），AIS 评分有可能出现混淆。1974 年贝克（Baker）在 AIS 基础上创建了 ISS。ISS 将身体分为头颈部、面部、胸部或盆腔脏器、四肢或盆骨、体表 6 个部位。当患者出现多个部位损伤时，从上述 6 各部位中选择损伤程度最高的 3 个部位的 AIS 分值进行平方求和，每个部位只对最严重损伤进行计分，所得的结果就是 ISS 评分（ISS 评分＝3 个不同部位最高 AIS 分值的平方和。注：当患者存在 1 处或多处 AIS 分值 6 分时，自动确定为最高 ISS 值 75 分）。ISS≤16 分，轻伤；ISS＞16 分，重伤；ISS＞25 分，严重伤；ISS＞20 分，病死率明显升高；ISS＞50 分，存活者少。

ISS 评分可以方便地对多发伤进行总体评估，并预测预后情况。但同时也存在明显的缺陷：①忽视了年龄差异及原有身体状况对预后的影响；②不能反映伤后病理生理变化；③不能反映出分值相同、伤情不同的实际差异；④不能反映同一区域多脏器损伤的全面情况：身体同一区域存在多处严重损伤时，ISS 仍只能取其中的最高 AIS 值来计算 ISS；⑤颅脑伤的评分偏低，不能准确反映脑外伤的严重程度，这一点可能受以前 AIS 版本的限制；⑥由于 ISS 计算基于 AIS 分值，所以，必须要先对损伤进行 AIS 编码；⑦只取三个部位，不能反映四个以上部位的伤情。

为了能有效地规避 ISS 评分的缺陷，后续的学者们经过进一步研究和设计，提出了以下一些基于 AIS 指标的新的评分法，包括最高 AIS 值评分（Max AIS）、新损伤严重度评分（NISS）、解剖要点法（AP）、损伤严重度改良评分法（RISS）、创伤及损伤严重程度评分法（TRISS），以及基于国际疾病分类编码第 9 版或第 10 版（ICD-9 或 ICD-10）的损伤严重度评分（ICISS）等。这些方法都较 AIS-ISS 评分系统作出了改进和调整，但目前尚未获得广泛运用，也未能取代 ISS。

第三节　伤害的临床评分及应用

案例：患者，男，45 岁，不慎自 5 米高处坠落于地，双足着地，之后右髋部、右侧头颅顺序着地。摔落当即昏迷，约 10 分钟后自行苏醒，但神志淡漠，对疼痛刺激有反应，言语对答错乱。无呕吐、四肢抽搐、大小便失禁情况。查体：85/50mmHg，脉搏 130 次 / 分钟，呼吸频率 28 次 / 分钟。一般情况差，面色呈贫血貌，神志恍惚，对答不能，无法有效配合检查。头颅右颞部肿胀，局部头皮有长约 5cm 裂口，见鲜红色出血。双侧瞳孔等大圆，直径 3mm，对光放射迟缓。右胸部有散在皮肤擦伤，胸廓未见明显畸形或塌陷，呼吸幅度正常。右髋部见大面积皮肤擦伤及肿胀，骨盆挤压征及分离征（＋）。四肢可见活动，右下肢外旋。右踝关节肿胀明显，整个踝关节内翻畸形明显，外踝处可见一长 7cm 不规则皮肤裂伤创口，外踝骨折端自创口外露，创口见持续新鲜出血。右足发白，较左侧发冷，足背动脉触不到，趾端毛细血管充盈迟缓。右上肢见散在皮肤擦伤（只记录阳性体征）。

一、院前创伤评分应用

院前创伤评分主要是在急救人员到达现场后第一时间对患者的损伤情况作出评估，从而为下一步的救治、转运、接收医院选择提供依据。院前创伤评分要求简便易行。对于以上这个病例的现场评分应用如下。

（一）TI 评分

头部外伤 6 分；撕裂伤 1 分；外出血 1 分；收缩压 85mmHg 3 分；脉搏 130 次 / 分钟 3 分；胸部擦伤（疼痛）1 分；神志恍惚 3 分。总分：18 分，极重度伤，死亡率可达 50%。

（二）TS 评分

呼吸 28 次 / 分钟 3 分；呼吸幅度正常 1 分；收缩压 85mmHg 3 分；未受伤肢体毛细血管充盈正常 2 分；GCS 11 分 4 分。总分：13 分，生理变化效果显著，抢救价值极大。

（三）RTS 评分

GCS 11 分 3 分；呼吸 28 次 / 分钟 4 分；收缩压 85mmHg 3 分。总分 10 分，重伤。

（四）PHI 评分

收缩压 85mmHg 2 分；脉搏 130 次 / 分钟 3 分；呼吸 0 分；神志恍惚，不能对答 5 分。总分 10 分，极重伤，死亡率为 53%，手术率为 57.9%。

（五）CRAMS 评分

未受伤肢体毛细血管充盈正常 2 分；收缩压 85mmHg 1 分；呼吸 2 分；胸部擦伤（疼痛）1 分；疼痛刺激有反应 1 分；言语对答错乱 1 分。总分：8 分，重伤。

对于这个病例，无论选择哪种评分方式，均可得出患者为严重创伤患者、抢救价值极大、需积极救治的结果。这种患者需要立即安排车辆送往有较高救治能力的医院，同时对于建有创伤中心的医院，应立即启动红色预警，安排综合的创伤救治小组等待救援，小组中应该由具有副高以上的高年资医生负责指导诊疗全程。

二、院内创伤评分应用

院内创伤评分是患者在进入医院后，完善各类确定性检查（如 B 超、X 线、CT、MRI 等），对病情有了全面准确的诊断后，再次对患者进行损伤严重程度的评定。根据评定情况，可判断诊断及治疗有无遗漏，并对应地作出治疗方案的调整。

延续上述 45 岁高处坠落的男性患者病例。该患者入院后给予积极抗休克、止血包扎处理，病情相对稳定后完善相关检查。X 线提示：骨盆骨折，右侧耻骨上下支骨折，骨折端重叠移位；右骶骨翼骨折，骨折累及骶髂关节，骶髂关节垂直移位；右侧胫腓骨远端粉碎性骨折，踝关节半脱位。CT 提示：右侧颞骨线性骨折，右颞部硬膜外血肿形成（＜30ml），右侧颞叶脑挫伤；骨盆右侧耻骨上下支骨折，骨折端重叠移位；右骶骨翼骨折，骨折累及骶髂关节区，骶髂关节分离，腹膜后血肿形成；右腓骨下段、胫骨下段粉碎性骨折，胫骨远端关节面破裂，胫距关节半脱位。B 超提示：盆腔少量积液；胸、腹腔内未见明显积液，脏器未见明显异常；右下肢腘动静脉血流通畅，足背动脉血流减弱。根据以上检查结果，此时采用院内创伤评分系统对患者进行二次评估。

（一）AIS 损伤严重度评分

头部外伤：硬膜外血肿（4 分）；胸部外伤：胸壁擦伤（1 分）；骨盆骨折：耻骨、骶骨骨折，腹膜后血肿形成（4 分）；四肢骨折：右踝关节开放性骨折并脱位（2 分）；体表：右髋部见大面积皮肤擦伤及肿胀＞25cm^2（2 分）。总计：13 分。

（二）ISS 评分

42（头部）＋42（骨盆）＋22（体表）（严重伤，死亡率高）。

根据 ISS 评分，此例患者评定为严重创伤患者，需要立即由神经外科、胸外科、骨科、ICU、麻醉科的专科医生组成创伤救治小组对患者进行抢救治疗，并根据患者病情，安排急诊手术，做好ICU术后接收及后续抢救的准备。同时对于严重创伤的患者，还须提前做好输血治疗的准备。

目前院前及院内创伤评分种类较多，每种评分方法各有其优点和局限。有的评分灵敏度不够好，有的特异度不够高，有的较为烦琐、评分速度慢。因此，迄今为止尚无一种既能快速判别，又能同时满足高敏感度和高特异度的理想院前评分。所以在临床应用时，我们需要根据自身的医疗环境条件以及创伤患者的特点选取恰当的、适合自己的评分方法来开展工作。

（李　欣　张小梅）

延伸阅读

［1］裴辉，罗志毅，刘保池．四种院前创伤评分对急诊创伤患者的评估研究［J］．中华临床医师杂志，2011，5（15）：4394-4400．

［2］周卜邻，彭发吉，蒋辰芳．CRAMS评分法在成批车祸外伤院外急救中的应用［J］．中国急救复苏与灾害医学杂志，2011，6（5）：461-462．

［3］邱晨，陈志刚．院前救治中创伤评分系统的应用［J］．中华卫生应急电子杂志，2016（2）：122-124．

［4］段永宏，赵新春，李俊杰，等．常用创伤危重评分对创伤预后判断的特点及局限性浅析［J］．临床误诊误治，2014，27（1）：11-14．

［5］邓强宇，唐碧菡，张鹭鹭．损伤严重程度评分应用现状［J］．解放军医院管理杂志，2014，21（7）：623-627．

［6］朱佩芳．损伤严重程度评分的演进［J］．中华创伤杂志，2005，21（1）：36-39．

［7］都定元．创伤评分的演进与AIS2005［J］．创伤外科杂志，2006（3）：193-197．

［8］Kuo SCH, Kuo PJ, Chen YC, et al. Comparison of the new exponential injury severity score with the injury severity score and the new injury severity score in trauma patients: A cross-sectional study [J]. PLoS One, 2017, 12 (11): 187-191.

［9］Shahrokh Yousefzadeh-Chabok, Marieh Hosseinpour. Comparison of revised trauma score, injury severity score and trauma and injury severity score for mortality prediction in elderly trauma patients [J]. emergency surgery, 2016, 22 (6): 536-540.

［10］张连阳．简立建．创伤急救评估与治疗手册［M］．北京：科学出版社，2019．

第九章 伤害的监测与干预策略

学习提要

- 伤害的监测与干预策略的实施，能有效地降低伤害事件的发生率，掌握伤害监测的分类、伤害监测系统及收集资料步骤是学习的重要环节。
- 熟习伤害监测系统评估
- 掌握监测系统报告的撰写

第一节 概　　述

开展伤害预防与控制，减少伤害导致的死亡和伤残已成为公共卫生工作中的一项紧迫任务，伤害是可以预防的。世界卫生组织和美国疾病预防控制中心于2001年联合出版《伤害监测指南》，详细介绍了伤害监测系统建立的步骤、信息收集的内容和系统的评估方法等，该指南对全球各个国家，尤其是发展中国家开展伤害监测具有重要的指导意义。中国的伤害监测起步较晚，2005年天津市建立了伤害监测体系，2006年1月1日全国伤害监测系统（national injury surveillance system）以医院为基础伤害监测系统，通过填写统一的伤害监测报告卡，收集哨卡医院急、门诊室就诊的伤害病例，反映急、门诊伤害病例的基本情况和变化趋势。开展伤害预防科学方法的第一个步骤就是了解伤害发生的数量、原因的分布。因此，开展伤害监测，收集伤害相关信息，是伤害预防控制的重要组成部分。通过建立伤害监测系统，能够了解伤害的流行状况与特征，为制定与评估伤害干预策略和措施提供依据。

一、定义

伤害监测（injury surveillance）是指持续、系统地收集、分析、解释和发布伤害相关信息的过程。通过长期不间断地收集不同人群伤害的发生、死亡、伤残和经济损失等，并进行分析、解释和发布信息，目的是阐明伤害类型、人群、时间分布的特点和趋势，旨在用于寻找与环境、人群和成本 - 效益相关的伤害预防与控制方法，确定与特定地点、特定人群相关的伤害发生类型，并结合Haddon模型（Haddon matrix）对伤害控制进行系统评估，最终实现从根本上减少伤害发生的目的，为制定与评估伤害干预策略提供依据。

二、分类

伤害监测一般分为主动监测和被动监测两种方法。

1. 被动监测（passive surveillance） 是指医务人员按照国家规定的疾病报告条例填写疾病报告卡，并逐级上报。可为认识和研究某一特定地区各种疾病的分布、变动趋势等方面提供基本资料，如一线的医务人员（医生、护士和医务人员）按国家和地方常规报告系统收集监测所需的各种数据的过程。虽然花费较少，但有时数据的质量不能保证。

2. 主动监测（active surveillance） 是指根据特殊需要，由上级单位进行专题调查或要求下级单位严格按照规定收集资料的监测。主动监测是指寻找和调查伤害病例，采访和综合伤害患者。如监测儿童，就要通过各种来源如在公安局“社会服务机构和教育机构”的记录中识别儿童的病例，然后寻找儿童及其家长或其监护人和（或）相应机构，引导访问并进一步的综合。主动监测目的明确，能获得较客观、准确的资料，但花费时间长，人力、物力也花费较大。

以美国为例，伤害监测有不同的分类方法。由于伤害发生的原因多种多样，不同地区、不同人群中都存在不同的主要伤害问题，以伤害的预防和控制为目标的监测的开展就显得尤为重要。根据伤害内容的不同，伤害监测又可分为以下几个方面。

1. 一般监测（general surveillance） 例如，美国国家卫生统计中心（The National Center for Health Statistics）汇集全国死亡登记，提供有关致死性伤害的趋势及其年龄、性别、州、城市、县的详细资料。

2. 特殊监测（special surveillance） 即专项监测，主要包括以下监测内容。

（1）机动车伤害（motor vehicle injury）：由美国国家公路交通安全局（The National High way Traffic Safety Administration，NHTSA）负责的机动车伤害监测包括两个监测系统。死亡事故报告系统（fatal accident reporting system，FARS）始建于 1975 年，统计公路交通事故后 30 天以内死亡的资料包括车辆、媒体及环境的详细情况，其大部分资料来源于交警的报告，辅助资料来源于机动车驾驶执照管理部门、医院、验尸官或医学检查者。普通估测系统（general estimates system，GES）自 1988 年开始加入到 FARS，负责通过随机抽样收集交通事故中有关伤害的资料，估测和评价全美交通事故中非致死性伤害的资料。

（2）攻击及他杀（assault and homicide）：由联邦调查局（The Federal Bureau of Investigation，FBI）收集有关资料，包括武器应用的趋势、受害者的人口学特征、与攻击者的关系等。

（3）自杀及企图自杀（suicide and attempt）：由疾病控制与预防中心（CDC）负责

自杀死亡登记。

（4）职业性伤害：由劳动统计局（The Bureau of Labor Statistics，BLS）按照职业安全及健康管理委员会制定的登记标准每年开展各行业职工的伤害统计调查，指导工厂雇主按照职业安全与卫生标准汇集有关伤害资料。

（5）消费产品伤害（consumer product injury）：由消费者安全委员会（The U.S. Consumer Product Safety Commission，CPSC）汇集相关资料。该委员会采用来自医院急诊室的抽样调查和死亡证明来确定商品相关的伤害变化趋势和新出现的问题。

（6）火灾相关的伤害（fire-related injury）：美国由国家火灾资料中心（National Fire Data Center）负责火灾所致伤害的统计，约有 40 个州向中心报告火灾发生的详细资料，包括火灾发生的地点、时间、救助时间、发生地点的建筑结构、伤害的类型等。

（7）船只相关的伤害（boat-related injury）：由海岸警卫部门负责。收集的资料包括事故原因、是否酒后驾驶、船只类型及人口学资料等。

3. 以医院为基础的监测（hospital-based surveillance） 有些医院将伤害资料登记加入到创伤记录中以监测医护质量并将资料应用于科学研究。缺乏监测人群的详细资料很大程度上局限了以医院为基础的伤害监测资料的应用。例如，监测人群更倾向于到某个医院或某个医院的急诊反应系统的变化都会给检测结果带来一定的偏性。

4. 危险因素监测（risk factor surveillance） 疾病控制中心通过电话调查的方式尝试测量一些行为危险因素，其中一些与伤害有关，如吸烟、饮酒和安全带使用等。研究者们发现被调查者自己报告的情况与其他客观调查和观察到的行为情况大不相同。在关于安全带使用的一项调查中，国家公路交通安全局（National Highway Traffic safety Admini-Strationy，NHTSA）提供的数据表明被调查者报告的情况并不可信。调查者提供的使用比例显著高于同地区的 NHTSA 提供的调查结果，两者平均相差 21.5%。

5. 以预防为导向的监测（prevention-oriented surveillance） 基于监测而成功地预防伤害的发生包括以下几个步骤。

（1）对伤害的发生率及严重程度的监测可以帮助确定其是否有聚集的趋势或是否存在危险因素使得其发生率或严重程度增加。

（2）有具体的技术策略来减少或消除相应的危险因素。

（3）在危险人群中实施干预措施。

（4）持续监测人群中伤害的变化趋势。

以预防为目标的监测方法获得良好效果的范例是，纽约市通过对伤害发生的环境监测成功地预防和控制了儿童的致死性跌落。研究者发现，在 5 岁以下儿童中 66% 的致死性跌落是由于儿童在无人照看情况下爬出高层建筑的窗口所致。这个监测结果使得在高层建筑窗外安放护栏显得尤为重要。在公共卫生工作者的努力下，纽约市儿童高层建筑致死性跌落，从 20 世纪 60 年代的每年 30～50 人下降到 1980 年的 4 人。

三、主要资料来源与步骤

（一）被动监测

1. 主要资料来源

（1）全国死亡登记：如生命统计资料。

（2）医疗卫生部门：如日常急、门诊记录等。

（3）公安交通管理部门：包括交通事故记录、犯罪记录。

（4）保险公司记录。

（5）政府部门：包括工人的补偿要求，社会服务系统对妇女、儿童的虐待事件，残疾人报告。

（6）司法系统：如法院工作记录。

（7）学校：如学生健康档案、学生因伤病缺勤记录。

2. 被动监测的步骤

（1）根据本部门的工作任务及其需要解决的主要问题，设计统一的监测表格，按照统一方式在一定范围内（一个国家、省、市、社区、医院等）内由工作人员进行监测。

（2）将资料整理、分析后，获得被动监测的结果。

（3）根据结果汇总后写监测报告，并对伤害问题的预防与控制提出建议和办法。

（二）主动监测

1. 主要资料来源

（1）定期的专题调查：可根据研究目的，定期地针对某一类型的伤害问题开展专题调查，进而分析处理资料。

（2）有效地建立几类伤害问题的主动监测系统：由专职人员对该系统操作、监督、分析处理、结果反馈等。

2. 主动监测的步骤

（1）根据监测目的建立监测系统。

（2）定期地进行监测质量的过程评估，确保资料质量。

（3）分析处理监测数据，形成监测报告。

（4）向政府主管部门及相关人员分发监测报告。

第二节　伤害监测系统

全球有多个国家和地区已经建立起专门的全国性伤害监测系统。通过伤害监测系统收集高质量的信息是伤害预防控制的基础，也是重要的公共卫生主要监测方法。全球的伤害监测系统主要是以医院急诊室为基础的，包括美国国家电子伤害监测系统（the national electronic injury surveillance system，NEISS），加拿大医院伤害报告与预防项目（the Canadian hospitals injury reporting and prevention program，CHIRPP），澳大利亚伤害监测系统（Australian injury surveillance system，VISS）和英国的家庭和休闲伤害监测系统（the home and leisure accident surveillance system，HASS/LASS）等。全国伤害监测系统是以医院为基础的被动监测，通过收集哨点医院门、急诊室就诊的伤害病例，能够反映门、急诊就诊伤害病例的基本情况和变化趋势。伤害监测系统收集的伤害相关信息已用于描绘全国、各地区伤害发生全貌及不同类型伤害的流行状况。

伤害监测系统（injury surveillance system）实际上不同于伤害监测，是一个技术协作系统，应具备将资料收集、分析和反馈同公共卫生项目联系起来的功能。即在国家或某地区的统一领导下，分别在不同级别的多个部门中建立伤害监测点，各监测点间收集各类伤害基本数据，它是有持续性的数据来源、计算机录入与分析、结果解释及反馈，并对干预进行效果评价的系统。其作用是向公共卫生政策制定者提供居民伤害发生及严重程度的重要数据来源，阐明主要伤害问题和主要风险因素，采取干预措施并评价干预效果。

1. 特征

（1）简单、灵活地提取所需资料，易使监测系统中添加伤害类型的信息或是改变监测对象都容易修改。

（2）可接受性：在获得资料的同时该系统可接受开放的评论及其需要改善的建议，以便不断改进、完善现有的伤害监测系统。

（3）可靠性：根据已经确定的伤害定义，完整地报告全部伤害事件或伤害病例并按照统一的定义进行分类与描述，这样才能区分不同的伤害事件，排除非伤害事件，在特定人群中发现所有伤害事件或病例，收集有代表性的样本来反映整个人群中的伤害事件的分布情况。

（4）可持续性：伤害系统功能就是以最小资源获取最有价值的信息，并易于维持、持续收集和更新该信息，以便长期使用。

（5）实用和及时性：在符合实际的情况下，保证随时都能提供伤害发生的最新信息，以便及时了解伤害发生的现状及其动态情况。

（6）安全和保密：是监测系统的两个非常重要的特征，对伤害者的个人隐私，严守保密的原则，绝不泄露并确保伤害者的安全。

2. 监测步骤　伤害监测系统由 8 个步骤来完成。

（1）确定研究问题或研究暴露因素是关键。

（2）收集资料，确定资料的变量。

（3）数据的录入与处理，核查数据的真实性，删去不符合或缺失数据。

（4）分析资料，提取重要信息并加以描述。

（5）报告结果，撰写专业报告递交主管部门，以便动员目标人群。

（6）最终制订干预计划，有助于保护大众，减少伤害发生。

（7）评价监测系统，提出改善意见。

（8）保持系统不断更新。（图 9-1）

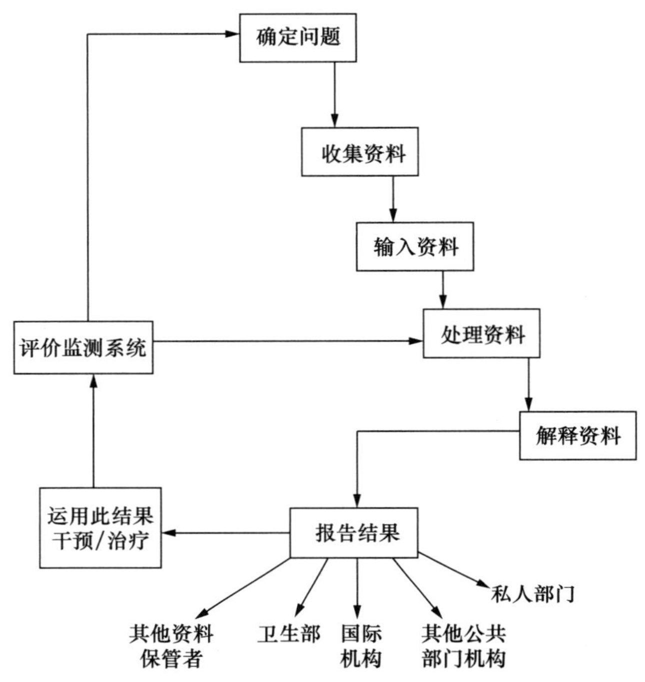

图 9-1　伤害监测系统的监测步骤

3．辅助模块构成　伤害资料的收集与整合需要设计一个较为完整的伤害监测系统，综合性地收集伤害问题及其优先预防活动，以及可以利用的资源。2001 年《伤害监测指南》给我们一个好的提示，伤害监测系统模块的表达，可根据需要的信息量，增补新的模块。

（1）最小资料集（minimum data set，MDS）：是模块构成的核心，收集所有的最小或最少数量的资料。其由 8 个变量组成，被推荐为与国家和地方形成对比的基本国际标准的资料。它包括：①识别个人的编码；②受伤者的年龄；③受伤者的性别；④意图（故意伤害或非故意伤害）；⑤伤害发生的地点；⑥当伤害时正在进行的活动，或正在承担的工作；⑦伤害发生机制或发生原因；⑧伤害的性质。

（2）选择资料集（core optional data set，ODS）：根据研究者的目的，选择性地补充资料，包括：①受伤者的种族 / 民族；②伤害发生的外因；③伤害发生的日期；④伤害发生的时间；⑤受伤者的居住地；⑥酒精或吸毒；⑦伤害的程度等。

（3）辅助模块：为了获得更多的信息来补充或完善核心资料，整合资料并形成一个完整的监测系统，如图 9-2 所示，共 4 个辅助模块（袭击的补充、交通伤害的补充、自杀的补充和“其他特殊伤害”的补充）。

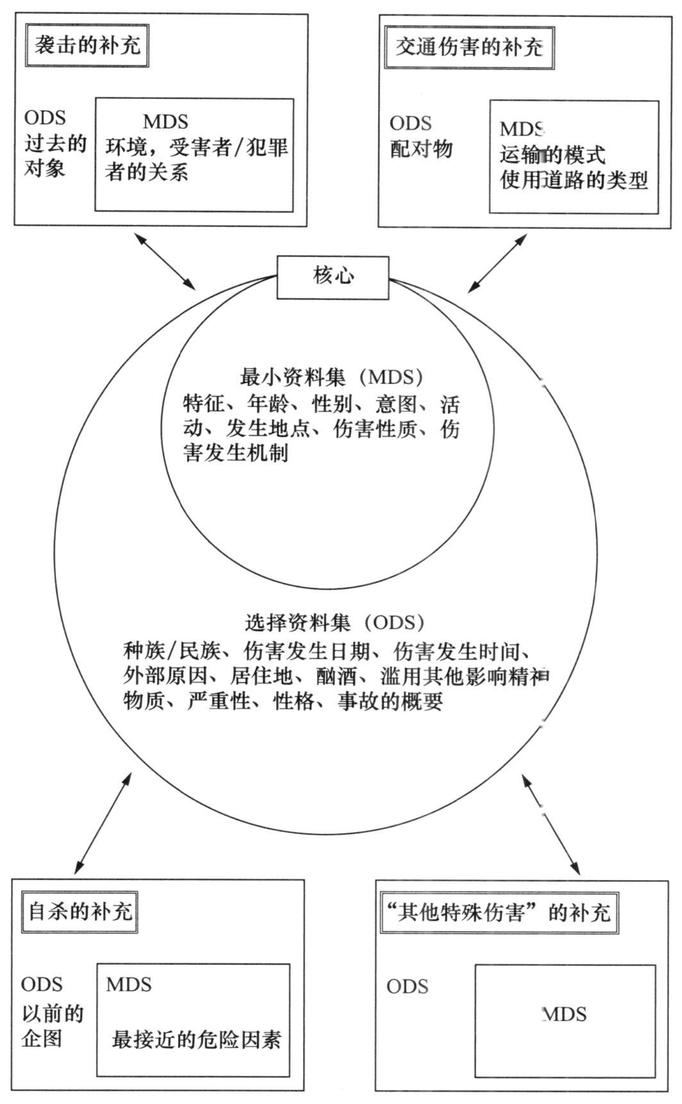

图 9-2　伤害监测系统的模块构成（资料集）

（资料来源：《伤害监测指南》，2001）

运用伤害监测资料时应注意：监测特定伤害的发生及其变化趋势也要求伤害的定义及抽样方法在监测时期内保持不变。当应用监测数据来研究伤害发生的相关因素时，特别是在进行率的计算时应考虑暴露人口的变化及暴露测量的变化。例如，在进行某特定人群中伤害变化趋势的研究时经常对率进行年龄标化，而不考虑到其他可能变化的因素。但有时年龄的标化也会带来误导。比如，在研究交通事故伤时，某年龄组中有驾驶执照的人的比例发生变化，这时人群年龄标化并不能调整各年龄组暴露的变化。在指导干预研究时，分地区的伤害监测资料十分重要。伤害分布在某地区有时会与在全国或全省较大范围的情况不大相同。例如，在 1988—1992 年美国阿拉斯加州伤害死因顺位的第二位为溺水，而在阿拉斯加州的农村，同期伤害死因顺位的第二位为烧伤。有时统计某特定区域一段时期内所有严重伤害要比抽样更能反映伤害的危险因素，尤其当所要干预的区域较小时，通常研究的区域愈小，能够得到稳定数据所需的时间就愈长。

4．结果的评估、报告与通报　对于伤害监测结果，经过数据的收集、整理和分析一系列的综合性的系统工作，最终对其结果进行评估、报告与通报。

一般常用的评估指标为：①逐年伤害的总发生人数（率）与各类伤害发生人数（率）；②逐年伤害的总死亡人数（率）与各类伤害死亡人数（率）；③逐年伤害的总致残人数（率）与各类伤害致残人数（率）；④逐年各类伤害患者平均住院时间与平均医疗花费；⑤逐年各类伤害发生的多发季节（或月份）、高峰时间段、高危人群、多发地点或环境等；⑥各类伤害发生的常见原因、意图、致伤物、发生机制等；⑦不同伤害类型及其严重程度对医疗结局的影响；⑧不同伤害类型及其救治时间对医疗结局的影响。但这些指标需要结合不同地区的实际需要或研究项目的目的确定。一般指标的制定过程有以下 6 个指导原则或称为标准，即：①基于已有的指标；②使待收集的指标数量减至最少；③针对国家或地方项目的需要；④协调国家和捐赠方伤害监测方面的需要；⑤与其他国际框架如千年发展目标（Millennium Development Goals，MDG）相协调；⑥覆盖与伤害相关的广泛的项目领域及部门。

评价一个监测系统适用性的标准有赖于监测所要提供的可用性及其可能具备的用途。伤害监测资料的评价标准包括对公共卫生的重要性、成本与有效性的比较、资料提供者的接受程度、报告系统的延续性、所选样本的代表性、灵敏度（对所有伤者的正确判断）、特异度（对所有非伤者的正确判断）、资料收集和管理是否简便可行等。

一份完整的伤害监测报告必须具备五大要素，即客观性、正确性、科学性、指导性和可读性。客观性是指要真实地使用现有的数据进行分析，不能有弄虚作假行为。正确性是指分析监测结果时确保数据质量的可靠度，以确保监测结果的正确。科学性是指对结果处理要科学合理、符合科学规律并结合监测地区的实际情况进行分析，给出结论，撰写报告要有条理，逻辑性强。指导性是指对今后的监测工作提出建设性的意见和建议，并对其他地区的监测工作有所帮助。可读性是报告语言表达准确，主题突出，证据充分，结论符合实际情况。报告由五个部分组成：题目、监测背景、主要结果、结论、建议或拟采取的措施。最终监测结果向公众媒体及政府部门通报。

第三节　伤害预防与干预

一、伤害的预防策略

通过对伤害流行病学特点的认识和危险因素的分析，人们逐渐认识到伤害是能够预防的。伤害研究的主要目的为预防伤害的发生并且减低伤害的严重程度。将伤害的预防策略局限到某个伤害发生的单一原因都是片面和效果不佳的。成功的策略需要许多不同领域的合作。与“事故预防”不同，预防伤害是为了减低伤害谱中所有类型伤害的严重性，预测伤害的发生以及对所有危险因素的积极控制。与许多慢性疾病不同的是，伤害的因子通常是可知且可以被测量的，能量由环境到宿主的转换机制可被描述。除了某些中毒和烧伤，伤害经常在暴露之后突然发生，很少有较长的潜伏期。因此，伤害的预防工作显得尤其重要。

（一）Haddon 伤害预防模型

根据伤害发生的阶段，Haddon 将其分为伤害发生前、发生中和发生之后三个阶段进行针对性的预防。根据 Haddon 伤害预防模型中伤害发生的三个条件和三个阶段所建立的预防模型简表见表 9-1。

表 9-1 Haddon 伤害预防模型简表

伤害发生时间阶段	伤害发生条件	伤害预防主要内容
发生之前	宿主	遴选合格司机
	致病因子	上路前车辆安全检查，尤其是车闸、轮胎、灯光
	环境	公路的状况及维修
发生之中	宿主	司机的应变能力和乘车者的自我保护意识
	致病因子	车辆内部装备（尤其是轮胎）性能
	环境	路面状况与路边障碍物
发生之后	宿主	防止失血过多，妥善处理骨折
	致病因子	油箱质地的改善与防止漏油
	环境	车祸急救、消防、应急系统与措施
结局	宿主	伤害严重程度制定和预防死亡
	致病因子	车辆损坏度评价及修复
	环境	公路整治与社会、家庭经济负担

根据 Haddon 模型和表 9-1 所示，伤害预防主要是根据发生的不同阶段，针对致病因子、宿主和环境开展针对性的预防。在实际伤害发生时，往往几个因素和发生时间是交织在一起的。这比我们根据 Haddon 伤害预防模型所给出的简表更为复杂，但其原理是一样的，就是针对宿主、致病因子和环境开展预防。同时，不同种类伤害发生的时间、地点不同，其预防措施也是各异，故在实际工作中应予以考虑。

美国原国家公路交通安全局负责人 Haddon 在伤害的预防与控制方面做了大量的研究，提出了 Haddon 预防与控制伤害发生和减少死亡的十大策略原则。

1．预防危险因素的形成　如禁止生产有毒、致癌杀虫剂，宣布禁止进口或销售潜在性有害物质，亦可达到消除危险物形成的目的。

2．减少危险因素的含量　如为了预防车祸，限制车速；限制城市游泳池跳台的高度；限制武器使用范围，禁止私人藏有武器；有毒物品应采用小包装、安全包装等。

3．预防已有危险因素的释放或减少其释放的可能性　例如在美国应用儿童安全药物容器盛放药物，防止儿童误食药物引起中毒；浴盆不要太滑，以防跌倒。

4．改变危险因素的释放率及其空间分布　可减少潜在性致伤能量至非致伤水平如儿童勿穿易燃衣料缝制的睡衣，防止火灾烧伤；机动车司机及前排乘客应使用安全带及自动气囊，均属此类对策范围。

5．将危险因素从时间、空间上与被保护者分开　如行人走人行道；戴安全帽，穿防护服，穿防护背心，戴拳击手套等。

6．用屏障将危险因素与受保护者分开　如用绝缘物把电缆与行人隔开。

7．改变危险因素的基本性质　机动车车内突出的尖锐器件应改成钝角或软体，以防蹭车触及人体导致伤害；加固油箱防止撞车时油箱破裂，漏油造成火灾。

8．增加人体对危险因素的抵抗力　人体对机械能量缺乏自然抵抗力，特别是血友病、骨质疏松症患者。但若反复暴露于机械能时，会使皮肤增厚、骨骼肌肉力增强。甚至慢性暴露于缺氧状态，日久天长亦可逐渐适应高原缺氧环境。需要对影响伤害易感性的因素进行研究，以便在此基础上制定提高机体对伤害的抵抗力的预防措施。

9．对已造成的损伤提出针对性控制与预防措施　如加强现代化通信设施，让急救中心派车将受伤者运走；实施抢救措施，减少残疾率和死亡率。

10．使伤害患者保持稳定　采取有效治疗及康复措施。在伤害事件中往往由于急救中心缺乏设备，技术水平低下，责任心不强，而延误抢救时机，造成死亡。这些在农村基层，由于交通不便，条件不好，更易发生。

（二）三级预防策略

伤害预防和干预主要是明确促使伤害发生的能量形式、人群的暴露机制，在伤害的自然史中详细定位。借鉴公共卫生三级预防策略，我们将伤害的预防策略可简述为以下三个方面。

1．一级预防　其目标是通过减少能量传递或暴露的机制来预防导致伤害发生的事件。交通安全法律，游泳池周围的栅栏，有毒物品的安全盖，枪支的保险装置都属于一级预防措施。一级预防可通过以下策略实现。

（1）全人群策略：针对全人群可以是社区居民，工厂所有职工，学校所有师生开展伤害预防的健康教育。这一策略的目的旨在提高全民对伤害危害的认识和预防伤害的重要性认识，进而提高每个人的伤害预防意识，加强自我保护。

（2）高危人群策略：针对伤害的高危险人群有针对性地开展伤害预防教育与培训。比如，对驾驶员的安全培训，在中国，酒精教育已列入驾驶员职业教育的内容。又比如，对学校学生进行防火、交通安全、防电和防溺水的专题教育，就可以使这些伤害的易发人群降低暴露的危险。

（3）健康促进策略：20 世纪 80 年代由澳大利亚学者提出的环境与健康的整合

策略。比如，针对工作场所的伤害现象，就可以采取工作场所健康促进项目，即通过：①把伤害预防纳入企业政策；②由雇员与雇主共同讨论建立一个安全的工作环境；③通过岗位培训和职业教育加强工人的伤害预防能力；④通过投资改善不合理的生产环境；⑤明确雇主和雇员在职业伤害预防中的责任；⑥共同参与伤害预防活动等，使工作场所的伤害得到了有效地控制。

2. 二级预防　其目的是当伤害发生时，减少伤害的发生及其严重程度。摩托车头盔、安全带、救生衣和防弹衣都是二级预防的范例。值得注意的是，一些有效的二级预防措施并不能够减少所有的伤害。例如，摩托车头盔对减少头部损伤非常有效，但对于身体其他部位的损伤缺乏保护作用。安全带也无法限制四肢的活动来预防交通事故中割伤、擦伤、四肢骨折的发生。

3. 三级预防　是指伤害已经发生后，控制伤害的结果。心肺复苏、康复等均属三级预防。

二、伤害的干预

伤害干预依据宿主的行为可分为两类：主动干预和被动干预。在实践中，应将这两种干预策略结合以达到更好地控制伤害的目的。

（一）主动干预

要求宿主采取措施使干预奏效。它要求人们改变某种行为，并且必须记住在每次暴露于危险行为时要重复新的安全行为。安全带、头盔的应用即为主动干预的范例。

（二）被动干预

不需要宿主的行动，一般通过改善因子、媒介或环境来实现，是自动发生作用的措施。在车辆设计中改善刹车、安装安全气囊等为被动干预策略。被动干预与主动干预相比更具成效，因为后者需要宿主采取行动且花费时间。例如，戴头盔（主动干预）对预防严重的摩托车伤害是有效的，但在实施过程中首先要教育车手戴头盔的重要性，然后在每次骑车时都必须记住戴上头盔。相比较而言，提高道路和车辆的安全性（被动干预）对预防道路伤害更为有效。同样，在预防儿童误服药物导致中毒方面，使用安全药盖（被动干预）比教育儿童不要乱服药或提醒父母把药物锁到安全的地方（主动干预）更有效。

（三）四项干预

以下为伤害干预的四项措施。

1. 工程干预（engineering intervention）　目的在于通过干预措施影响媒介及物理环境对发生伤害的作用。例如，在设计汽车时应注意配置儿童专座及伤害急救药品和器械。

2．经济干预（economic intervention） 目的在于用经济鼓励手段或罚款影响人们的行为。例如，在国内外有许多保险公司对住宅以低价安装自动烟雾报警器或喷水系统来防止火灾。

3．强制干预（enforcement intervention） 目的在于用法律及法规措施来影响人们的行为。此类干预措施只有法律及法规真正实施之后才有效，如规定使用安全带。

4．教育干预（educational intervention） 目的在于通过说理教育及普及安全知识来影响人们的行为。目前，我国资源十分有限、经济尚不发达，在特殊人群中开展积极的健康教育是一种十分有效的干预手段，尤其是对有一定文化教育背景的人群更是如此。

（张建萍 吕逸骁）

延伸阅读

王声湧，林汉生．伤害流行病学与现场研究方法［M］．北京：人民卫生出版社，2007．

参考文献

［1］ 沈洪兵，齐秀英．流行病学［M］．北京：人民卫生出版社，2013．

［2］ 王声湧．伤害流行病学［M］．北京：人民卫生出版社，2003．

［3］ 段蕾蕾，吴凡，杨功焕，等．全国伤害监测系统发展［J］．中国健康教育，2012（4）：338-341．

［4］ 纪翠蓉，段蕾蕾，邓晓，等．伤害监测系统评估方法及应用［J］．中国健康教育，2012（4）：1002-1012．

［5］ 刘晓剑，李丽萍．伤害监测系统质量评估的方法及其应用［J］．疾病监测，2010（3）．1530-1532．

［6］ Ezenkwele UA, Holder Y. Applicability of CDC guidelinestoward the development of an injury surveillance system in the Caribbean [J]. Injury Prev, 2001：48-50.

［7］ 刘学语，李丽萍，刘晓剑．不同监测模式对急诊室伤害监测质量的影响［J］．中华疾病控制杂志，2009（01）：45-48．

［8］ Paola Berchialla, Cecilia Scarinzi, et al. Information extraction approaches to unconventional data sources for “Injury Surveillance System”: the case of newspapers clippings [J]. J Med Syst, 2012 (2). 1300-1312.

［9］ 周脉耕，姜勇，黄正京，等．全国疾病监测点系统的调整与代表性评价［J］．疾病监测，2010，25（3）：239-244．

［10］ Krug E. Imjuary Surveillance is key to preventing injuries [J]. lancet. 2004, 364 (9445): 1563-1566.

第十章　伤害事件的应急与处置

学习提要

- 通过学习急救医疗救援和突发公共卫生事件的定义及现场处置原则，熟悉现场医疗救援与处置，如心肺复苏和创伤急救技术等。
- 熟悉感染性疾病暴发流行的处置原则，了解交通事故、常见急救中毒、火灾和公共卫生事件的处置原则。

第一节　概　　述

我国伤害事件的发生情况一直比较严峻，诸如交通事故、火灾、恐怖袭击、自杀等事件，每年导致至少数十万人伤亡。此类事件往往有伤亡数量多、伤情严重、现场情况复杂等特点，因此要求院前急救人员与现场目击者、“119”、消防官兵、公安警力等现场救援力量通力合作，并协调医院内医护人员密切配合，方能妥善完成医疗救助工作。

目前我国的城市急诊医疗服务体系（emergency medical services system，EMSS）主要由四个环节构成，即现场救护→院前急救→院内急诊科→急诊 ICU，每一个环节都至关重要，缺一不可，既有明确分工，又互有交叉，除医务人员外，公众救援力量也非常重要。我国很多医疗机构近年来也逐步向公众推广急救技能和急救知识，如培训徒手心肺复苏、止血、包扎、固定和搬运等，为充分调动社会力量，提高第一目击者进行现场急救的能力，准确配合“120”调度员的电话指导，提高伤害事件患者的救治成功率助力。

（一）急救医学定义

急救医学属于急诊医学（emergency medicine）的范畴，是研究、处理各种急危重症及伤员的病因、病理、发病机制、抢救治疗及急救组织管理的一门专业学科，是我国近 20 年来发展起来的独立的、跨学科的临床专业边缘学科。急救是指对急危重病伤病员所采取紧急医疗措施，其目的是及时、快速、有效地为伤病员提供紧急医疗救治服务，防止病情恶化，挽救生命，减轻痛苦，从而降低伤残率，减少伤亡率。

我国的急救医学工作主要由专业医务人员承担，包括院前急救（现场救治）、院内急救（急诊科救治）和急危重症急救（急诊ICU监护救治）。近年来公众现场救护也被普遍重视，由非医疗专业人员经过相关培训，掌握简单医疗救治知识和技能，充分发挥公众数量多的优势，能大大提高现场急救的成功率。

（二）医疗救援现场处置

1．现场检伤分类　分拣（triage）是一个以伤员的救治需要或从迅速的医疗中最大获益的可能性作为依据，对伤员进行检伤分类的过程。在伤害现场，特别是伤者众多的伤害现场，必须在短时间内熟练地对伤病员进行初步评估，确定伤病员需要哪种程度的医疗救助，以最大程度缩短急救时间，使最需要紧急救助的伤病员得到最优先的医疗救治。检伤分类工作专业性较强，通常由经验丰富的医生完成，绝大多数情况下由院前急救“120”医师在伤害现场完成。发生伤害事件后，第一辆“120”救护车赶到现场时，急救医护人员的首要工作就是检伤分类。初步评估现场伤员情况后，由医生判断是否需要呼叫更多救护车进行现场医疗支援工作，护士配合医生完成现场检伤分类，等待其他支援救护车赶到现场。

2．现场分拣原则　当前国际上无统一的检伤分类系统，但分类原则基本一致，绝大多数系统将伤员按照伤情轻重分为四类，国内院前急救中心通常使用不同颜色的腕带作为检伤分类标识并标以醒目颜色（红、黄、绿、黑），方便识别。伤者腕带上可书写患者姓名、性别、年龄、伤情等简单情况，方便院内接诊医护人员快速进行伤情判断救治。

第一优先（红区）（immediate）：这类伤员佩戴红色标识，表示伤情危重须立即进行医疗处理，必须由救护车优先转送医院，如四肢大动脉出血，需要使用止血带现场止血的患者，张力性气胸需要进行胸腔穿刺减压的患者。

第二优先（黄区）（delayed）：这类伤员佩戴黄色标识，表示伤情较重但是相对稳定，允许一定时间内延缓处理，可稍后再由救护车转送医院，如生命体征平稳的单纯肢体骨折患者。

第三优先（绿区）（minimal）：这类伤员佩戴绿色标识，表示伤情较轻，可以等待治疗，通常最后才由救护车转送到医院。这类伤员又称为walking wounded，可以自行活动，在伤病员数量较多，医护人员分身乏术时，可以在救援人员指导下自救。如体表擦挫伤、单纯关节扭伤的患者。

第四优先（黑区）（black）：这类伤员佩戴黑色标识，表示伤情过于危重，即使给予非常积极的救治措施，存活希望也极其渺茫，现场死亡患者也包括在内，救护车对此类患者不予转送，通常交由现场善后部门处理。伤员数量较多的伤害事件现场，医护人员无须通过心电图检查确诊患者死亡诊断，在分拣时发现伤员有“三无”（无反应、无呼吸、无脉搏）症状即可判断死亡。

医生对现场伤员检伤分类时，护士和驾驶员及其他现场救援人员可以将已佩戴颜色标识的患者分为四个区集中，分别对应第一优先至第四优先。方便后续支援的救护车迅速转送重伤患者，也方便现场医护人员对滞留现场的伤病员进行初步救治。

检伤分类是一个动态过程，在等待支援救护车赶到现场时，之前判断为第二优先的伤员伤情可能会加重为第一优先，而第一优先伤员的伤情也可能发展为不治死亡。所有的判断和协调工作都需要现场医护人员安静、沉着、有序地进行，慌乱和无序将导致现场救治效率低下，严重影响伤病员的救治有效率。

第二节 医疗救援与处置

意外伤害现场急救技术以救命和平稳病情为原则，除了院前急救医务人员，普通公众是最大的施救人群。最近数十年的急救技能发展方向一直强调简单有效，既能够由专业人员掌握，也可以为普通群众所用。因此，本节介绍内容偏向公众急救培训，步骤清晰，简单易行。

一、基本急救技术

（一）现场心肺复苏

当发生心跳、呼吸骤停和意识丧失时，以迅速有效的人工呼吸与心脏按压使呼吸循环重建，这一系列抢救过程称为心肺复苏（cardiopulmonary resuscitation，CPR）。常温下心搏骤停3秒感觉头晕，10～20秒后出现晕厥，40秒左右发生惊厥，45秒后瞳孔放大，60秒后延髓受抑制导致呼吸停止、大小便失禁。4～6分钟后脑细胞发生不可逆性损害，因此要求心肺复苏尽量在心搏骤停4分钟内进行。愈早进行，心肺复苏成功率愈高。初级心肺复苏简单易行，不需要很高的专业技术。普通人通过培训也可以做到有效复苏，可在专业医务人员赶到现场前，争取抢救时间，提高心肺复苏成功率。近年来多地医疗机构提倡在普通民众中推广心肺复苏技能，此举措对提高第一目击者心肺复苏率，进而提高心肺复苏成功率大有裨益。

1．心肺复苏实施的条件

（1）意识突然丧失。

（2）自主呼吸停止或呈叹气样呼吸。

（3）大动脉搏动消失。

（4）心电图可表现为心室颤动、无电活动的平直线。

2．操作方法 心肺复苏的操作步骤可概括为CAB，即循环（circulation，C）、气道（airway，A）、呼吸（breathing，B）。其具体操作方法如下。

（1）观察环境安全：目的是确保伤者避免二次伤害和施救者的人身安全。在确认环境安全的前提下才能对患者施救，否则应将患者转移到安全环境下再进行下一步操作。

（2）判断患者有无意识：可以拍打患者双肩，同时大声询问患者“你怎么啦？”，如患者无反应，可判定无意识，立刻呼救，寻求旁人帮助。

（3）观察有无呼吸：看伤者胸腹部有无呼吸起伏，判断时间小于 10 秒。

（4）观察脉搏：通常判断患者有无颈动脉搏动，操作者一手示指和中指先触及患者气管正中喉结，然后向侧方滑移 2～3cm，在气管旁软组织深处轻轻触摸颈动脉搏动，检查时间不超过 10 秒。

（5）胸外心脏按压：判断伤者无呼吸、无脉搏立即进行胸外心脏按压，施救者双手重叠，置于伤者胸骨下段，手掌根部用力，垂直下压 5～6cm，频率 100～120 次 / min，连续按压 30 次。

（6）开放气道：使用仰头抬颌法（图 10-1），一手置于患者前额使额部后仰，另一手的示指与中指托起患者下颌。如怀疑颈部损伤可用推下颌法（图 10-2）。在开放气道时，若发现患者口腔内有异物，可用手指清除。

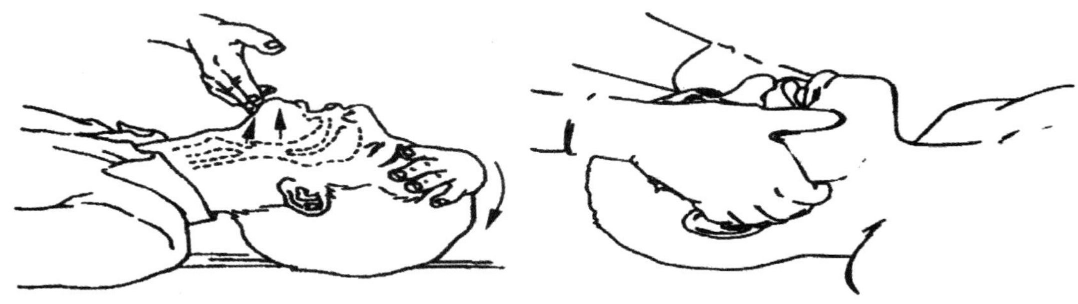

图 10-1　仰头抬颌法开放气道　　图 10-2　推下颌法开放气道

（7）人工呼吸：口对口人工呼吸或使用面罩呼吸球囊进行人工通气。用拇指和示指捏住患者鼻孔，口对口吹气两次或使用面罩罩住患者口鼻，挤压球囊进行两次通气，每次通气时间 1 秒以上，以看到患者胸廓起伏为通气有效标准（建议潮气量 500～600ml）。

（8）按压与通气比例：通常为 30∶2，成人心肺复苏时，单人或双人操作均以此比例为准。婴儿和儿童心肺复苏时单人操作比例为 30∶2，双人为 15∶2。

（9）按压、通气 5 个循环后（约 2 分钟），复检呼吸和脉搏，复检时间小于 10 秒。

3．心肺复苏有效指征

（1）扩大的瞳孔由大变小。

（2）面色或口唇由发绀或苍白转为红润。

（3）可触及大动脉搏动。

（4）患者出现眼球活动、出现睫脊反射与对光反射，甚至出现手指、脚趾活动。

（5）自主呼吸恢复。

4．除颤（defibrillate）　是针对室颤（ventricular fibrillation，VF）最有效的治疗，

而80%～90%成人突然、非创伤性心跳呼吸骤停表现出的最初心律失常为室颤。随着时间推移，除颤成功率迅速下降，每过1分钟下降7%～8%。室颤常在数分钟内转变为心脏停搏，停搏心脏的复苏成功希望极其渺茫。

5. 自动体外除颤器　除颤器通常配备于专业救护车，只有经过训练的医护人员能够操作。近年来出现并迅速发展的自动体外除颤器（automated external defibrillator，AED）使得早期除颤率明显提高。AED操作简单，通常仅有三个按键：电源键、分析键和电击键。操作者可按照AED面板图示将电极片粘贴于患者胸前，按下电源键，根据AED语言提示逐项操作即可完成除颤和心电分析。无任何医学背景知识的普通人也能顺利操作AED。国内部分城市公共场所AED数量逐年增加，如机场、商场、学校甚至医院等人群集中处均可常规配备AED。

（二）创伤现场急救技术

1. 止血　直接加压止血法是最常用、最直接，也是最简单的止血方法，通常用于出血量不大的体表出血。如手指或脚趾出血，可用拇指、示指分别压迫手指或脚趾两侧的动脉。头顶、额部和颞部出血，可用拇指或示指在伤侧耳前对着下颌关节压迫颞浅动脉。

在医疗急救中，压迫包扎止血法也较为常用，特点是简单易行，效果可靠，但对于严重出血效果不佳。通常用医用敷料（如棉垫、纱布卷和三角巾等）覆盖出血伤口，然后再加压包扎，须注意包扎松紧度，太松无法止血，太紧易导致缺血坏死。

填塞止血法通常用于深部伤口出血，如肌肉、骨端等。可用大块纱布条、绷带等敷料填塞入伤口，外面再加压包扎，防止血液沿组织间隙渗漏。普通止血法无效的鼻腔出血也可用此方法处理。

止血带能有效控制四肢出血，但损伤也最大，严重者可导致肢体坏死、急性肾功能不全等并发症，故不作常规推荐，仅用于其他方法无法控制的四肢大出血。缚扎止血带松紧要适宜，以出血停止，远端摸不到动脉搏动为准。禁止使用非弹性的止血带替代品，如绳索、铁丝等。

2. 包扎　包扎的目的是保护伤口、减少污染、固定敷料和协助止血。常用的材料是绷带和三角巾，一般使用绷带包扎法和三角巾包扎法。

（1）绷带包扎法：一般用于四肢和头部损伤，常用的有环形包扎法、螺旋形包扎法、螺旋反折包扎法、“8”字包扎法等。包扎时须注意绷带的起点、止血、着力点和行走方向的顺序，达到既牢固又松紧适宜的目的。无论何种包扎方法，首先都需要在伤口上覆盖无菌敷料，然后遵循由低向高、由远向近、左右缠绕的包扎原则。尽量露出伤肢末端的指尖或趾尖，以便观察血液循环。

（2）三角巾包扎法：适用范围极广，操作简捷，材料易得，是医疗急救时建议推广使用的包扎方法，可以用于头部、面部、躯干、四肢、肩部、会阴等部位的包扎，几乎涵盖人体全身。常用的方法有头部三角巾风帽式包扎法、三角巾面具式包扎法、上肢手挂包扎法、肩部三角巾包扎法、腹部三角巾包扎法等。

3. 固定 固定针对骨和关节的损伤，目的是减轻疼痛、避免二次损伤，并能帮助防治休克。较为严重的软组织损伤也可进行固定处理。常用的固定材料有夹板、头部固定器、颈托、腰椎固定带、脊椎固定板等。通常骨折固定前，须尽可能牵引伤肢、矫正畸形，但不是必需的。固定的原则是既牢固，又松紧适度，所有关节和骨隆突部位都应垫敷料保护。对于伤害事故现场的昏迷患者、重伤患者和怀疑颈椎损伤患者，须常规进行颈部保护固定处理，使用颈托和头部固定器。

4. 搬运 经事故现场初步救治处理后，除死亡和无救治希望者，其他患者都须尽快转送医院进一步治疗。常用的搬运工具有软担架、铲式担架、折叠式楼梯担架、真空担架等。怀疑有骨折的患者，必须使用铲式担架等硬担架进行搬运，严禁使用软担架搬运，以免造成二次损伤。若现场伤员众多，专业医用担架数量不足，也可使用人力、毛毯、棉被等替代物品进行搬运。搬运时需要注意的原则：搬运必须在检伤分类和止血、包扎、固定等救治措施之后进行；搬运危重患者和骨折患者时应注意颈部和骨折部位的固定，必须轴线转动，避免弯曲和扭转关节、骨折断端和脊柱，以免加重损伤；尽量减少重伤者的搬运，避免不必要搬动。

（三）第一目击者现场救助原则

我国急诊医疗服务体系（EMSS）的第一环通常由现场目击者完成，绝大多数情况下是普通公众，并非专业医务人员。因此，掌握基本的现场急救原则对于救助伤员和保护施救者都非常重要。

1. 第一目击者不一定目击伤害事件全过程，对事件发生过程和现场环境不一定熟悉，在施救之前必须确定环境安全，才能救治伤员，否则应排除危险因素后再进行施救。首先保障施救者本人的安全这一原则非常重要，现场目击者应谨记于心。

例如高速公路交通事故现场，施救者应该第一时间设置醒目的交通路障标识，提醒来车减速慢行，避免因后车无法避让车祸现场造成二次事故；若无法保证车祸现场安全，也可以将伤者转移到安全地带后再施救。火灾现场，施救者须观察有无火场继续燃烧和建筑物倒塌危险，若有，应将伤者转移到安全地带再行急救处理。

2. 现场针对所有伤者的检伤分类固然重要，但现场情况通常较为混乱，环境复杂，因此在伤者众多的情况下，施救者无须做到不遗漏每个伤员，只须尽力而为即可。

3. 目击者对心搏、呼吸骤停的伤员行现场心肺复苏时，若无单向呼吸膜或隔离纱布等物品保护，可以只进行胸外心脏按压，不进行人工呼吸，避免施救者感染疾病，可有效提高施救者的施救意愿。通常，施救者在现场行 30 分钟心肺复苏后，若伤者始终未恢复心跳，即使救护车未赶到现场，施救者也可放弃治疗；或施救者为女性或体力较弱者，无法独立完成 30 分钟心肺复苏，在现场无其他支援人员的情况下，筋疲力尽的施救者也可放弃治疗。

4. 施救者对出血伤口进行处理时，尽量使用乳胶手套等隔绝物品，若无也可用塑料袋等物替代，减少直接接触患者血液及分泌物的机会，预防血液传播疾病。

5. 伤害现场若无急救包等救护材料，可就地取材，使用毛巾、手帕、枕巾等代替纱布、棉垫等敷料；使用床单、衣物等替代三角巾；使用围巾、布条等替代绷带；使用树枝、书本、雨伞等替代夹板；使用棉被、毛毯、门板等替代担架。注意以上替代品尽量选取干净清洁者，以减少伤者伤口感染概率。

6. 第一目击者通常无医疗专业背景，现场救治能力有限，因此，除了现场积极救治外，更重要的是向“120”急救中心致电呼救。在呼救电话中，应简明扼要地说明事件类型（如交通事故、火灾或高楼坠落伤）、伤员大概数量、事发地点等基本情况，且保持通信畅通，方便调度员与现场目击者沟通。

二、交通事故现场医疗救援

“车祸猛于虎也”，中国平均每1分钟就有1人因车祸伤残，平均每5分钟就有1人因车祸死亡，以此计算，每天平均死亡人数为288人，每年平均死亡人数为105 120人。我国汽车保有量仅占全世界的1.9%，但车祸死亡人数占世界15%，且每年以4.5%的速度在增长。因此，交通事故紧急医学救援尤为重要。交通事故涉及到由车—路—人—环境组成的交通系统的四个方面，并对人身或财产都会产生一定程度的伤害。发生交通事故后，救援拖延的时间愈长，伤亡率愈高，而且对交通秩序乃至社会的影响亦将愈加严重，甚至可能引发新的连发灾害。交通事故实验表明，如果在交通事故发生后5分钟内采用应急救援措施，30分钟内采用急诊，至少可以使18%～25%的重伤者免于死亡。为此，“交通事故紧急救援”的概念应运而生，实施交通事故救援是降低交通事故伤亡率及社会影响危害的重要措施，以实现在交通事故发生后最短时间内将各方面的损失降到最小。

（一）交通事故现场救援原则

交通事故现场常具有救治环境条件差，突发性强，危险性高，伤员伤情复杂等不利因素存在。“120”医护人员常需要与事故现场公安交警部门和消防部门协同工作，才能有效救治伤员。现场交警负责疏导车流，清除路障，保证救治现场的安全；消防官兵负责解救被困伤员，争取抢救时间；医护人员负责判断伤情，救治运送伤员。在三方协同合作的基础上，还必须遵循以下原则，以确保伤员和事故现场人员安全。

1. 伤员生命第一原则　为抢救生命，医护人员应作出一切可能的努力，最大程度减轻伤员痛苦，给予迅速有效的医疗救援，避免二次损伤，降低死亡率和伤残率。将伤员迅速转移至安全区域，尤其事故现场无法保证安全的情况下，这一措施非常重要。伤员数量较多时，第一辆到达现场救护车的医护人员，须立即进行检伤分类，同时报告调度室呼叫支援救护车赶到现场，通知医院做好接受伤员准备。对伤员进行初步医疗处置，按病情由重到轻，合理分配医疗资源，待支援救护车赶到后，快速安全地转送伤员至医院救治。

2. 避免再次发生人员伤害　现场救援人员必须采取有效手段避免自身和现场其他人受到二次伤害，将救援过程中受伤和受感染的危险性降到最低。请交警部门配合，疏导车辆，设置提醒标志，穿反光背心，注意事故车辆是否存在爆炸燃烧隐患等非常重要。医护人员对伤员施救时必须戴乳胶手套和口罩，若操作过程中手套撕破，必须立即更换新手套。在对伤员伤情进行专业评估之前，不要随意搬动伤员，避免加重伤情。

检伤分类后，可针对伤情进行相应救治，如心肺复苏、气道管理、药物治疗、止血、包扎、固定等医疗处理。等待支援救护车赶到现场后，可按照伤情轻重，从第一优先伤员开始顺序转送。

（二）交通事故伤员院内救治

交通事故伤常为严重复合伤，伤情涉及多个医疗学科范畴，可能涵盖医院所有外伤科室，还有治疗后负责身体功能复原的康复科和精神心理复原的精神科。例如，重度颅脑损伤患者可能合并肝脾破裂，而严重肾挫伤患者可能合并小肠破裂损伤等，而且伤者常合并创伤后心理应激，单一科室无法承担全部救治工作，因此多学科、多专业合作势在必行。国内很多综合三甲医院设有创伤救治中心，集合了急诊科、创伤专科和 ICU 的优势，由医院整合管理，确保各专业合作无缝隙连接，满足复杂交通伤和其他复杂伤情患者的救治。

1. 交通伤紧急救治顺序

（1）第一优先伤员：首先保命，为患者施行一系列基础生命支持措施，如气道管理、呼吸及循环功能维持等，待生命体征平稳后，再对颅脑损伤或脊髓损伤等进行评估和救治。

（2）第二优先伤员：通过相关检查，迅速明确诊断，在此过程中密切关注患者病情变化，若病情恶化，则按照第一优先原则进行救治。

（3）第三优先伤员：完善相关检查，给予针对性医疗救治，如通过 X 线、CT、B 超等检查后，给予包扎、清创缝合等处理。

2. 交通伤紧急手术治疗原则　一般遵循以下原则：先治致命性损伤，后治其他伤；先治内伤，后治浅表伤；先治头、胸、腹部伤，后治四肢脊柱伤；先治软组织伤，后治骨骼伤（或同时进行）；先多科室联合抢救，后专科治疗。

三、常见急性中毒的现场医疗救援

（一）急性中毒的定义

毒物突然进入人体，短时间内产生一系列病理生理变化，出现症状甚至危及生命的过程，称为急性中毒。毒物种类包括工业毒物（如氰化物、砷化物等）、农业毒物（如农药、灭鼠剂等）、药物过量及天然毒物（如毒蘑菇、草乌等）等。

（二）急性中毒的病史采集

采集详尽的中毒病史是准确诊断的最重要环节，不同的毒物对人体产生的中毒症状极不一样。考虑生产性中毒者，应重点询问职业史、工种、生产过程；考虑非生产性中毒者，要了解中毒者的生活习惯、精神状态、本人或其家人的常用药物等情况。采集中毒病史还包括了解中毒环境，收集中毒者身边可能盛放毒物的容器、药袋、呕吐物及其中的剩余毒物。群体中毒时，询问现场情况，核实毒物的种类、中毒的途径。

如一氧化碳中毒多发生于冬季，常为取暖措施不当，房间通风不佳造成；若夏季出现一氧化碳中毒患者，应考虑自杀或他杀可能。食用隔夜剩菜出现腹痛、呕吐等食物中毒症状，除怀疑因食物变质引起中毒外，还应考虑是否存在亚硝酸盐中毒。

（三）急性中毒的常见临床表现

毒物中毒通常有特征性表现，如特殊的气味、皮肤黏膜特殊表现等，可以通过这些症状初步判断毒物类型。

1. 气味　蒜臭味，怀疑有机磷农药中毒；酒味，怀疑乙醇（酒精）或其他醇类化合物中毒；杏仁味，怀疑氰化物中毒；酮味（刺鼻甜味），怀疑丙酮、氯仿等中毒。

2. 皮肤黏膜颜色　樱桃红，见于一氧化碳中毒；潮红，见于乙醇、阿托品类中毒；发绀，见于亚硝酸盐、磺胺等中毒。

3. 瞳孔　缩小，见于有机磷农药、毒蘑菇、阿片类和巴比妥类药物中毒；扩大，见于抗胆碱药、三环类抗抑郁药、苯丙胺类中毒。

4. 神经系统表现　嗜睡、昏迷，见于镇静催眠药、抗抑郁药、醇类、阿片类、有机磷农药中毒；抽搐、惊厥，见于毒鼠强、毒蘑菇、氰化物中毒。

5. 循环系统表现　心率加快，见于抗胆碱药、醇类中毒；心率减慢，见于有机磷农药、毒蘑菇、乌头碱中毒。

6. 尿色改变　红色（肉眼血尿），见于杀虫脒、磺胺中毒；酱油色（溶血），见于毒蘑菇、苯胺类中毒；棕黑色，见于亚硝酸盐中毒。

（四）急性中毒的救治原则

1. 迅速切断毒源，使患者脱离中毒环境。如怀疑一氧化碳中毒者，应将其转移至室外通风处，同时也可有效避免施救者中毒。

2. 危重患者若心搏、呼吸骤停，可立即进行现场心肺复苏抢救。

3. 尽快明确毒物类型，必要时可收集患者呕吐物、排泄物等送检。

4. 阻止毒物继续吸收，如怀疑有机磷农药中毒患者，应尽早催吐、洗胃、导泻；若怀疑通过皮肤吸收毒物者，可立即清洗皮肤。

5. 尽早足量使用特效解毒剂，如针对有机磷农药中毒，可使用阿托品和胆碱酯酶复活剂；针对毒鼠强中毒，可使用地西泮与纳洛酮。

6. 尽早对症处理，尤其当毒物类型无法明确时，应以维持患者生命体征，保护主要脏器功能为主，如氧疗、补液等。

7. 急性中毒的诊治过程较复杂，专业性强，现场救援条件有限，目击者应尽早向“120”呼救，迅速将患者转移至医院救治。

第三节　公共卫生事件的救援与处置

伤害事件的类型多种多样，有学者将其称为“人为灾害”，因事件基本带有人为因素，有明显的主观故意性，导致的结果常为创伤和中毒。但每种伤害事件类型都有其自身特点，救援人员施救时须根据各自特点进行处置。公共卫生事件导致后果更为严重，影响更为深远，特点有伤亡者多，救治难度大。本节将解读突发公共卫生事件定义及要点，并重点讲述传染性疾病、群体性急性中毒、火灾和恐怖袭击的现场救治。

一、突发公共卫生事件

1. 概念　突发公共卫生事件（简称突发事件）（emergency public health events）是指突然发生，造成或可能造成社会公众健康严重损害的重大传染病疫情、群体性不明原因疾病、重大食物和职业中毒以及其他严重影响公众健康的事件。2003 年“非典”事件后，国家对突发公共卫生事件给予了高度重视。为有效预防、及时控制和消除未来突发公共卫生事件的危害，保障公众的身体健康与生命安全，维护正常的社会秩序，2003 年国务院颁布了《突发公共卫生事件应急条例》。现该条例已成为突发公共卫生事件相关工作的指导法规。常见的公共卫生事件包括突发传染病，如 2003 年我国暴发非典型性肺炎流行疫情；工作场所重大伤亡事故，如 2019 年 7 月河南义马气化厂爆炸事件（致 15 人死亡，19 人重伤）；恐怖袭击，如 2014 年昆明火车站“3·1”事件（致 31 人死亡，141 人受伤）；踩踏事件，如 2014 年 9 月昆明明通小学踩踏事件（致 6 名儿童死亡，26 名儿童受伤）。

2. 特征

（1）爆发性强，控制难度大。

公共卫生事件在发生初期一般具有较强的隐蔽性，其危害性往往容易被忽视，遏制事态的有利时机很难把握。传染性疾病具有辐射性暴发和几何性扩散的特点，食物安全事件具有集中性暴发和群体性危害的特点。当公共卫生事件在一定范围内显现时，已经形成暴发态势，受时间、地域、手段等因素的制约，其控制难度很大。

（2）影响范围广，应对周期长。

随着经济一体化进程的加快，公共卫生事件有着从局部向全球蔓延的趋势。无论是流行性疾病的传播，还是有毒有害食物的扩散，都是从一地一国向多地多国蔓延，影响面十分广泛。从事件暴发到应对结束，诱因调查、危害研判、应对措施的制定和实施等是一个较为复杂的过程，需要较长时间的应对周期。

（3）诱因复杂，不确定性强。

公共卫生事件发生的诱因复杂，生活习惯和生产方式的改变，特别是人类干预自然、挑战自我的探索活动，都可能引发不同类别的公共卫生事件，从而加大了新型公共卫生事件发生的概率。现代生活方式和经济全球化进程，打破了传统公共卫生事件的规律，事件发生的时间、地点、发展趋势，造成的后果以及应对的手段都具有不确定性，从而降低了应对事件的针对性。

二、公共卫生事件的救援与处置

（一）感染性疾病暴发流行的现场急救与处置

人类生活在自然生态环境中，与其中绝大多数微生物等生物体处于共存状态，只有极少数微生物在进化过程中或在特定条件下获得侵入人体的病原体性质，感染人体后引起宿主发病，称为显性感染。近年来的疾病统计表明：对人类危害最严重的疾病共近 50 种，其中 40 种为传染病与寄生虫病，其发患者数约占患者总数的 85%。感染性疾病流行不是一个纯生物学现象，其过程经常受到自然因素和社会因素的影响与制约。感染源、传播途径和易感人群三环节构成感染性疾病的流行过程，理论上若采取有效措施，切断其中任一环节，其流行过程即告终止。三大主要传播途径为空气飞沫传播、消化道传播和血液传播。发现传染源、切断传播途径、保护易感人群是普遍的防控原则。

呼吸道感染性疾病急救与处置　患者主要由空气飞沫传播（airborne transmission）为进入呼吸道的感染病。患者、带菌者或病毒携带者的鼻咽腔及口腔等上呼吸道黏膜表面的病原体，当打喷嚏、咳嗽及大声谈话时，随同黏液及分泌物小滴即飞沫排入周围空气中，与空气混合形成气溶胶，通过呼吸含有病原体的气溶胶而感染易感者的呼吸道黏膜。流行病特点：①人群普遍易感，发病率高，容易引起暴发或流行甚至大流行。②由于儿童尚无病后免疫力，故而发病率常较成人更高，但对病后免疫力不持久的流行性感冒等，则无发病高峰年龄。③发病与居住拥挤环境密切相关，呈冬、春季发病季节高峰。④控制甚至消灭此类感染病，可以采取以预防接种疫苗提高人群免疫力为主导的措施。人群普遍易感，极容易引起大流行，造成全国性乃至全世界性的突发公共卫生事件。如 2003 年冬季暴发的 SARS 病毒疫情和 2019 年底出现的新型冠状病毒（2019-nCov）引发的肺炎疫情都属于空气飞沫传播性疾病。

（1）针对患者急救与处置

① 隔离：将患者和病原携带者妥善安排在指定的隔离区域，暂时与人群隔离，积

极进行治疗、护理，并对有传染性的分泌物、排泄物、用具等按照规范消毒处理，防止病原体向外扩散。呼吸道传染病采取严密隔离、呼吸道隔离、血液 - 体液隔离、接触隔离、保护性隔离等隔离措施。在诊断、治疗、护理、转运中注意避免医源性感染。

② 消毒：是切断呼吸道传染病传播途径的重要措施。消毒包括疫源地消毒（有随时消毒与终末消毒）和预防性消毒两大类。消毒方法包括物理消毒法和化学消毒法两种。广泛开展爱国卫生运动，搞好环境卫生是预防呼吸道传染病的重要措施。

③ 保护易感人群：要对易感人群及时进行有针对性、有计划的预防接种。对尚无特异性免疫方法的感染性疾病，在疫病流行期间可进行药物预防及采取隔离措施。

（2）针对医护人员防护措施：将感染风险等级分为低感染风险、中度感染风险和高度感染风险三类。

① 低感染风险：如遇普通发热、咽痛、咳嗽患者，不直接接触患者或患者的血液、体液、呕吐物、排泄物及其他污染物品的，采取一级防护措施。防护装备：工作服、工作鞋、一次性工作帽、一次性医用外科口罩、一次性鞋套、一次性隔离衣和护目镜。

② 中度感染风险：潜伏期内有疫区或其他有本地病例持续传播地区旅行史或居住史；或曾经接触过疫区的发热伴有呼吸道症状的患者；聚集性发病；对于须接触疑似或确诊患者，处理其血液、体液、呕吐物及排泄物等，但无须实施可引发气溶胶操作的，包括呼吸道痰液抽取、气管插管、气管切口管理等，采用二级防护措施。防护装备：工作服、一次性工作帽、医用防护口罩（N95）、护目镜 / 防护面屏、防护服、一次性乳胶手套、一次性防水靴套。

③ 高度感染风险：疑似或确诊病例，可能接触大量患者的血液、体液、呕吐物、排泄物等，或实施可引发气溶胶操作的，包括呼吸道痰液抽取、气管插管、气管切口管理等，则应采取三级防护措施。防护装备：工作服、一次性工作帽、一次性医用防护口罩、全面性防护面罩 / 全面型呼吸防护器、一次性防护服、一次性隔离衣、一次性乳胶手套、一次性丁腈手套或一次性长袖橡胶手套、一次性防水靴套、长筒胶鞋。强调可能受到患者血液、体液、分泌物、呕吐物等喷溅或实施可能产生气溶胶的操作时，戴医用防护口罩、护目镜或面罩，穿防渗隔离衣或防护服。对已确诊和疑似患者，除实施标准预防外，还应给患者戴医用外科口罩。手卫生是控制感染和疾病传播最简单、最有效的方法。手部卫生首选速干手消毒剂，接触患者应戴手套，但戴手套不能代替手卫生。应向医务人员和公众普及"七步洗手法"。

（3）公共卫生处置

① 各地应及时发现和报告烈性呼吸道感染性疾病病例，了解疾病特征与暴露史，规范密切接触者管理，指导公众和特定人群做好个人防护。严格特定场所的消毒，有效遏制社区扩散和蔓延，减少疾病对公众健康造成的危害。

② 疫情期间防控物资极易紧缺，各级卫生健康行政部门应负责疫情控制的总体指导工作，落实防控资金和物资。各级疾控机构负责开展监测工作的组织、协调、督导和评估，进行监测资料的收集、分析、上报和反馈；开展现场调查、实验室检测和专

业技术培训；开展对公众的健康教育与风险沟通，指导做好公众和特定人群的个人防护，指导开展特定场所的消毒。

③ 监测病例与突发事件的发现并上报，积极开展流行病学调查，采集标本进行检测。

（4）病例须收治在指定医疗机构：承担病例救治的医疗机构，应做好医疗救治所需的人员、药品、设施、设备、防护用品等保障工作。隔离时间根据病原体感染特征及时间决定。

（5）追踪和管理密切接触者：对疑似病例、临床诊断病例、确诊病例和无症状感染者的密切接触者实行集中隔离医学观察，不具备条件的地区可采取居家隔离医学观察，每日至少进行 2 次体温测定，并询问是否出现急性呼吸道症状或其他相关症状及病情进展。如新冠肺炎密切接触者医学观察期为与病例或无症状感染者末次接触后 14 天。

（6）加强医疗卫生机构专业人员培训，加强实验室检测能力及生物安全防护意识。

（7）及时做好特定场所的消毒：及时做好病例和无症状感染者居住过的场所，如住家、医疗机构隔离病房、转运工具以及医学观察场所等特定场所的消毒工作，必要时应当及时对物体表面、空气和手等消毒效果进行评价。加强重点场所、机构和人群的防控工作，强化多部门联防联控工作机制，最大程度减少公众聚集性活动，因地制宜落实车站、机场、码头、商场等公众聚集场所，以及汽车、火车、飞机等密闭交通工具的通风、消毒、测体温等措施。加强学校、托幼机构等集体生活单位的防治工作，做好晨检制度和因病缺勤登记制度。

（二）群体性急性中毒现场急救与处置

急性中毒事件在日常生活中经常发生，但能够成为突发公共卫生事件的必须是严重的群体性急性中毒事件，主要是由消化道传播（transmission via digestive system），也称为粪 - 口传播。病原体以消化道为侵入门户，主要在肠道黏膜、肝细胞或胆道内增殖，随肠液、胆汁，经粪便排出体外，再污染水源、食物、餐具、手及其他生活用品等，经口摄入病原体而传播。流行病学特点：①发病年龄、性别大多无差异，哺乳期婴儿很少发病。②患者饮用相同被污染水源或食用同一种被污染食物的病史，未接触污染饮食者不发病。③潜伏期较短，疫情呈暴发流行，在中断被污染饮食供应后，疫情很快平息。其中，具有事发突然、伤亡巨大、损失惨重、救援困难、波及面广、社会危害大等特征，需要立即采取应急处置措施。按照毒物的侵入途径可分为群体性急性食物中毒和群体性急性化学危险品中毒两类。

1. 群体性急性食物中毒

（1）发生原因：食物被病原微生物污染，如变质食物导致的细菌性食物中毒；食物被有毒化学物质污染，如剧毒农药残留在食材里导致的中毒；误食有毒食物，如四季豆、毒蘑菇中毒等。

（2）事件特点：含毒食物感官上一般无明显异常，不易被食用者察觉；含毒食物量多且流通范围广；人群疏于防范；大量人群同时食用。

（3）现场处置

① 初步判断，分类处理：迅速建立现场指挥部，由疾病预防控制机构进行流行病学调查，初步判断是生物性食物中毒还是化学性食物中毒。由临床医疗部门将病患分类为轻、重型，予以一般对症治疗和就地抢救，有序地安排转送，决定有可疑中毒食物摄入史但目前无发病者集中留观。某些食物中毒可出现特征性表现，有助于早期诊断，如毒蘑菇中毒者可能出现鲜明幻视；细菌性食物中毒者通常以急性胃肠炎为特征表现；河豚鱼中毒者出现渐进性麻痹。

② 及时清除摄入毒物：对急性细菌性食物中毒已发生频繁吐泻者，无须催吐，直接送医院治疗；对急性化学性食物中毒，距口服时间较短，神志清楚者，可尽早催吐；针对腐蚀性较强的毒物应谨慎催吐，可以服用蛋清、牛奶、豆浆、米汤等保护胃黏膜；对抽搐和昏迷患者禁止催吐；除催吐外，洗胃、导泻等方法也可用于清除胃肠道内毒物。

③ 维持呼吸循环功能：对危重患者应立即进行现场救治，密切观察患者意识和生命体征；昏迷患者应置于侧卧位，防止呕吐窒息；在保证救治者安全的前提下，对呼吸、心搏骤停患者进行心肺复苏抢救。

④ 应用特殊解毒剂：若能明确毒物类型，可针对性使用特殊解毒剂，如有机磷农药中毒患者可使用阿托品，亚硝酸盐中毒患者出现化学性青紫可使用亚甲蓝。

2．群体性急性化学危险品中毒

（1）发生原因：化学危险品存在且量多，易于扩散；化学危险品的生产、使用和运送装置在事故或人为因素作用下发生突发性泄漏；周边有大量人群来不及撤离。

（2）事件特点：化学危险品的易燃易爆性既是造成大量泄漏和扩散的动力，又是产生有毒气体的原因；气象条件、地形、环境条件等因素对事件严重程度有直接影响。

（3）常见类型：有毒化学品泄漏造成的中毒，如氯气中毒、氨气中毒、一氧化碳中毒、氰化物中毒等。

（4）现场处置

① 收集病因资料：由疾病预防控制机构的专业队伍入场开展调查和勘验，快速检测或采样及时送检，明确毒物品种、现场条件以及侵入方式；对接触人群进行接触史调查，生物材料检测等，估计不同位置、不同时间的人群吸收的剂量，向临床诊断医生提供尽量完整的患者病因信息。

② 联合诊断：化学毒物的品种和性质常较为复杂，可能出现多种有毒物质中毒合并情况，因此由疾病预防控制机构和临床医疗机构专家合作的联合诊断非常重要，对指导患者治疗，建立统一标准有决定性意义。

③ 鉴别诊断：群体急性化学物中毒事件中，各暴露个体之间吸收剂量和接触时间差别较大，中毒程度也随之相差很大，因此需重视鉴别诊断，避免误诊。

④ 救治原则：化学毒物救治属于非常专业的范畴，通常应遵循一定的原则。及时

脱离中毒环境，现场建立安全区，以区分危险区；现场检伤分类，集中医疗资源救治尽量多的患者；维持危重患者的呼吸循环功能；根据毒物品种，选择清除毒物的方法，减少损伤；少数化学毒物中毒可使用特殊解毒剂，如氰化氢中毒应用4-二甲基氨基苯酚，对苯的氨基硝基化合物中毒应用亚甲蓝等。

⑤ 特殊注意事项：化学危险品中毒事件危害极大，波及范围广，除了疾病预防控制机构和医疗救治机构参与外，还可能有防化部队和其他政府机构参与救援。服从调度，统一安排才能让每个参与单位充分发挥自身优势，高效完成救援工作。

（三）火灾现场急救

火灾是指在时间、空间上失去控制并对财产和生命造成危害的燃烧，具有发生频率高、危害持久严重的特点，其中人为纵火引发的火灾造成的伤害尤其严重。

1．火灾现场及火灾灾害特点

（1）火灾现场特点：火灾现场往往是人员密集地，火灾发生后，在热传导、热对流和热辐射作用下，火势极易蔓延扩大。高温和有毒气体迅速扩散，极大增加逃生难度。火灾现场断电后，因烟气干扰，光线极暗，视线不佳，不易逃生。人为纵火事件，纵火者往往提前研究建筑物结构，蓄意阻断逃生通道，也容易使建筑物内人员无法逃生而伤亡惨重，如2019年7月日本京都动画纵火案造成36人死亡，33人受伤。

（2）火灾灾害特点：火灾的灾害分为原生灾害和次生灾害，前者是指火焰烧伤和热烟灼烧，而后者是指浓烟窒息、有毒气体中毒、砸伤、埋压和刺伤、割伤。人体所能承受的温度仅为65℃，而火焰表面温度常可达800℃以上，在火场中，人体极易被烧伤。火场中四处流动的高温气体一旦被人体吸入，就会灼伤呼吸道，造成呼吸道烧伤，严重的可使组织肿胀，呼吸道阻塞，导致伤员窒息死亡。现代建筑物中的合成材料燃烧后会释放大量有毒气体，如二氧化碳、一氧化碳、二氧化硫、硫化氢等，可迅速致人昏迷，引起中毒死亡。有统计资料表明，火灾中80%的死亡是吸入有毒气体而导致的。火场的高温持续，可能导致建筑物坍塌，造成其他类型创伤。

2．火场现场医疗救援原则

（1）首先迅速将伤者转移到安全地区，脱离高温热源。多人受伤时，须进行现场检伤分类。

（2）小面积烧伤，应马上冷敷，或在洁净冷水下冲洗伤口十几分钟，这样既可以缓解疼痛，又能防止伤势向组织深处蔓延。

（3）不要轻易挑破伤口部位出现的水疱，建议用无菌纱布或干净的布料简单包扎后，送医院进一步处理。

（4）烧伤伤口无须涂抹任何药物，如牙膏、氧化锌油膏，甚至酱油等，以免引起伤口感染。

（5）大面积烧伤者须立即转送医院治疗，转送前可用干净纱布或布料简单包扎覆盖伤口，防止二次污染。注意止痛，防治休克，保持呼吸道通畅，有条件者给予吸氧，对心搏、呼吸骤停患者行现场心肺复苏术。

（6）怀疑有毒气体中毒患者，应立即将其转移至通风处吸氧，联系接收医院，协调救护车将患者转送至有高压氧舱治疗条件的医院。

（7）患者合并其他伤情，可按照原则进行止血、包扎、固定等处理，及时转送医院治疗。

（8）注意烧伤的现场急救处理，最基本的是保持清洁，防止感染；其次是冷敷伤口，防止伤势加重；也需要注意冷敷时保温，尤其是寒冷季节或者伤者为老年人、儿童，避免因体温下降导致其他疾病。

3. 发生火灾时的处理与自救

根据火势选择最佳的自救方案，常用的方法有以下几种。

（1）发生火灾后，不要为穿衣、寻找财物而耽误宝贵的逃生时间，应迅速选择与火源相反的通道逃生。途中若遇浓烟，应尽量放低身体或爬行，千万不要直立行走，以免因吸入浓烟而窒息。衣物被火燃着之后，应尽快在地上翻滚使火熄灭。

（2）楼梯已失火，但火势不是很猛烈时，可披上用水浸湿的衣裤或被单由楼上快速冲下。若无法从楼道逃生，可用绳子或撕成条状的被单连接起来，一端拴在牢固的门窗或其他重物上，沿另一端滑下。火灾时禁止乘电梯逃生。

（3）若各种逃生途径均以被阻断，可退居室内，采取防烟堵火措施。关闭门窗，向门窗上浇水，延缓火势蔓延。用多层湿毛巾捂住口鼻，防止吸入有毒烟气。

（四）恐怖袭击

2001 年美国“9・11”事件之后，各国政府高度重视恐怖袭击带来的风险，通过新闻媒体传播，老百姓对其也有一定认识。“恐怖主义”概念的正式使用也已经有两百余年的历史。第二次世界大战后，人类在科技和武器研发方面有了飞跃式进步，除了给全球带来热战焦虑，也让恐怖主义有了可乘之机。恐怖袭击的方法多样，如爆炸、枪击、投毒等。我国近年来也面临严重的恐怖袭击问题，如 2009 年乌鲁木齐“7・5”恐怖事件、2013 年北京“10・28”暴力恐怖案和 2014 年新疆“5・22”暴力恐怖事件，都导致了大量平民伤亡，社会影响恶劣。

1. 爆炸事件

（1）爆炸伤类型：依据形成原因可分为两类：一是爆炸力直接作用伤，是指由爆炸产生的高温高压气体和高速飞散的各种碎片引起的损伤；二是爆炸力间接作用伤，是指爆炸时空气冲击波作用于建筑物，引起门窗玻璃和物件破碎、房屋倒塌等造成的损伤。依据性状可分为炸碎伤、炸裂伤、炸烧伤、超压伤、弹片伤、抛射伤、压伤、踩伤等，通常一个伤员身上可能存在多种伤情。

（2）爆炸事件救援要点

① 确认现场安全很重要：爆炸现场危险重重，可能存在未爆炸物，有再次爆炸的隐患；可能有房屋倒塌的危险；可能有火灾的危险等，大大增加了现场救援难度。现

场救援人员应首先保证自身安全，再进行施救。在现场搜寻到伤员后，应立即将伤员转移到安全地区再进行详细检查和处理。避免因现场不稳定因素导致伤员和救援人员二次伤害。

② 现场检伤分类：通常爆炸事件伤员数量较多，需要第一辆到达现场的救护车医护人员立即对伤员检伤分类，为后续支援救护车及时转送做好准备。注意将伤员转移到安全区域，救援人手不足时，可动员第三优先的轻伤员协助工作。

③ 根据具体伤情进行救护：抢救烧伤人员时，必须将患者与高温环境或高温物品隔离，防止伤情进一步恶化。按照烧伤处理原则，保护创面，若患者烧伤面积较大，应现场给予输液处理，防治休克。怀疑呼吸道烧伤患者，应注意保持呼吸道通畅，给予吸氧，必要时进行高级气道管理，如气管插管或环甲膜穿刺。抢救其他并发创伤的患者，根据伤情按照医疗原则进行处理。所有伤者的现场处理应简单有效，待支援救护车赶到现场，立即将伤者转送至医院救治。

2．化学、生物制剂的袭击　“投毒”是历史悠久的恐怖袭击手法。传统“投毒”以化学制剂为主，近年来利用生物制剂制造的恐怖袭击屡见不鲜，与化学制剂相比，对人体的伤害极大。

（1）化学制剂恐怖袭击：化学武器是利用军用毒剂的毒性作用，杀伤、牵制敌方有生力量以及毁坏植物的武器，由毒剂弹药和施放器材组成。

① 军用毒剂分类

a．神经性毒剂：是一类毒性很强的有机磷化合物，如沙林、梭曼等，能引起神经系统功能严重障碍。

b．糜烂性毒剂：有芥子气、路易氏剂等，能引起皮肤、黏膜的糜烂和坏死。

c．失能性毒剂：如毕兹等，能引起思维和运动功能障碍，使人暂时失去战斗能力。

d．全身中毒性毒剂：如氢氰酸、氯化氰等，能破坏细胞呼吸造成组织缺氧，引起全身功能障碍。

e．窒息性毒剂：有光气、双光气等，主要伤害呼吸器官，引起中毒性肺水肿。

f．刺激性毒剂：有亚当氏气、苯氯乙酮等，主要对眼睛和呼吸道有强烈的刺激作用。

除了以上军用毒剂，日常生活中有很多有毒化学制剂可能被用于恐怖袭击，如农村广泛使用的有机磷和其他类型农药、毒鼠强等灭鼠剂、亚硝酸盐等。

② 军用毒剂中毒急救：迅速将伤员撤离染毒区，同时注意做好施救者自身防护，必要时佩戴防毒面具，穿防护服。

a．神经性毒剂：此类毒剂为无色透明液体，中毒后治疗原则可参考有机磷农药中毒的急救原则和方法。

b．皮肤溃烂性毒剂：为油状液体，穿透力强。可用大量清水冲洗伤员染毒部位，尽早使用抗毒剂：芥子气中毒尽早静脉注射 50ml 25% 硫代硫酸钠（中毒后 1 小时内）；路易氏剂中毒应尽早静脉注射 1～2g 二巯基丁二酸钠。

c. 失能性毒剂：为白色粉末固体，也可呈烟态。中毒时，可肌注解毕灵10～20mg。

d. 全身中毒性毒剂：为无色液体，可能为气态。中毒后立即吸入亚硝酸异戊酯，尽早静脉注射10ml 3%亚硝酸钠，随后静脉注射50ml 25%硫代硫酸钠。

e. 窒息性毒剂：为无色气体或液体。中毒后可酌情使用镇静药和激素，保持伤员绝对安静，减少行动，必要时给予人工通气。

f. 刺激性毒剂：为固体状毒剂，可为烟态。可用清水清洗皮肤染毒区，吸入抗烟剂，剧痛时皮下注射1ml 1%盐酸吗啡。

（2）生物制剂恐怖袭击：生物制剂是指用来杀伤人员、牲畜和毁坏农作物的致病微生物及其毒素。生物制剂种类繁多，作为制剂的致病微生物，必须具有高度致病性、易传播流行、对外界抵抗力强、防治困难等特点。炭疽、霍乱、伤寒、鼠疫等烈性传染病致病菌都可能作为生物制剂被投放。

生物恐怖袭击发生时，可能有以下表现：在事件区发现不明粉末或液体，被遗弃的容器和面具，大量昆虫；微生物恐怖袭击后48～72小时或毒素恐怖袭击后几分钟至几小时，出现规模性人员伤亡；在现场人员中出现大量相同的临床病例，在一个地理区域出现本来没有或极其罕见的疾病；在非流行区域发生异常流行病；患者沿着风向分布，同时出现大量动物染病。

救援人员应做好个人防护，尽快采样分析微生物及毒素类型，划定污染区范围，实行管制和封锁。对受污染人员进行紧急处理，如进行医学观察或留验、预防接种或服药预防等。发现传染病患者应立即隔离治疗，并检疫接触者。经上级批准后，实行疫区封锁。

伤害事件在全球的发生情况日益严峻，本章重点介绍了几种常见的伤害事件，如交通事故、火灾、溺水、触电，也介绍了相对少见的伤害事件，如恐怖袭击和中毒等。章节中介绍的现场救治方法，不但适用于专业急救医务工作者，也适用于非医疗背景的现场目击者进行施救。现场医疗急救的核心内容主要分为现场心肺复苏和外伤处置，社会公众对急救知识的渴求和基本急救技能的日益普及，对提高伤害事件的现场救治有效率大有裨益。某些特殊伤害事件可能发展为突发公共卫生事件，导致损害范围扩大，充分了解事件处置原则，对减轻此类事件危害有重要意义。

（孙　卉　普丽芬）

参考文献

［1］ 王一镗. 急诊医学［M］. 2版. 北京：清华大学出版社，2015.

［2］ 李春盛. 急诊医学高级教程［M］. 北京：中华医学电子音像出版社，2016.

［3］ 钟敬泉. 心肺脑复苏新进展［M］. 北京：人民卫生出版社，2009.

[4] 王一镗，刘中民. 灾难医学［M］. 镇江：江苏大学出版社，2009.
[5] 李云波，车颖华，孙卉，等. 昆明“3·1”暴恐事件中院前突发事件信息报告的实践与思考［J］. 中华灾害救援医学，2015，3（3）：160-161.
[6] 陈登国，潘秉章，孙刚. 临床应急救治：突发事件分册［M］. 北京：军事医学科学出版社，14-75.
[7] 黄子通，于学忠. 急诊医学［M］. 2版. 北京：人民卫生出版社，2014.
[8] 唐钧. 紧急救助［M］. 北京：中国人民大学出版社，2009.
[9] 贾辅忠，李兰娟. 感染病学［M］. 南京：江苏科学技术出版社，2010.

第十一章 伤害典型案例与分析

学习提要

- 学习伤害的典型案例，了解不同个案产生的原因以及法律处理。
- 从法律角度分析不同类型伤害案件带来对个人、家庭和社会的危害。

第一节 概 述

伤害典型案例是指具有较强典型意义，公众关注度高，危害性大，且有较大社会影响力的伤害性质的案例。典型案例的分析往往具有深刻的力量，对相关法律的研究、对公众的影响、对专业的研究等都具有重要意义。通过对伤害的典型案例进行详细地调查，对典型案例进行归纳、分类、解读、分析，最终达到帮助公众预防、避免类似伤害的目的。

伤害典型案件包括非故意伤害与故意伤害案件。

故意伤害案件的原因多种多样，不管是从生物学、社会学、犯罪心理学、司法学等各个研究领域研究犯罪产生的原因，都无法简单归纳出一个确切的答案。犯罪是人类进入阶级社会以来，各种社会形态中普遍存在的社会现象，在不同的社会形态中，存在着不同的产生犯罪的原因。从犯罪人的角度和被伤害者的角度，我们都在积极探寻预防犯罪、减少犯罪和消灭犯罪的真正有效办法。

本章精心选取了不同类型的非故意伤害案件和故意伤害案件进行分析解读，这些案件都是全国乃至全世界有影响力的案件。通过对这些案件的分析解读，给公众以教训、启示和法律方面的解读，让公众提高对各种潜在危险因素的警惕性，避免遭到各种伤害。

第二节 非故意伤害案例

一、交通事故伤害

（一）“7·19”沪昆高速特别重大交通事故

1. 基本情况　2014 年 7 月 19 日 2 时 57 分，湖南省邵阳市境内沪昆高速公路

1309 公里 33 米处，一辆自东向西行驶运载乙醇的轻型货车，与前方停车排队等候的大型普通客车发生追尾碰撞，轻型货车运载的乙醇瞬间大量泄漏燃烧，致使大客车、轻型货车等 5 辆车被烧毁，造成 54 人死亡、6 人受伤（其中 4 人因伤势过重医治无效死亡），直接经济损失 5300 余万元。

2. 案例分析与启示

（1）非法运输危险化学品：该事故涉非法运输危险化学品（乙醇）。碰撞后，导致乙醇瞬间大量泄漏燃烧，造成车辆损毁，大量人员伤亡惨重。

（2）客车违反相关规定运行：该事故发生在凌晨 3 点左右，属违规上路，最终酿成悲剧。由于夜间能见度低，司机极易疲劳，给客车运行安全带来隐患。2011 年，交通运输部为防范大客车司机疲劳驾驶，规定长途客车司机凌晨 2 点至 5 点必须停车休息；2012 年，国务院下发的国发［2012］30 号令也明确提出。客运企业也须对长途客车发车时间、班次进行合理调整，避开车辆在凌晨 2 点至 5 点时间段运行。运输企业对运输司机的资质认定不到位、培训机制并不完善，按照规定应该是客车临时停车休息时间。由于时间、成本、利益等方面的原因，客运企业对于落实“夜休令”并不积极。同时，违法成本太低，“违规上路”的惩罚并没有和长期营运资质绑定，导致部分司乘人员责任心淡漠、运营企业存侥幸心理，为事故埋下隐患。尽管有 GPS 等监测系统，但现状大多是“监而不全”“监而不控”，许多司机刻意关闭，逃避监测。

3. 法律解读　2014 年 7 月 21 日，国务院批准成立了由国家安全监管总局、公安部、监察部、交通运输部、全国总工会、湖南省人民政府有关负责同志等参加的国务院沪昆高速湖南邵阳段“7・19”特别重大道路交通危化品爆燃事故调查组，开展事故调查工作。调查组邀请最高人民检察院派员参加，并聘请公安、交通、消防、车辆、质检、化工、塑料加工等方面的专家参加事故调查工作。

直接原因：轻型货车追尾大型普通客车致使轻型货车运载乙醇泄漏燃烧所致。刘某驾驶严重超载的轻型货车，未按操作规范安全驾驶，忽视交警的现场示警，未注意观察和及时发现停在前方排队等候的大客车，未采取制动措施，致使轻型货车以每小时 85 公里的速度撞上大客车，其违规行为是导致车辆追尾碰撞的主要原因。

次要原因：贾某驾驶大客车未按交通标志指示在规定车道通行，遇前方车辆停车排队等候时，作为本车道最末车辆未按规定开启危险报警闪光灯，其违规行为是导致车辆追尾碰撞的原因之一。轻型货车高速撞上前方停车排队等候的大客车尾部，车厢内装载乙醇的聚丙烯材质罐体受到剧烈冲击，导致焊缝大面积开裂，乙醇瞬间大量泄漏并迅速向大客车底部和周边弥漫，轻型货车车头右前部由于碰撞变形造成电线短路产生火花，引燃泄漏的乙醇，火焰迅速沿地面向大客车底部和周围蔓延，将大客车包围，酿成重大事故。

法律责任：经调查认定，该事故是一起生产安全责任事故。对事故有关人员以危险物品肇事罪，重大责任事故罪，生产、销售伪劣产品罪、玩忽职守罪等进行刑事拘留，对部分领导给予党纪、政纪处分，对相关化工公司、运输公司等进行行政处罚。

（二）“10·7”天津滨保高速公路特别重大道路交通事故

1. 基本情况　2011 年 10 月 7 日，河北省唐山市驾驶人云某驾驶唐山市交通运输集团有限公司某大型普通客车，乘载 55 人（核载 53 人），沿滨保高速公路由保定驶往唐山，当行至天津市武清区境内 60 公里处，碰撞同方向袁某驾驶的小型轿车后，失控向右侧翻并被路侧波形梁钢护栏切割，造成 35 人死亡、19 人受伤。

2. 案例启示与分析　大客车上 GPS 记录显示，事故发生时该大客车的行驶速度为 115.9 公里 / 小时，属超速行驶，且云某在发现小轿车第一次左右调整方向后仍未采取有效减速措施。在两车发生刮擦后，因车辆超员、超速，车辆失控、侧翻，最终导致 35 人死亡。

客车超员、超速的危害极大，超员会加重车身，使车辆安全性能降低；车内人员拥挤，既存在通风透气问题，更加大了乘客逃生难度。而车辆在超速行驶的状态下，车辆自身的机械性能也会因为超员而增加损耗，惯性加大、制动距离加长，危险性也相应增加。客运车辆超员又超速行驶时极易因轮胎负荷过重、变形过大引发爆胎、突然偏驶、制动失灵、转向失控等，导致交通事故的发生。

3. 法律解读

直接原因：滨保高速天津“10·7”特别重大道路交通事故是一起责任事故。大客车驾驶人云某在超速行驶、措施不当、疲劳驾驶三项交通违法行为的共同作用下，大客车与小轿车发生擦撞并侧翻。

间接原因：驾驶人袁某在超越大客车时车速控制不当，两次左右调整方向，未按照操作规范安全驾驶；大客车超员载人，加重了事故后果。

其他原因：唐山某交通运输集团有限公司安全管理与监督制度不健全，未认真执行省际包车证管理制度，通达客运分公司违规与事故大客车实际所有人张某签订《车辆靠挂合同书》；未发现和整改纠正事故大客车长期存在私自改装增加座位的安全隐患；未发现和纠正事故大客车违规雇用公司驾驶员台账以外的人员驾驶车辆；致使事故大客车长期私自承揽包车客运业务，违规同意通达客运分公司与事故大客车的挂靠经营行为。

法律责任：事故追究大客车驾驶人云某交通肇事罪，大客车车主张某重大责任事故罪，大客车包车组织者幺某非法经营罪。给予相关人员党纪、政绩处分。对小轿车驾驶人袁某依据《道路交通安全法》第四十二条第一款“机动车上道路行驶，不得超过限速标志标明的最高时速”，以及第二十二条第一款“机动车驾驶人应当遵守道路交通安全法律、法规的规定，按照操作规范安全驾驶、文明驾驶”的规定予以罚款。

（三）“8·31”连霍高速公路河南三门峡重大道路交通事故

1. 基本情况　2012 年 8 月 31 日，灵宝市宝通汽车客运有限责任公司驾驶人郭某驾驶的金龙牌大型普通客车，沿连霍高速公路（G30）自西向东行驶至 784 公里加 420 米处河南三门峡境内，因遇大雨，车辆发生侧滑，翻至道路右侧沟中，造成大客车上 8

人当场死亡，2 人经抢救无效死亡，15 人受伤。

2．案例启示与分析

该事故肇事车辆的座位虽然全部装有安全带，但配备的安全带 40% 不能正常使用，存在缺少安全带锁扣等问题；客运车驾驶人在发车前未履行安全告知义务，提醒乘车人系安全带，客运站也未对出站车辆乘车人系安全带情况进行检查。

我国对于驾驶人和乘车人使用安全带有明确规定。《道路交通安全法》第 51 条规定，机动车行驶时，驾驶人、乘坐人员应当按规定使用安全带。交通运输部明确要求，7 月 1 日起没有配备安全带的客运车辆不得上高速公路行驶。当高速行驶的汽车发生碰撞或者遇到意外紧急制动时，将产生巨大的惯性力，这个惯性力可以超过驾驶人、乘车人自身体重的 20 倍（不同的行车速度及撞击程度有所不同），使驾驶人及乘车人与车内的方向盘、玻璃、座椅靠背、车门等发生碰撞，极易造成对驾乘人员的伤害。美国每年有超过 1 万名驾驶人因为使用安全带而保住生命，欧洲通过使用安全带每年挽救超过 5000 人的生命。

从事故的后果来看，车辆左前部直接撞击地面的部分变形较为严重，车体大部分变形不严重，未影响内部生存空间，大部分乘员是先被甩出车外，后被事故车辆砸压致死。如果能够有效使用安全带，必然会大大减少伤亡人数。

3．法律解读

直接原因：连霍高速三门峡段“8·31”重大道路交通事故是一起生产安全责任事故。驾驶员郭某雨天驾驶制动系统不合格的机动车超速行驶，采取措施不当，导致车辆发生侧滑，撞击桥面中央护墙后冲出道路南侧护栏坠入沟内侧翻。

间接原因：包括客车驾驶员、乘务员未提醒乘客系好安全带。另外，灵宝市某汽车客运有限责任公司未落实安全生产主体责任，未对客运车辆驾驶人从业资格条件进行审核等。

法律责任：事故追究客车驾驶人郭某交通肇事罪，客车出资人、乘务员辛某重大责任事故罪，客车出资人、经营业主李某重大责任事故罪，灵宝市某汽车客运有限责任公司于某等人重大责任事故罪。相关人员给予党纪、政纪处分。对灵宝市某汽车客运有限责任公司处以 60 万元行政处罚、停业整顿。

（四）交通事故案例的法律分析与处理

现代社会，“车祸猛于虎”。我国早已步入汽车时代，但离“汽车文明时代”还有很远的距离。由于种种不遵守交通法规的行为，我国每年有数万人命殒车轮之下。有了科学合理的交通法规之后，如何严格有效地执行这些规定，成为汽车时代的重大社会问题。《道路交通安全法》《侵权责任法》《刑法》等法律和司法解释对机动车交通事故责任作出了比较科学合理的规范。此外，我国也正在完善以侵权赔偿责任、强制责任保险、商业保险、救济基金等为内容的机动车交通事故损害的综合补救体系。

1．交通事故责任　交通事故可分为道路交通事故、水路交通事故、铁路事故、航空事故等。道路交通事故可分为机动车交通事故与非机动车交通事故。机动车发生交通事故会产生刑事责任、行政责任和民事责任。

2．机动车交通事故责任的归责原则

（1）机动车之间发生交通事故的归责原则：机动车之间发生交通事故的，适用过错责任原则。依据《道路交通安全法》第 76 条第 1 款第 1 项，机动车之间发生交通事故造成人身伤亡、财产损失的，应当先由保险公司在机动车第三者责任强制保险责任限额范围内予以赔偿；不足的部分，由有过错的一方承担赔偿责任；双方都有过错的，按照各自过错的比例分担责任。

（2）机动车与非机动车驾驶人、行人之间发生交通事故的归责原则：机动车与非机动车驾驶人、行人之间发生交通事故的，适用无过错责任。依据《道路交通安全法》第 76 条第 1 款第 2 项，机动车发生交通事故造成了非机动车驾驶人、行人的人身伤亡、财产损失的，就保险公司在机动车第三者责任强制保险责任限额范围内予以赔偿后的不足的部分，应由机动车一方承担赔偿责任。如果有证据证明非机动车驾驶人、行人有过错的，可以根据过错程度适当减轻机动车一方的赔偿责任。但是，即便非机动车驾驶人、行人有过错，而机动车一方没有过错，机动车一方也要承担赔偿责任，只是该赔偿责任最高不超过 10%。此外，《道路交通安全法》第 76 条第 2 款规定：“交通事故的损失是由非机动车驾驶人、行人故意碰撞机动车造成的，机动车一方不承担赔偿责任。”由此可见，当机动车造成非机动车驾驶人、行人损害时，机动车一方应当承担的是无过错责任，而非过错责任或过错推定责任。

（3）机动车内的乘客遭受损害时的归责原则：无论是机动车与机动车之间发生交通事故，还是机动车与非机动车驾驶人或行人发生交通事故，都可能涉及一个机动车内的乘客遭受损害如何赔偿的问题。依据机动车的乘客与机动车一方有无客运合同，可以将该问题分为以下两种情形加以解决：①乘客与机动车一方存在客运合同。首先，受害人可以依据《合同法》第 302 条，要求机动车一方承担违反客运合同的违约责任，但不能要求精神损害赔偿。此外，由于存在违约责任与侵权责任的竞合，所以受害的乘客也可以针对机动车一方提起侵权损害赔偿之诉。其次，如果乘客所乘坐的机动车与其他机动车发生碰撞，此时受害乘客也可以依据过错责任要求有过错的机动车一方承担侵权责任。②乘客与机动车一方没有客运合同。如果乘客与机动车一方没有客运合同关系，而是无偿搭乘（好意同乘）。此时乘客可以依据过错责任要求所乘坐的机动车一方承担责任，但是，在机动车驾驶人没有故意或者重大过失的情况下可以适当减轻赔偿责任。

二、触电事故伤害

（一）专业人员触电事故

1．基本情况

（1）2017 年 3 月 21 日上午 7 时 30 分许，江苏某电力工程有限公司施工人员王某及程某，在城区凤鸣公园西南角处电线塔（人民路与古丰路交叉口）进行维修作业中不慎触电。施工人员王某当场触电死亡。

（2）2018 年 9 月，湖南某电业局按计划开展 10 千伏Ⅱ段部分设备年检工作，负责清扫工作的作业人员在完成 5 个间隔的开关柜（后柜柜内）小车清扫工作后，自行走到屏后，移开拦住 3×24TV 后柜门的安全遮拦，用放在地上的专用扳手卸下 3×24TV 后柜门 2 颗螺丝，打开后柜门准备进行清扫，开关柜内带电母排 B 相对其放电，最终经抢救无效死亡。

（3）2018 年 6 月深圳连发三起触电导致死亡的事故，共造成 3 人死亡，其中 2 名是电工。

事故一：2018 年 6 月 21 日 17 时许，龙华区福城街道南兴公寓一楼，电工在装修作业过程中不慎触电，经送院抢救无效死亡。

事故二：2018 年 6 月 21 日 15 时 24 分，深圳市国际会展中心工地，深圳市绿佳智慧发展有限公司员工作业时触电倒地，经送院抢救无效死亡。

事故三：2018 年 6 月 20 日 19 时许，宝安区新桥街道新二社区发生一起疑似触电事故，宝安供电局沙井分局电力施工工人在 0236 公变电房二楼电柜疑似触电，21 时 20 分许经医院抢救无效死亡。

2．教训与启示　电力相关的专业工作人员触电的事故屡见不鲜。虽然是懂电的专业人员，但是也并不意味着就是绝对的安全，此类高危行业的从业人员更要有安全意识，安全意识对于每一个人都同等重要。与普通老百姓相比，懂得电力知识的专业人员触电主要原因有以下几点：①经验主义，过于自信。专业人员由于受到过电力的相关安全知识与技能训练，因此由于过度自信而导致其麻痹大意，工作时经验主义，不严格按照规程办事，甚至是违章作业，过失导致事故的发生。②专业人员接触的工作场合都是与电力相关，会有接触到陈旧电力设备，甚至是接线不规范的电力设备的机会，当触及此类设备又没有足够的警惕性和保护设备时，事故就有可能发生。③现在的电力设备多而繁杂，且各有其结构特性和安全要求，每个电工很难对所有方面都熟悉，尤其对新手来说更是如此，因此，出现危险事故的概率也就更高了。

（二）儿童触电事故

1．基本情况

（1）2014 年 8 月 15 日下午，福鼎点头镇柏柳村发生一起漏电悲剧。一对堂兄妹在家中赤脚踩在湿漉漉的地面，徒手碰触漏电开关导致触电，因当时家中无人，没有被及时发现实施抢救而死亡。

（2）2018 年 5 月 26 日 17 时，福建省福清市金辉华府小区内，3 名儿童在小区景观池内死亡。经警方排查，怀疑是池水下面的景观灯漏电，导致儿童触电身亡。

（3）2019 年 5 月，杭州余杭街道某小区，2 名女童被发现倒在小区景观步道积水中。余杭街道、属地社区负责人及公安、供电等部门第一时间赶赴现场联动处置，组织送医抢救、现场保护隔离、情况核查等相关处置工作。经查，2 名女童中 1 名 8 岁、重庆人，1 名 10 岁、杭州人，事发时在景观步道积水中戏水，初步判断可能为触电引发，具体原因正在进一步调查中。2 名女孩经全力抢救无效死亡。

2. 教训与启示　由于儿童自身的安全意识淡薄，因触电而导致的儿童安全事故时有发生，且呈现了逐年上涨的趋势，加之电伤是非死即残的致命伤，因此作为监护人的家长要提高警惕，监护好年幼的儿童。对于存在安全隐患的家电，家长要及时收取，不要将危险暴露在孩子面前，教育孩子避免接触危险的电器，给孩子普及相关的用电安全知识，提高孩子的安全意识。在公众场合，景观池水、景观喷泉都可能有漏电风险，因此，家长千万管好自己的孩子，不要在里面游玩、嬉戏。教育孩子在户外不要攀爬电线杆，不要在变压器和电力设施旁边逗留，不要在电力线路下放风筝、钓鱼，以免突发触电危险。

（三）家庭触电事故

1. 基本情况　2017 年 8 月 7 日，浙江省温州市瓯海区新桥街道新桥住宅区发生了一起触电事故，导致一家三口惨死的悲剧。据专家初步勘察，事故的直接原因是修理线路时将地线与火线错接，导致整个单元地线带电，正好 1 名家庭成员在使用电热水器洗澡时经由喷洒管触电，其他 2 名家庭成员在施救过程中相继触电，最终导致 3 人均触电身亡。

2. 教训与启示　随着各种家用电器的普及，人们在享受家电带来的生活便利与舒适的同时，也暗藏着安全隐患。这些隐患主要表现为电器质量低劣及非正确使用带来的火灾隐患和触电隐患、电器漏电带来的触电隐患、电路插座使用过程中导致的触电隐患。为了保证用电过程的安全，电路设计时采取了各种安全措施，如设置地线、家庭配电箱设置漏电保安器、电路插座防触电设计、配电箱及电表过流保护等。设置地线及漏电保安器本意是当发生漏电时，可以使电器与人接触的表面保持零电位不至于触电，触电保安器发生动作切断电源，保证人员安全。以上安全措施看似完美，但在实际使用过程中仍然存在许多缺陷，本案例就很典型。线路设置地线本意是保护，但由于施工质量或年久失修，地线接地可能失灵，而某户人家改造线路不慎将地线与火线错接，改造施工过程不但无人监管，施工完成后也无主管机构监督验收，导致整个地线网带电，全网的电器设备表面均带电，这种情况下安全事故将不可避免地发生。

（四）触电事故的法律分析与处理

触电事故，在法律上通常称为高压电致害责任，是指高压电造成他人损害时，电力设施产权人应当承担的法律责任。高压电致害责任属于高度危险作业致害责任的一种，适用无过错责任。高压电致害责任应具备的要件有三个。一是对高压电的界定。

电力行业通常将电压在1万伏以上的才称为高压电，至于输电线路上，只有22万伏以上的输电线路才被认为是高压电。而最高人民法院原《触电损害赔偿解释》则将高压电界定为：1千伏及其以上电压等级的高压电。二是造成了损害。高压电致害是指造成人身伤害如身体的残疾或死亡。三是存在因果关系。受害人的人身损害是因接触高压电所致。

三、中小学生溺水事故伤害

1. 基本情况

（1）2019年5月3日午饭后，湖北荆州松滋市沙道观镇初级中学的7名学生邀约，一同来到松东河边玩耍。其中会游泳的5人下了水，另外2人站在河边。发现同伴溺水后，岸边的2人急忙求援，2019年5月3日晚23时47分，遗体已经全部找到，5人确认死亡。

（2）2018年5月23日下午，南宁某中学的5名学生结伴到郊外的一个大型水坑游泳，其中2人先下水，分别压在两个浮桶上游，后来1名学生的浮桶突然倾翻，另1名学生也心慌了，2人双双落水。岸上的同学见状马上找来长竹竿把其中1人拉了上来，但另外1人没能拉上来。事发之后，救援队员在将近7000平方米的水面上搜寻了足足7个小时，最终找到了遇难学生的遗体。

（3）2018年5月19日，广西玉林市容县某小学的4名学生，相约到江河内游泳解暑。4人准备上岸时，发现少了1名小伙伴，马上大声呼救。当天下午5点40分左右，救援队发现孩子遗体，并将其打捞上岸。

2. 教训与启示 2018年仅5月就发生涉及中小学生溺水事故26起、死亡28人，全国范围内中小学生溺水事故更为频发。这些溺水事故多发生在暑假期间，孩子在缺乏家长监管的情况下发生，而且这些事故发生地大多是农村的小河、池塘等野外水域，以农村孩子、外来务工人员子女、留守儿童群体居多，男孩占大多数。此外，部分家长防溺水意识淡薄，甚至主动带着孩子在河、湖边玩耍，无视警示标识。专家分析，学生自身安全意识和自救意识缺乏、家长认识不足、监管缺位成为暑期中小学生溺亡事故频发的重要原因。

3. 法律解读 中小学生溺水事故不断发生，已成为未成年人非正常死亡的主要原因之一。基于未成年人溺水伤亡事件而引起的诉讼也随之增加，一般而言，此类案件适用法律为《侵权责任法》第37条与最高人民法院《关于审理人身损害赔偿案件适用法律若干问题的解释》第6条规定的违反安全保障义务侵权责任。《儿童权利公约》所确立的“儿童最大利益原则”是处理关于未成年人案件所必须遵守的最高准则，为各国相关立法普遍遵守。有关未成年人在公共场所的安全保障依据除了《侵权责任法》与相关司法解释规定外，也体现在《未成年人保护法》第3条与第6条规定中。经营性或有组织社会活动的公共场所对未成年人安全保障义务违反责任的依据，司法实践中适用最高人民法院《关于审理人身损害赔偿案件适用法律若干问题的解释》与《侵权责任法》有关经营性公共场所的管理人和有组织的社会活动组织者的安全保障义务的侵权责任。

四、职业性伤害

（一）坍塌

坍塌是指建筑物、堆置物倒塌以及土石塌方等引起的事故伤害。

1．基本情况　2010 年 1 月 3 日下午 2 时许，昆明机场高架桥东引桥在建桥体轰然塌毁。事故发生时，在作业面上工作的有 41 名工人，事故导致施工工人 7 人遇难，8 人重伤，26 人轻伤。

2．法律解读

事故原因：经过调查，事故调查组认定，昆明新机场航站区停车楼以及高架桥工程 A-3 合同段东引桥第三联模板支架坍塌，是由于参与项目建设及管理的云南建工市政建设有限公司、云南建工第五建设有限公司、吉林省松原市宁江区诚信劳务服务有限公司、云南城市监理有限公司、云南省昆明新机场建设指挥部等相关单位安全管理不到位、安全责任落实不到位，未认真履行支架验收程序，未对进入现场的脚手架及扣件进行检查与验收，发现支架搭设不规范等事故隐患后未及时采取措施进行整改，最终导致了事故的发生。事故直接原因是支架架体构造有缺陷，支架安装违反规范，支架的钢管扣件有质量问题，采用从箱梁高处向低处浇筑砼的方式违反规范规定，导致架体右上角翼板支架局部失稳，牵连架体整体坍塌。

法律责任：事故调查结束后决定对吉林省松原市宁江区诚信劳务服务公司法定代表人代某某、技术负责人杨某某、工长代某某，云南建工市政建设有限公司云南省昆明新机场项目部副经理潘某某、陈某，云南城市监理有限公司云南省昆明新机场建设工程监理管理部专业监理工程师郭某某等涉嫌犯罪的 6 名事故责任人移交司法机关处理；由云南省住房与城乡建设厅将吉林省松原市宁江区诚信劳务服务公司清除出云南省建筑市场，并对其处以 45 万元罚款；对云南建工市政建设有限公司处以 45 万元罚款，并对法定代表人、总经理邓某某以及副总经理兼云南省昆明新机场工程项目部经理徐某某分别处以一年年收入 40% 的罚款，对副总经理程某某处以 2 万元罚款。此外，云南城市监理有限公司等相关单位的责任人也分别受到行政处分或经济处罚。

（二）高空坠物

高空坠物是指由于危险势能差引起的伤害，包括从架子、屋架上坠落以及平地坠入坑内等事故。

1．基本情况

（1）2011 年 4 月 16 日浙江临安一建筑工地发生塔吊倾覆事故，造成 5 人死亡。

4月16日上午9点左右，江苏泗阳宇通建设机械有限公司在临安市万马路北延衣锦人家工地检修塔吊升降过程中，发生塔吊倒塌事故，现场3名人员当场死亡，2名重伤者经医院全力抢救无效后死亡。

（2）2011年4月19日台州市温岭一建筑工地发生起重事故，造成2人高空坠落死亡。4月19日下午2点20分左右，该施工现场在塔吊升降过程中发生事故，2名作业人员从12米高的塔吊上坠落，1人当场死亡，另外1人经医院全力抢救后无效死亡。

（3）2011年4月27日湖南娄底一施工塔吊拦腰折断，造成驾驶员身亡。4月27日11点10分左右，位于湖南人文科技学院南部（原娄底涟邵技校内）的南风苑小区项目施工现场，一座20多层楼的塔吊横腰折断，塔吊驾驶室连同塔吊驾驶员从近50米的高空直接坠落。

2. 法律解读　随着城市立体空间利用率的提高，高空坠物导致人身和财产损害的隐患愈发突出。坠落物小到果皮，大到玻璃、钢管等，不管是故意抛物还是非人为的脱落或坠落，高空坠物对公共安全可造成不确定性威胁。我国《侵权责任法》根据能否确定具体侵权人为标准，对处理高空坠物致人身或财产损害纠纷适用的裁判标准作出不同的规定。依据我国《侵权责任法》第85条规定，建筑物、构筑物或者其他设施及其搁置物、悬挂物脱落、坠落损害责任适用过错推定责任，即所有人、管理人或者使用人不能证明自己没有过错的，应当承担侵权责任。具体由何人承担，需要根据案件具体情形确定。然而，发生在居民住宅坠落物致人身和财产损害的情况较为复杂，由于住宅楼内住户较多，物业公司也不具有负责楼宇维护的责任，事故发生后往往难以确定具体侵权人。依据我国《侵权责任法》第87条规定，从建筑物中抛掷物品或者从建筑物上坠落的物品造成他人损害，难以确定具体侵权人的，除能够证明自己不是侵权人的外，由可能加害的建筑物使用人给予补偿。

2019年10月最高人民法院出台《关于依法妥善审理高空抛物、坠物案件的意见》，对高空抛物坠物相关行为主体民事、刑事责任的追究，给出司法指导意见。第一，准确认定高空抛物犯罪。对于高空抛物行为，应当根据行为人的动机、抛物场所、抛掷物的情况以及造成的后果等因素，全面考量行为的社会危害程度，准确判断行为性质，正确适用罪名，准确裁量刑罚。第二，依法从重惩治高空抛物犯罪。第三，准确认定高空坠物犯罪。过失导致物品从高空坠落，致人死亡、重伤，符合《刑法》第二百三十三条、第二百三十五条规定的，依照过失致人死亡罪、过失致人重伤罪定罪处罚。在生产、作业中违反有关安全管理规定，从高空坠落物品，发生重大伤亡事故或者造成其他严重后果的，依照《刑法》第一百三十四条第一款的规定，以重大责任事故罪定罪处罚。

值得关注的是，正在进行编纂的《民法典侵权责任（草案）》完善了高空抛物坠物责任规则，进一步明确了相关责任主体，规定物业服务企业等建筑物管理人应当采取必要的安全保障措施，防止高空抛物坠物情形的发生。

（三）爆炸

爆炸是指在火药或化工品的生产、运输、储藏过程中发生的爆炸事故。

基本情况：

（1）2019 年 3 月 21 日 14 时 48 分许，江苏省盐城市响水县陈家港化工园区某化工厂发生特别重大爆炸事故。化工厂爆炸厂区被完全摧毁，核心区现巨坑，事故波及周边企业，导致事发地所有企业停产。事故共造成 78 人死亡。

（2）2019 年 7 月 19 日 17 时 45 分左右，河南省三门峡市河南煤气集团某气化厂 C 套空气分离装置发生“砂爆”，这是一种空分冷箱发生漏液，保温层珠光砂内就会存有大量低温液体，当低温液体急剧蒸发时冷箱外壳被撑裂，气体夹带珠光砂大量喷出的现象，进而引发冷箱倒塌，导致附近 500ml 液氧贮槽破裂，大量液氧迅速外泄，周围可燃物在液氧或富氧条件下发生爆炸、燃烧，造成周边人员大量伤亡。事故共造成 15 人死亡、16 人重伤、256 人入院治疗。

（四）中毒和窒息

中毒和窒息是指煤气、油气、沥青、化学物品、一氧化碳中毒等。

1. 基本情况

（1）2019 年 4 月 15 日下午 15 时 37 分，齐鲁某制药有限公司冻干车间地下室在管道改造过程中，因电焊火花引燃低温传热介质，产生烟雾，致使现场作业的 10 名工作人员中 8 人当场窒息死亡，其余 2 名工作人员在抢救过程中死亡。另有 12 名救援人员受呛伤，无生命危险。事故共造成 10 人死亡。

（2）2019 年 7 月 22 日 16 时 30 分左右，张家口怀来县某生物化学工程有限公司在组织清理厂区污水沉淀池时，发生有害气体中毒事故。事故造成 5 人死亡，4 人受伤。

2. 教训与启示　按照我国《企业职工伤亡事故分类标准》规定，职业伤害事故分为 20 类，上述的几种典型的事故案例只是其中的几类，但凡涉及职业伤害的事故其主要原因有以下几点：违章作业；无证上岗；制度不健全；设备设施不安全；疲劳工作；操作人员精力不集中；管理不严。因此，预防职业性伤害，尽量减少安全责任事故的发生，要严格从业人员的准入机制，严格岗前培训，提高从业人员的安全责任意识。制定岗位安全操作规程（手册），建立岗位安全责任书，严格遵守岗位安全操作规程。强制落实安全对策，定期开展安全培训。检查到位，根据岗位不同，实施不同周期的安全检查，做好安全记录，确保安全检查落到实处。建立安全事故应急机制及方案，避免发生了安全事故后，后果扩大化、严重化。

3. 法律解读　爆炸、中毒等事故都属于高度危险作业责任。《侵权责任法》第九章采用了九个条文对高度危险作业责任进行了规定，明确了高度危险责任适用的是危险责任即无过错责任，高度危险责任的类型不同，责任的主体也不相同。首先，就高度危险物品责任而言，责任主体原则上是依据物权关系确定，包括高度危险物的所有人、管理人、使用人、非法占有人等。其次，就高度危险活动而言，责任主体是该活动的经营者，包括民用核设施的经营者，民用航空器的经营者，高空、高压、地下挖掘活动或者高速轨道运输工具的经营者。最后，如果是高度危险区域致害责任，责任主体就是该区域的管理人。

第三节 故意伤害典型案例

一、自杀性伤害

（一）大学生自杀

大学生群体是未来社会建设的中坚力量，而为何在这样一个群体里却自杀事件频发。在美国有这样的一个统计，在读的四年制本科生中约有 6% 的学生，研究生中约有 4% 的学生，在一年当中有自杀的一些想法。我们国家的实际情况跟这个数据大概是相当的，5% 左右的大学生会有自杀的危险想法。

1. 基本情况

（1）2017 年 2 月 27 日下午，在广西大学西校园 19 栋宿舍楼，1 名在读研究生被发现躺在厕所内不省人事。学校工作人员接报后立即报警，急救医生赶到后发现男生已死亡。据初步了解，该男生是烧炭轻生。

（2）2017 年 12 月 26 日，西安交通大学杨 ×× 博士生被发现溺亡在西安灞河，警方称，没有证据证明是刑事案件。

（3）2018 年 12 月 13 日，同济大学医学院硕士研究生陆 ×× 跳楼身亡，警方排除他杀。

（4）2019 年 1 月 1 日，新年的第一天。河南理工大学 22 岁的大四女生小苗，选择用自缢的方式结束了自己年轻的生命，并留下“受不了周围嘲笑的眼光”。

（5）2019 年 4 月 29 日凌晨，湖南第一师范的一名 21 岁大四女生小易在从深圳返校途中失联。经警方调查，小易疑似跳江自杀。

（6）2019 年 10 月 9 日，北京大学法学院大三学生包 × 服药自杀，自杀原因疑为受其男友精神控制。

2. 教训与启示　大学生选择自杀的原因主要集中在学业、感情、就业、经济、特殊生活事件等问题上，大学生是一个特殊的群体，正处于青春期后期过程，身心发育尚不协调及稳定；认知、情绪和意志发展处于成型阶段，对事、对物和对人的认识、态度比较偏激，隐含冲动性。但是大部分学生从有自杀意愿到真正实施自杀行为，基本有半年以上的时间，自杀前，往往会表现出较为明显的征兆：首先是言语上有厌世情绪，总是说一些与死亡有关的话题；其次心理上，情绪非常不稳定，时常沉默寡言，尤其是在此基础上再遇到一些消极的生活事件，便会成为自杀行为的导火索。大学生要以积极的态度去适应各种环境，增强抗挫折能力，能够以积极的心态去应对各种生活事件导致的各种变化。对于近几年出现比较频繁的网络诈骗及校园“高利贷”“套路贷”要抵住诱惑，提高警惕。

3．法律解读　根据《学生伤害事故处理办法》第八条，有关大学生自杀事件责任的界定，应根据校方行为与损害后果之间的因果关系依法确定。在实际自杀事件中，极少出现由于高校直接侵权而引发学生自杀的事件，绝大多数是高校由于疏忽大意而没有很好地履行注意义务，导致其在该事件中要承担一定的法律责任。在大学生自杀事件中，判定高校在该事件中应承担的法律责任的关键在于高校是否有过错，过错界定的依据为高校是否履行注意义务。因此，对大学生自杀事件中高校法律责任的分析，主要依据《学生伤亡事故处理办法》《精神卫生法》的相关规定，以及《侵权责任法》、其他民事法律及刑法的相关内容来判定。

在具体案例中，需要判断高校是否履行了保障学生安全的义务，履行义务的程度，以及违反了哪些注意义务。但该注意义务应具备一定的合理性，不能超出高校职责和能力范围。在实际发生的大学生自杀事件中，不少当事学生曾经到学校心理健康教育中心进行过心理咨询。对心理咨询后发生的大学生自杀事件，在判定高校责任时，需要以以下事实作为基本要点：其一，判断学生行为能力，如是否为成年人、精神状况如何（须经医学鉴定）等；其二，学生父母、监护人是否了解学生的精神健康状况；其三，心理咨询人员对学生精神健康状况及其行为危险性的判断和处置措施；其四，学生管理部门和人员是否了解学生的精神健康状况，是否采取必要措施；其五，事发后，学校是否采取必要救助措施。

（二）产后抑郁自杀

1．基本情况

（1）2018 年 12 月 30 日，河南洛阳 27 岁女子，带着几岁大的女儿爬上楼顶，在众人的阻拦之下，仍然将女儿从楼顶扔下，后自己跳楼。虽然警方和医院 120 救护车迅速赶到，但仍然没能阻止悲剧的发生。两人经抢救终因伤势过重死亡。

（2）2018 年 10 月，福建泉州的王女士在生产过后不愿意吃饭，沉默寡言，反应也比较迟钝，经过医生诊断患有产后抑郁。失踪当天王女士本该上夜班，但公司领导打电话到家里说没见到小王。家人在家附近寻找也没有找到，后发布寻人启事。4 天后，通过监控录像最后看到王女士是在当地一小区内消失的。经过查找，在该小区某单元的 2 楼天台上发现尸体。王女士在产后抑郁后，选择跳楼结束了自己年轻的生命。

2．教训与启示　60% 的新生儿母亲，在产后会出现不同程度的心情低落、易怒易躁、不吃不喝的情况，属于产后综合征。其中有 10%～15% 的产妇病情严重，就是产后抑郁症。在患有产后抑郁症的产妇中，有 15%～25% 的比例会在产后 3 年内有过自杀倾向。也就是说，约每40名产妇中就有1名曾经有过自杀倾向。产后抑郁不会是突然出现，而是有着前期的一些症状以及诱发原因，比如：①产妇本人过往患有抑郁症、焦虑症等心理疾病，或者三代内亲人患有这些病症；②在生产过程中和产后康复过程中，家庭支持不够，尤其是配偶的态度不佳及支持不够；③产妇曾经遭遇过家暴或语言暴力；④怀孕、生产、哺乳期间，遭遇困难；⑤家庭对于孩子出生不予支持，特别是男孩女孩区别对待；⑥经济条件差的家庭，产妇患有产后抑郁的可能性会大大增加。如果产妇的丈夫能尽可能多陪在妻子身边，多陪妻子聊天、多听妻子说话（无论是正面还是负面的）。有丈夫在身边的话，一般情况下，妻子都会从心里产生更多的依赖感和安全感，能够极大程度减缓产后抑郁的情况。家人和朋友对待产妇多一些宽容、理解、关心和帮助，能让产妇顺利度过产后抑郁高发期。

二、家庭暴力

1. 基本情况　2016年4月5日，被告人金某因被害人红某出去应酬而对其产生不满，进而对被害人拳脚相加，将被害人红某头部往车后门玻璃上撞击。2016年4月6日被告在饮酒后，再次殴打被害人红某，后被害人经抢救无效死亡。

2. 教训与启示　经鄂尔多斯市公安司法鉴定中心鉴定，被害人红某系因头部多次受到钝性外力作用致颅内出血而死亡。被告人金柱婚后因酗酒恶习，多次对被害人红某进行家庭暴力，犯罪情节恶劣，手段残忍，社会危害性大，应予严惩。2017年3月20日，备受关注的鄂尔多斯市杭锦旗女记者红某遭丈夫家暴致死一案，在鄂尔多斯市中级人民法院进行了一审宣判。法院以故意伤害罪对被告人金柱判处死刑，缓期两年执行，剥夺政治权利终身。

家庭暴力案件中男性多为施暴方，女性多为受害方，但也有女性为施暴方的情形存在。施暴方轻者语言伤害，拳打脚踢，重者则用棍棒等各种工具施暴，包括威胁、恐吓、咒骂、讥讽、凌辱人格等精神上的折磨，使受害者在肉体和精神上造成了难以抚平的创伤，人身权利遭到严重侵害。一般情况下，施暴一方在性格特点上存在暴力性人格，易激惹，情绪不稳定，情感淡漠，缺乏同情心，缺乏安全感，法律意识淡薄，存在相类似的原生家庭及成长环境。而受害方则在性格特点上存在低自尊，比较自卑和自责，缺乏自信；关注他人的感受，而不是在意自己的感受；长期委屈和压抑自我，惧怕表达自我；迎合和讨好他人，自我价值感低。因此，早期识别和预防家暴很重要，学会沟通，避免激化矛盾的暴力沟通，对家暴采取零容忍态度，受到家暴要保留证据，拿起法律武器保护自己。

3. 法律解读　《婚姻法》第3条规定："禁止家庭暴力"。在离婚诉讼中，家庭暴力会被视作在婚姻中存有过错，受害方可以据此提起人身损害及精神损害赔偿。然而实践中，这些法律对于消除家庭暴力的成效却非常有限，因为首先针对被侵害人的赔偿请求，只能在离婚诉讼中一并提起，换句话说，如果受害人无意离婚，那么就不能单独就人身伤害获得赔偿。其次，我国民法实行“谁主张，谁举证”原则，主张家庭暴力的一方需要提供证据证明对方的侵害行为，而家庭暴力的受害人往往秉承着“家丑不可外扬”的态度，这就极易造成证据的毁损、灭失。最后，我国法院对精神损害赔偿支持的数额偏低，不足以达到惩戒施暴者的目的。《婚姻法》第43条也为受害人提供了救济手段：“实施家庭暴力或虐待家庭成员，受害人有权提出请求，居民委员会、村民委员会以及所在单位应当予以劝阻、调解。对正在实施的家庭暴力，受害人有权提出请求，居民委员会、村民委员会应当予以劝阻；公安机关应当予以制止。实施家庭暴力或虐待家庭成员，受害人提出请求的，公安机关应当依照治安管理处罚的法律规定予以行政处罚。”《妇女权益保障法》也对保护妇女身心免受虐待做出了规定，但是整体来看都缺乏强制执行力的保障，而且侧重于对施暴者事后的惩戒，不能为受害人提供事先的保护。

随着2017年修订的《民事诉讼法》的实施，我国法院开始适用“行为禁令”制度。2016年3月1日，《反家庭暴力法》的出台正式确认了“人身安全保护令”制度。“人身安全保护令”将事后惩罚施暴者转变为事先保护受害人，是人民法院依法、适度干预家庭暴力的一种做法，可以预防家庭暴力再次发生，还因有效制止家庭暴力而使其中一些当事人的婚姻得以维持。自《反家庭暴力法》实施以来，为千万家庭暴力受害者提供了庇护，免遭家庭暴力的荼毒。但也应当看到，司法介入家庭暴力事件仍有诸多困境。

三、性暴力伤害

1. 基本情况　近几年印度首都新德里共发生了560余起强奸案，也因此被冠以“强奸之都”的恶名。然而在印度，对女性的暴力非常普遍并且根深蒂固。

（1）案例一：2012年12月，23岁就读于印度德里大学医学系女大学生，在与男友看完电影回家时，误上了一辆不在当班的公交车，公交车上6名男子将其男友围殴后关押在驾驶室，然后将其拉到车厢后轮奸。

（2）案例二：2018年5月3日晚，一名16岁的印度女孩在家人外出参加婚礼时被绑架，在附近的树林里被15名嫌疑人强奸。家人回家得知她的遭遇后，向村委会求助。于是村委会对强奸案的嫌疑人做出了这样的惩罚：其中的两名男子做100次仰卧起坐并罚款50 000卢比（约合人民币4759元）。据当地警察阿肖克·拉姆称，“这样的惩罚还是激怒了这两个人”。两人作出了一个“可怕的”回应：袭击女孩的家人，将女孩活活烧死。

2. 教训与启示　美国《华盛顿邮报》深入探究了印度性暴力事件频发的根本原因。第一，女警的缺失。第二，警察数量的不足。第三，具有诱惑性的服饰被指有责任。印度1996年的一次调查显示，68%的人认为具有挑逗性的服装是对强奸的一种邀请。第四，对家庭暴力的容忍。路透社一个名叫 TrustLaw 的团体将印度列为全世界对女性最差国家，其中有一部分原因就是因为印度人把家庭暴力视为理所应当的事情。第五，公共安全的缺失。女性在外普遍缺少保护。强奸案发生在公交车上，甚至连印度当局都说印度的公共场所对于女性来说是不安全的。第六，污蔑受害者。观察家说，当公共场所发生口头骚扰或有色狼出现时，旁观者通常不会采取干涉行为，他们并不想引发冲突，甚至有时会羞辱受害者。第七，鼓励受害者妥协。在最近的强奸案中，一名 17 岁的印度女孩在公交上遭到轮奸报警后，警察劝说她撤诉并劝说她嫁给其中一个强奸者，最后女孩选择了自杀。第八，缓慢的法庭程序。印度的法庭程序相当的缓慢，一部分是因为法官的短缺。新德里最高法院曾经估算过，约需要 466 年才能将仅仅新德里一个城市多年积压的案件处理完。第九，不定罪。在印度已经报案的强奸案中，仅有不到 26% 的案件已经给犯人定罪。第十，妇女地位低下。这应该是最根本的原因。对于贫困家庭来说，女儿们的嫁妆是家庭一个极大的负担。由于性别选择性堕胎和杀害女婴，印度是世界上女性对男性人口比例最低的国家之一。近日，印度政客们提出了一系列针对性暴力问题的潜在补救方案，但是由于印度根深蒂固的对女性的歧视，这并不能起到太大效果。

3. 法律解读　发生在印度的多起性暴力伤害案件不断牵动着印度乃至整个世界的神经。2012 年 12 月 16 日，在印度首都新德里发生的这起暴力轮奸案件，表面看十分普通甚至在任何国家都不可避免发生的刑事案件，引发了印度声势浩大、席卷全国而且愈演愈烈、持续不停的抗议示威，甚至在全世界也得到了高度的关注和声援。在印度，强奸已经并不仅仅属于刑事犯罪的范畴，而是属于重大的社会问题。据报道，印度平均每 3 分钟发生一起针对女性的暴力犯罪，每 22 分钟就发生一起强奸案，首都新德里更是以高发案率被冠以“强奸之都”的耻辱称号，新德里的妇女们抱怨在这个大都市里任何时间、任何地方都没有安全感可言。在处理“黑公交轮奸案”中，印度成立了由前任首席大法官维尔玛领衔的三人调查小组，对案件进行调查审理。印度警方于 2013 年 1 月 3 日正式对这起震惊世界的“黑公交轮奸案”的嫌疑人提起诉讼，并提交了证据。2013 年 9 月 13 日，印度法院判处新德里轮奸案 4 名被告死刑，其余 2 人，1 人入狱后不久上吊自杀，1 名未成年人被判处未成年人最高刑期 3 年监禁。9 月 24 日，4 名被告不服判决，提出上诉。印度新德里高等法院宣布维持新德里“黑公交轮奸案”4 名罪犯的死刑判决，并驳回其上诉请求。此后，这 4 人一直提出申诉，2020 年 1 月 7 日，印度新德里法院对 2012 年新德里“黑公交轮奸案”的 4 名罪犯发出死刑执行令，于当地时间 1 月 22 日早上 7 点被执行绞刑。

四、海外留学生被故意伤害

据不完全统计，2016 年以来，经媒体公开报道的中国留学生海外遇袭甚至遇害案件已超过 30 起，以抢劫、故意杀害、性侵等恶性案件为主。一个又一个中国留学生的不幸遭遇刺激着人们的神经。而随着留学生人数增加，发生在他们身上的刑事案件更加值得关注。

（一）章××案

1. 基本情况　章××，中国女性公民，2017年在美国伊利诺伊大学厄巴纳香槟分校交流学习，6月9日章××前往位于伊利诺伊大学的特纳大厅做实验。从监控中可以看到下午1点57分，开始沿着北古德温大道向北走，走到了西克拉克大街和北古德温大街的交会处公交停靠点，上了一辆黑色“土星阿斯特拉”（Saturn Astra）轿车（以下简称涉案车辆），涉案车辆随即发动，离开了街边，向北驶入北古德温大街。该车驾驶员后来证实为克里斯滕森。他假扮成卧底警官，说服善良的章××上车，说要把她送到目的地，却将其绑架回公寓。在公寓中，克里斯滕森强暴了章××，又在浴缸中刺伤了她，使用棒球棍打破其头部，掐其喉管约10分钟令其窒息。接着，克里斯滕森拿刀砍下了章××的头，最后抛尸他处。整个过程中，章××不断反抗、挣扎，试图逃命，最后都无济于事。晚上9点24分左右，一名伊利诺伊大学的副教授向伊利诺伊警方报告了章××失踪。

2. 教训与启示　章××案中的凶手克里斯滕森有计划谋杀，但他并不知道受害者的名字。他蓄谋并物色合适的“猎物”，一旦被物色中，“猎物”便处于危险中，这种危险甚至防不胜防。尤其是凶手身份，要么是学校的助教，要么是周围的邻居，很容易让被害人放松警惕。孤身一人身处国外的被伤害者，要尽量提高关注自身安全的警惕性。身处异国，本身就属于弱者，任何情况下都不能放松警惕。很多变态狂就是利用女性的同情心，甚至利用被害人是外国人，语言可能不是很好，从而将其诱入圈套。尽量结伴同行或者在国外尽量有一辆车代步，这样会减少很多暴露在危险中的机会。国外地广人稀，很多地方人烟稀少，尤其夜间出门，搭乘其他人的车辆都有将自己置于危险中的可能。

3. 法律解读　美国当地时间2019年7月18日下午，备受关注的章××案在美国伊利诺伊州皮奥利亚联邦法院开庭。主审法官沙迪德宣布，由于陪审团无法就被告克里斯滕森绑架杀害章××案的量刑达成一致，克里斯滕森最终被判处终身监禁，不得保释。

（二）李××案

1. 基本情况　2016年5月11日，25岁的安哈尔特应用技术大学建筑系女留学李××在德国中东部城市德绍-罗斯劳晚上外出跑步后失踪。警方随后在此地的一处灌木丛中找到了一具女性尸体，被发现时其全身裸体，身上有明显遭受暴力袭击的痕迹。女尸被严重毁容。该案的被告塞巴斯蒂安和婕尼娅，2013年认识后，结为情侣。但后来女方满足不了男方的性欲，两人关系紧张。男方多次威胁要分手。女方于是为男方寻找第三者，男被告难以平静，两人于是约定对陌生人下手。5月11日晚21点

30 分左右，25 岁的李 ×× 跑步回到自己的街道时，女被告从拐角的楼房里出来，佯装楼里有紧急情况，请求李 ×× 帮忙。李 ×× 跟到院门时，被潜伏在旁边的男被告殴打治服。李 ×× 惨叫求救加抵抗，被两人拖入一个空置的住房里遭多次强奸和残酷施暴，1 小时后，两被告离开现场，等候奄奄一息的李 ×× 死亡。3 小时后两人又回来，发现李 ×× 还没死亡，两人于是在凌晨 2∶30，将受害者拖到后院，藏到针叶树下。警方于 12 日开始寻找李 ××，13 日在针叶树下找到了遍体鳞伤的尸体。

2. 法律解读　李 ×× 案于 2016 年 11 月 25 日上午在德国开庭审理，引起在德华人及遍布世界的中国留学生群体的广泛关注。2017 年 7 月 31 日，中国留学生李 ×× 遇害案开始第 35 场庭审，控辩双方开始了最后陈述环节。检察官要求，对男被告适用成年刑法，判终身监禁；而对女被告则应判八年监禁。2017 年 8 月 4 日，德绍地方法院一审判决男被告塞巴斯蒂安终身监禁、不得假释，女被告婕尼娅也获刑五年零六个月。法院还判决两名被告向遇害者家属赔偿 6 万欧元的精神损失费。主审法官在宣判词中也陈述了理由。她指出，两名被告犯下的是“难以想象的罪行”，他们为了满足自己的性幻想，让留学生李 ×× 付出了生命的代价。法庭认定，男被告塞巴斯蒂安犯有强奸、谋杀两项罪名，且情节特别严重，因此，他不能像一般的终身监禁囚犯一样在服刑十五年后申请假释。对于女被告，法庭认可了心理鉴定师作出的“心智尚不成熟”的认定，因此，按照教育为主、惩罚较轻的青年刑法来量刑；而且，法庭只认定女被告婕尼娅犯有“性虐待罪”，因此仅获刑五年半。2018 年 9 月 3 日，李 ×× 案上诉被德国联邦最高法院驳回，维持原判。

五、在校学生故意杀人伤害

1. 基本情况

（1）马 ×× 案：2004 年 2 月 23 日，在云南昆明云南大学北院鼎鑫学生生活区 6 幢 317 室男生宿舍内发现一起 4 人被杀案件，警方在案发现场发现大量喷溅的血迹并提取了一把石工锤。后经检验，警方认定 317 室即作案现场，被害人均系钝器打击头部致颅脑损伤死亡，死亡时间 1 周左右，案发时间初步认定为 2 月 13—15 日，作案工具即现场遗留的石工锤。警方进行了大量的调查走访和痕迹鉴定工作，专案组确定，该宿舍失踪的学生马 ×× 有重大嫌疑。2 月 23 日晚 11 时，云南省公安厅向全省公安机关发出公安部 A 级通缉令，24 日向全国发出 A 级通缉令。2004 年 3 月 15 日晚 19 时 35 分，马加爵在海南三亚被抓获，经警方审讯，他交代了杀人原因，对犯罪事实供认不讳。

（2）林 ×× 案：2013 年 4 月 16 日，上海复旦大学 2010 级硕士研究生黄 × 同学因急性肝损伤经抢救无效死亡。警方通报在学生的饮水机残留水中检测出有毒化合物——N- 二甲基亚硝胺。2013 年 4 月 16 日上午，上海警方证实，中毒研究生同寝室

的林 ×× 有重大作案嫌疑，已被刑事拘留。

林 ×× 与黄 × 均为复旦大学上海医学院 2010 级硕士研究生，分属不同的医学专业。林因琐事对黄不满，逐渐怀恨在心。2013 年 3 月 31 日中午，林 ×× 将其做实验后剩余并存放在实验室内的剧毒化合物带至寝室，注入饮水机槽。

2013 年 4 月 1 日早上，与林 ×× 同寝室的黄 × 起床后接水喝，饮用后便出现干呕现象，最后因身体不适入院。2013 年 4 月 11 日，上海市公安局文化保卫分局接复旦大学保卫处对黄 × 中毒事件报案，上海警方接报后立即组织专案组开展侦查。经现场勘查和调查走访，锁定黄 × 同寝室同学林某有重大作案嫌疑，当晚依法对林 ×× 实施刑事传唤。2013 年 4 月 12 日，林 ×× 被警方依法刑事拘留。

2. 教训与启示　马 ×× 和林 ×× 的案件都是震惊全国的大学生杀害同学室友的案件。本该是亲密的同窗，却成为被杀害的对象？本是在大学接受高等教育的天之骄子，却为何变成杀人恶魔？对应大学生中发生的伤害案件，尤其是杀人案件，使得同学之间尤其是舍友之间的相处模式凸显出来。学生离开家庭来到一个共同生活和学习的环境中，要互相适应彼此的生活习惯、作息规律，而且每个人的家庭背景、成长环境都不相同，因此性格差异、为人处世方式、方法不同、看待问题的角度不同、解决问题的方式不同，都会使同学们在同一屋檐下生活与学习产生各种不同的冲突和矛盾，因此如何协调并且彼此适应需要一个过程，并且考验个人素质和社会沟通能力。案件中的两名犯罪者在个性特征方面都存在着缺陷，其性格方面的缺陷及心理问题是造成犯罪的主要原因。因此在学校期间，应加强大学生心理素质的培养，心理健康教育是必不可少的，培养学生健康、积极、向上的心理的锻炼都是非常重要的。同时，也应该培养同学之间互敬、互助、互爱的和谐相处关系。杜绝行为粗鲁，满口脏话，盛气凌人，油腔滑调，不尊重他人的行为。要真诚地对待别人，诚恳能带来朋友间心灵的共鸣，精神的寄托，思想的交融，乐于帮助别人，注意言行举止，才能获得真正的友谊。

3. 法律解读　自 2004 年马 ×× 故意杀人案引发社会轰动以来，大学生违法犯罪现象屡见不鲜，林 ×× 投毒案则再度引起了社会的广泛关注。通过对马 ×× 案的细读，我们可以清晰地看到马 ×× 对整个案件的精心策划。马 ×× 先后两次购买了作案工具石工锤，为了盛装尸体，又购买了黑色塑料袋、胶带纸，并且在作案前制作了假身份证以便脱逃。由此可见，马 ×× 对于自己的行为有着清晰的辨别和控制能力，其所实施的是精心策划的故意杀人行为。

林 ××故意杀人。被害人黄 × 经抢救无效于 4 月 16 日死亡。经鉴定，被害人黄 × 符合二甲基亚硝胺中毒致急性肝坏死引起急性肝功能衰竭，继发多器官功能衰竭死亡。2014 年 2 月 18 日，上海市中级人民法院一审判决认为："被告人林 ×× 为泄愤采用投放毒物的方法故意杀人，致被害人黄 × 死亡，其行为已构成故意杀人罪，依法应予惩处。公诉机关指控的罪名成立。被告人林 ×× 犯故意杀人罪，判处死刑，剥夺政治权利终身。" 2015 年 12 月 11 日，林 ×× 被依法执行死刑。

从智商分析，马 ×× 和林 ×× 应该都是较高的，然而他们的个人品德之低却与此杀人行为形成了鲜明对比。当然，这不等同于全盘否定两人的个人品德，甚至两人在某些方面存在闪光点。比如，马 ×× 非常在意亲情，为了减轻父母的经济负担，他在大学期间省吃俭用，寒暑假基本都留在昆明打工赚钱，他对于帮助过他的人心怀感激。在庭审中，林 ×× 的目光从未与父亲有过对视，事后辩护律师告知公众那是因为他不忍去面对父亲。

六、校园欺凌故意伤害

校园欺凌事件不断发生，屡禁不止，甚至校园欺凌的暴力事件逐渐升级成犯罪。这些校园暴力不仅给被欺凌的孩子身体上造成了伤害，更是在心灵上烙下了不可磨灭的伤痕。通过典型的校园欺凌案例我们来进行分析与解读，以期让同学明白如何面对校园欺凌，减少甚至避免校园欺凌的发生。

1．基本情况

（1）2015 年 6 月 18 日，15 岁的永泰县 ×× 中学初三学生小鸿躺在病床上很痛苦，10 多天前的一个晚上，他在学校宿舍里遭到同班 3 名同学殴打，脾脏积血，无奈只能切除。小鸿是永泰县 ×× 中学的一名初三学生，但他的个子和同龄人相比显得相对矮小，身高约 1.4 米，体重更是只有 30 公斤出头。小鸿的父母在福清打工，他平常住在学校宿舍的 205 室。6 月 8 日晚，小鸿上完自习回到宿舍，没想到，一场灾难来临。晚上 8 点多，同班的 3 名同学夏某、林某、张某突然冲进宿舍，什么也没说对着小鸿就是一阵拳打脚踢。小鸿直接被打趴在地，同宿舍的舍友见状也不敢阻拦。小鸿说，自己已经记不清楚被打了多少次。对方施暴完毕还威胁小鸿，让他不准告诉老师和家长，否则后果自负。

（2）2019 年 1 月 4 日，河北邢台 ×× 实验中学 12 岁女生遭室友殴打，胳膊、后腰等多处淤青，诊断显示肋骨骨折、肾积水。通报称，室友联合 6 名同学一周内多次对其进行殴打。

（3）2019 年 3 月 18 日上午，云南省 ×× 高级技工学校（×× 校区）的女生小吴在家人的陪同下，到《都市时报》反映称，她 16 日凌晨被 6 名同班同学拳脚相向，打至左耳鼓膜穿孔。

2．教训与启示　校园暴力不仅仅是打架斗殴，以多欺少，还涉及一些更为恶劣的犯罪行为，这种欺凌行为对学生造成身体的损伤及巨大的心灵伤害。校园欺凌不光是发生在男生身上，有很多的校园欺凌发生在女生身上，施暴者也有女生。大部分被欺凌的学生因为害怕或是受到威胁，不敢告诉家长和老师。一些学校对学生暴力行为和欺凌现象没有引起足够重视，一般都是通过校纪校规处理或教育批评了事，对施暴学生的教训并不深刻，直到酿成惨剧，造成严重后果，被司法机关处理后才发现问题的严重性。

对于校园暴力的实施者，其欺凌的行为很可能是习惯性的。很多欺凌行为的实施者同时也可能是被欺凌的对象，他们可能是从不和睦的父母身上、不良的家庭环境、不健康的电影电视或网络游戏中习得这样的行为模式。这类孩子大多有抑郁、焦虑、愤怒、暴躁等情绪障碍。据调查，小时候曾作为校园欺凌者的孩子，在长大后有更高的风险参与暴力事件、酗酒、吸毒以及其他犯罪行为。因此，对于这种孩子的教育是一件很困难的事情，有专家学者建议恢复工读学校，对在校有欺凌学生行为的学生强制送入工读学校进行管制，而不是对他们放任纵容。

3. 法律解读 近年来，校园欺凌恶性事件屡见报端，人们逐渐认识到校园欺凌的严重性和危害性。国务院教育督导委员会办公室印发，自 2016 年 4 月 28 日起实施的《关于开展校园欺凌专项治理的通知》，对校园欺凌的定义进行了阐述，规定校园欺凌的主体限于学生之间，校园欺凌的方式可以是肢体行为、语言行为以及网络行为等，并且实施者需要具备故意的主观恶性，具体表现为打耳光、扯头发，甚至有更为严重的欺凌情形发生。这是首次从国家层面关注校园欺凌事件，为防治校园欺凌开启了新的篇章。

2016 年末，教育部等部门发布了《关于防治中小学生欺凌和暴力的指导意见》，要求社会各部门联合起来治理、预防校园欺凌，形成了全方位的防治体系。2017 年 11 月，教育部等十一部门通过了《加强中小学生欺凌综合治理方案》，对判定校园欺凌的原则、预防与惩治、法律责任、长效机制等问题作了规定。除此以外，2019 年 10 月 26 日，十三届全国人大常委会第十四次会议举行分组会议，审议未成年人保护法修订草案、预防未成年人犯罪法修订草案等，其中，新增设的校园欺凌防控措施引发了公众更深入的思考。遏制校园欺凌现象、保护未成年人，必须让法律“长牙齿”，真正发挥法律法规的强制作用。

对校园欺凌的治理，“防”比“治”更重要，早期干预比事后惩戒的意义更加重大。因此，学校和家长要筑牢校园欺凌的第一道防线，注重“抓早抓小”，对任何苗头高度重视、及时介入。学校应当建立专门的工作小组和处理机制，严肃处理校园欺凌事件，对性质严重的行为，要及时送交相关司法部门，对涉及违法犯罪的，要给予应有惩处。特别是对某些因年龄没有被追究法律责任的未成年人，各级政府要组织相关职能部门、社会组织等依法进行社会化帮教或强制性矫治，形成保护未成年人的合力，共同为未成年人的健康成长创造更加安全的广阔空间。

（杨 瑞 周雅婷）

延伸阅读

[1] 程啸. 侵权责任法 [M]. 2 版. 北京：法律出版社，2016.

[2] 李显冬. 侵权责任法典型案例实务教程 [M]. 北京：中国人民公安大学出版社，2011.

[3] 金泰廙. 职业卫生与职业医学 [M]. 北京：人民卫生出版社，2007.
[4] 黄京平. 刑法案例分析（总则）[M]. 北京：中国人民大学出版社，2019.
[5] 吕文渊. 74 例自杀死亡案例分析 [J]. 中国法医学杂志，2017（S1）：4-5.
[6] 叶良芳，黎涵. 当前在校大学生杀人犯罪的实证分析：以 2000—2015 年 100 起典型案例为分析对象 [C] // 犯罪学论坛，第 3 卷. 北京：中国法制出版社，2017.
[7] 付玉明，杨卫. 犯罪故意的规范释明与事实认定：以“复旦投毒案”为例的规范分析 [J]. 法学，2017（2）.
[8] 纪录片《中国反家暴纪事》.

参 考 文 献

[1] 刘志强. 道路交通安全工程 [M]. 北京：化学工业出版社，2005.
[2] 郭莉鸿. 安全用电 [M]. 北京：中国电力出版社，2007.
[3] 裴涛，陈瑜. 大学生犯罪心理特点及分析 [J]. 社会心理科学，2009，24（5）：584.
[4] 周頔. 美国司法语境中的章莹颖案 [N]. 民主与法制时报，2019-08-11（001）.
[5] 胡苷用，林悦，等. 我国校园欺凌恶性事件的反思与法律防控体系之建构 [J]. 福建警察学院学报，2019（4）：210-215.
[6] 杨兴培. 印度强奸案缘何持续发酵 [N]. 法制日报，2013-01-08（010）.

附录1 世界卫生组织生存质量测定量表简表（WHOQOL-BREF）

填表说明：

下列问题是要了解您对自己生存质量、健康状况以及日常活动的感觉如何，请您一定回答所有问题。如果某个问题您不能肯定如何回答，就选择最接近您自己真实感觉的那个答案。

所有问题都请您按照自己的标准、愿望或者自己的感觉来回答。

例如：您能得到所需要的支持吗？

根本不能	很少能	能（一般）	多数能	完全能
1	2	3	4	5

请您根据最近两个星期您从他人处获得所需要的支持的程度在最适合的数字处画“×”。如果您多数时候能得到所需要的支持，就在数字“4”处画“×”；如果根本得不到所需要的帮助，就在数字“1”处画“×”。请阅读每一个问题，根据您的感觉，选择最适合您情况的答案。

1.（G1）您怎样评价您的生存质量？

很差	差	不好也不差	好	很好
1	2	3	4	5

2.（G4）您对自己的健康状况满意吗？

很不满意	不满意	不好也不差	既非满意也非不满意	很满意
1	2	3	4	5

下面的问题是关于最近两星期内您经历某些事情的感觉。请阅读每一个问题，根据您的感觉，选择最适合您情况的答案。

3.（F1.4）您觉得疼痛妨碍您去做自己需要做的事情吗？

根本不妨碍	有点妨碍	有妨碍（一般）	比较妨碍	极妨碍
1	2	3	4	5

4.（F11.）您需要依靠医疗的帮助进行日常生活吗？

根本不需要	很少需要	需要（一般）	比较需要	极需要
1	2	3	4	5

5.（F4.1）您觉得生活有乐趣吗?

根本没乐趣	很少有乐趣	有乐趣（一般）	比较有乐趣	极有乐趣
1	2	3	4	5

6.（F24.2）您觉得自己的生活有意义吗?

根本没意义	很少有意义	有意义（一般）	比较有意义	极有意义
1	2	3	4	5

7.（F5.3）您能集中注意力吗?

根本不能	很少能	能（一般）	比较能	极能
1	2	3	4	5

8.（F16.1）日常生活中您感觉安全吗?

根本不安全	很少安全	安全（一般）	比较安全	极安全
1	2	3	4	5

9.（F22.1）您的生活环境对健康好吗?

根本不好	很少好	好（一般）	比较好	极好
1	2	3	4	5

下面的问题是关于最近两个星期您做某些事情的能力。请阅读每一个问题，根据您的感觉，选择最适合您情况的答案。

10.（F2.1）您有充沛的精力去应付日常生活吗?

根本没精力	很少有精力	有精力（一般）	多数有精力	完全有精力
1	2	3	4	5

11.（F7.1）您认为自己的外形过得去吗?

根本过不去	很少过得去	过得去（一般）	多数过得去	完全过得去
1	2	3	4	5

12.（F18.1）您的钱够用吗?

根本不够用	很少够用	够用（一般）	多数够用	完全够用
1	2	3	4	5

13.（F20.1）在日常生活中您需要的信息都齐备吗?

根本不齐备	很少齐备	齐备（一般）	多数齐备	完全齐备
1	2	3	4	5

14.（F21.1）您有机会进行休闲活动吗？

根本没机会	很少有机会	有机会（一般）	多数有机会	完全有机会
1	2	3	4	5

15.（F9.1）您行动的能力如何？

很差	差	不好也不差	好	很好
1	2	3	4	5

下面的问题是关于最近两个星期您对自己日常生活各个方面的满意程度。请阅读每一个问题，根据您的感觉，选择最适合您情况的答案。

16.（F3.3）您对自己的睡眠情况满意吗？

很不满意	不满意	既非满意也非不满意	满意	很满意
1	2	3	4	5

17.（F10.3）您对自己做日常生活事情的能力满意吗？

很不满意	不满意	既非满意也非不满意	满意	很满意
1	2	3	4	5

18.（F12.4）您对自己的工作能力满意吗？

很不满意	不满意	既非满意也非不满意	满意	很满意
1	2	3	4	5

19.（F6.3）您对自己满意吗？

很不满意	不满意	既非满意也非不满意	满意	很满意
1	2	3	4	5

20.（F13.3）您对自己的人际关系满意吗？

很不满意	不满意	既非满意也非不满意	满意	很满意
1	2	3	4	5

21.（F15.3）您对自己的性生活满意吗？

很不满意	不满意	既非满意也非不满意	满意	很满意
1	2	3	4	5

22.（F14.4）您对自己从朋友那里得到的支持满意吗？

很不满意	不满意	既非满意也非不满意	满意	很满意
1	2	3	4	5

23.（F17.3）您对自己居住地的条件满意吗？

很不满意	不满意	既非满意也非不满意	满意	很满意
1	2	3	4	5

24.（IU9.3）您对得到卫生保健服务的方便程度满意吗？

很不满意	不满意	既非满意也非不满意	满意	很满意
1	2	3	4	5

25.（F23.3）您对自己的交通情况满意吗？

很不满意	不满意	既非满意也非不满意	满意	很满意
1	2	3	4	5

下面的问题是关于最近两个星期来您经历某些事情的频繁程度。

26.（F8.1）您有消极感受吗？（如情绪低落、绝望、焦虑、忧郁）

没有消极感受	偶尔有消极感受	时有时无	经常有消极感受	总是有消极感受
1	2	3	4	5

附录 2

AIS-90 评分（简明损伤评分）

	头颈部 AIS 评分	胸部 AIS 评分	面部 AIS 评分	腹部及盆腔 AIS 评分	四肢及骨盆 AIS 评分	体表 AIS 评分
1 分（轻度）:	1. 头部外伤后，头痛 / 头晕；2. 颈椎扭伤无骨折；3. 颈外静脉轻度破裂（失血≤20%）；4. 甲状腺挫伤	1. 单根肋骨骨折（有血气胸或血气纵隔加 1）；2. 胸椎扭伤；3. 胸壁擦伤；4. 胸骨挫伤；5. 主支气管挫伤（血肿）	1. 角膜擦伤 / 玻璃体损伤 / 巩膜裂伤 / 耳道损伤（内耳 / 中耳 / 听骨链 / 鼓膜破裂）；2. 舌浅表裂伤 / 齿龈挫裂伤 / 撕裂伤 / 牙齿任意数目断裂 / 撕脱；3. 鼻出血 / 鼻骨 / 下颌骨闭合性骨折	1. 擦伤 / 挫伤 / 血肿 / 浅表裂伤：阴道 / 阴唇 / 会阴 / 阴囊 / 睾丸（包括浅表损伤），阴茎 / 会阴 / 肛门；2. 腰扭伤；3. 血尿	1. 骨折 / 脱位：腕 / 指 / 趾；2. 扭伤：肩锁、肩肘、指、腕、髋、踝、趾；3. 神经挫伤	1. 擦 / 挫伤（血肿）≤25cm² 面 / 手，≤50 cm² 身体；2. 一度烧伤至 100%；3. 三度烧伤体表面积，三度烧伤≤25 cm² 面，≤100% cm² 身 体；4. 头皮擦伤 / 挫伤（含帽状腱膜下血肿），脱伤（≤100% cm²）
1 分（轻度）: 2 分（中度）:	1. 逆行性遗忘；2. 嗜睡 / 木僵 / 迟钝，能被语言刺激唤醒；3. 失去知觉<1 小时；4. 甲状腺裂伤；5. 单纯颅顶骨折；6. 不完全性臂丛损伤；7. 颈椎椎体轻度压缩（≤20%），棘突 / 横突骨折 / 椎间盘损伤（无神经根损害）；8. 单根神经根挫裂伤；9. 颅神经挫裂伤；10. 颈外动脉内膜撕裂、破裂（出血量≤20%）/ 血栓形成，颈内静脉破裂（失血量≤20%）；11. 喉 / 声带单侧挫伤	1. 2～3 根肋骨的任何部位或单根肋骨多处骨折（有血气胸或血气纵隔加 1）；2. 胸骨骨折；3. 胸椎脱位或棘突或横突骨折；4. 胸椎轻度压缩骨折（≤20%）；5. 心包裂伤（穿刺伤）；6. 食管挫伤或胸导管裂伤；7. 主支气管以远部分裂伤未穿孔；8. 女性乳房撕脱伤；9. 膈肌挫伤（血肿）；10. 支气管 / 食管 / 肋间 / 内乳动脉 / 静脉破裂（失血≤20%）或>20% 加 1；11. 胸膜裂伤（伴血气胸加 1）	1. 眼撕脱（剜出）/ 巩膜裂伤累及眼球（包括破裂）/ 视神经裂伤；2. 舌深在广泛裂伤；3. 鼻骨或下颌骨开放性 / 移位 / 粉碎性骨折，眼眶骨闭合性骨折，颧骨骨折，颞颌关节脱位；4. 上颌骨骨折（包括上颌窦）［LeFort Ⅰ：上颌骨齿槽嵴的水平段骨折，牙齿还留在移位的骨片中；LeFort Ⅱ：上颌骨单侧或双侧骨折，其体部与颌面部骨骼分离，形成椎状，骨折可穿过体部向下伸至硬腭，通过眶底进入鼻腔］	1. 挫伤（血肿）/ 浅表裂伤未穿孔 /OIS Ⅰ～Ⅱ级：胃、十二指肠挫伤（血肿），小肠、大肠、直肠、膀胱挫伤，输尿管、尿道、肠系膜、肝、脾、肾、胰腺（无胰管受累 OIS Ⅰ级），肾上腺（重度）；2. 撕裂伤、胆囊挫伤（血肿）及破裂未伤及胆管、髂静脉不完全横断（失血量≤20%），网膜 / 肠系膜（失血量≤20%）、输尿管、卵巢、子宫（≤1cm 裂口），会阴、阴囊、睾丸复杂性撕裂或撕脱，阴道、外阴、阴茎、肛门（非全层）；3. 单侧小关节突脱位（半脱位），棘突或横突骨折、椎体压缩性骨折（≤20%），椎间盘损伤（不伴有神经根损害）、单根神经根损害	1. 骨折：肱、桡、尺、胫、腓、髋、锁、肩、胛、腕、掌、跟、跗、跖、趾骨支或骨盆单纯性骨折；2. 脱位：肘、肩、肩锁、髋、膝；3. 内膜裂伤 / 轻度撕裂（失血≤20%、>20% 加 1）：腕、肱、腘静脉；4. 严重肌肉 / 肌腱裂伤、半月板撕裂（移位、开放、粉碎或伴神经损伤、耻骨联合分离）加 1；5. 单根 / 多根神经裂伤（伴运动功能障碍）；6. 脱套伤、指（趾）断离、膝以下毁损性挤压伤	1. 头皮 / 面 / 四肢擦挫伤：>25cm² 面 / 手，≤50 cm² 身体裂伤、长度>10cm 且深入皮下撕脱伤>25 cm² 头皮撕脱>100 cm²；2. 身体：组织缺失>100cm，裂伤>20cm，并深入皮下；3. 二度或三度损伤 / 脱套伤达体表面积 10%～19%（失血量≤20%）

续表

	头颈部 AIS 评分	胸部 AIS 评分	面部 AIS 评分	腹部及盆腔 AIS 评分	四肢及骨盆 AIS 评分	体表 AIS 评分
3分（重度不危及生命）：	1. 昏迷1~6小时；2. 昏迷<1小时伴神经障碍；3. 颅底骨折；4. 粉碎/开放/凹陷（≤2cm）性颅顶骨折；5. 梗死/脑挫伤：浅表，≤30ml，直径≤4cm，中线移位≤5cm；6. 小脑挫伤（≤15ml，直径≤3cm）；7. 轻度脑肿胀/水肿（脑室受压，无脑干池受压）；8. 头颅穿透伤：深度≤2cm；9. 蛛网膜下隙出血；10. 脑垂体受损；11. 喉破裂未横断/咽部挫伤（血肿）撕裂伤/双侧声带损伤、气管/食管裂伤未穿孔；12. 脊髓一过性神经体征；13. 颈椎椎体重度压缩>20%，椎板/椎弓根/小关节突/齿突骨折；14. 椎间盘破裂伴神经根损害/多根神经根损伤；15. 颈内动脉内膜撕裂/破裂（失血量≤20%）/血栓形成/颈内静脉/颈外动脉/静脉破裂（失血量>20%）；16. 完全性臂丛神经损伤	1. >1根肋骨开放性/移位/粉碎性（伴血气胸加1）；2. 一侧有>3根和另一侧<3根肋骨骨折，胸廓稳定或NFS（伴血气胸加1）；3. 连枷胸单侧或NFS（伴肺挫伤加1，双侧加2）；4. 单侧肺挫伤/裂伤（双侧加1，伴纵隔血肿加1，失血>20%加1）；5. 单侧血胸或气胸；6. 纵隔气肿；7. 膈肌破裂；8. 心包填塞的损伤，无心脏的损伤；9. 食管裂伤未穿孔，周径≤50%；10. 气管或主支气管挫伤/裂伤/主支气管以远部分破裂未横断；11. 头臂（无名）/肺/锁骨下动静脉或上/下腔静脉胸段内膜撕裂/破裂（失血≤20%，>20%加1）；12. 轻度吸入性烧伤；13. 胸椎脱位或椎板/椎弓根/关节突骨折，椎体压缩性骨折>1椎骨或高度>20%	1. 眼眶开放性/移位/粉碎性骨折；2. LeFort Ⅲ：骨折（整个上颌骨或一块或多块颌面部骨骼从颅底完全分离的骨折）	1. 裂伤/穿孔/，胃/十二指肠降部裂伤（圆径50%~70%），小肠/大肠/直肠破裂穿孔未横断或挫伤未穿孔周径>50%、膀胱裂伤未穿孔、输尿管、尿道、子宫（>1cm破裂、中孕）、肛门、会阴/外阴/阴道/阴茎广泛撕裂、腹腔动脉/髂动脉/总、内、外内膜撕裂未破裂或破裂出血≤20%、下腔静脉破裂出血≤20%、髂动脉破裂出血>20%；2. 网膜、肠系膜重度损伤（失血量>20%）、卵巢毁损伤、肾上腺重度毁损；3. QIS Ⅲ级：肝、脾、胆囊、肾、胰、胆囊广泛破裂/撕脱/胆囊裂伤/横断；4. 腰椎脱位或椎板、椎弓根、关节突骨折；5. 椎体压缩骨折>1椎骨或>20%前缘高度；6. >1根神经根损伤；7. 椎间盘滑脱出伴神经根损害	1. 股骨骨折（包括头、颈、粗隆、髁上）；2. 除指以外的上肢任一面创伤、膝以下下肢创伤性断离，脱套伤、部分或广泛、毁损性挤压伤；3. 坐骨神经裂伤；4. 股动脉内膜撕裂/破裂（失血量≤20%，>20%加1）	1. 全头皮撕脱/裂伤失血量>20%；2. 二度或三度烧伤/脱套伤达体表面积20%~29%

续表

	头颈部 AIS 评分	胸部 AIS 评分	面部 AIS 评分	腹部及盆腔 AIS 评分	四肢及骨盆 AIS 评分	体表 AIS 评分
4分（重度危及生命）:	1. 昏迷1～6小时；伴神经障碍；2. 昏迷6～24小时；3. 仅对疼痛刺激有恰当反应；4. 颅骨骨折性凹陷>2cm，复杂性粉碎性颅底骨折；5. 脑膜破裂或脑组织外露、缺损；6. 大脑挫伤深在30～50ml，直径>4cm，中线移位>5cm，中度脑肿胀 / 脑室 / 脑干池受压；7. 小脑挫伤大，范围15～30ml，直径>3cm；8. 硬膜外 / 下小血肿（成人≤30ml，≤10岁≤25ml，点状 / 小片 / 中度，小脑区≤15ml，直径≤3cm）；9. 颈髓不完全损伤或不伴骨折（残留部分感觉或运动功能）；10. 颈总（内）动脉破裂（失血>20%）/ 内膜撕裂 / 创伤性血栓形成伴与创伤无关的神经功能异常；11. 喉破裂伴声带受损，咽或咽后区域穿孔未横断；12. 食管 / 气道破裂未横断	1. 双侧均有>3根的肋骨骨折（伴血 / 气 / 连枷胸加1）；2. 双侧肺挫伤（失血>20% 加1）；3. 纵隔血肿；4. 双侧血气胸伴张力性气胸，失血量>20% 加1分；5. 张力性气胸；6. 食管或支气管破裂穿孔但是未完全横断；7. 胸主动脉内膜撕裂，血管未破裂 / 破裂（失血≤20%）；8. 锁骨下 / 无名 / 肺动静脉 / 上下腔静脉重度裂伤（失血>20%）；9. 不完全性脊髓损伤综合征，残存部分感觉或运动功能，包括侧束（Brown-Sequard）综合征；10. 膈肌破裂伴膈疝形成	LeFort Ⅲ：骨折伴失血量>20%	1. 复杂性破裂：胃撕脱或复杂性破裂、十二指肠降部破裂>75% 周径、累及壶腹部或胆总管下段、大 / 小肠横断或撕脱（OIS Ⅳ～Ⅴ级）、直肠穿孔延伸至会阴、膀胱穿孔破裂、尿道后组织毁损、子宫裂伤（晚孕）、肝 / 脾 / 肾 / 胰（OIS Ⅳ级）、肠系膜广泛撕裂、胆囊破裂伴胆总管或肝管裂伤 / 横断；2. 腹主动脉内膜撕裂、破裂（失血量≤20%）、髂动脉（总、内、外）、下腔静脉破裂（失血量>20%）；3. 不全截瘫	1. 骨盆严重变形、移位伴血管破裂或巨大腹膜后血肿的开放 / 移位 / 粉碎性骨盆骨折（失血≤20%，>20% 加1）；2. 膝关节以上部分完全离断	二度或三度烧伤脱套伤达体表面积30%～39%

续表

	头颈部 AIS 评分	胸部 AIS 评分	面部 AIS 评分	腹部及盆腔 AIS 评分	四肢及骨盆 AIS 评分	体表 AIS 评分
5 分（危重或可成活）：	1. 昏迷伴有不适的动作；2. 昏迷>24 小时；3. 脑干损伤；4. 大脑广泛挫伤（成人>50ml，≤10 岁>15ml，直径/厚度>2cm），小脑广泛挫伤（总量>30ml），硬膜外血肿双侧/大范围（成人>30ml，≤10 岁>25ml，厚度>1cm，大片广泛，≤10 岁>15ml，直径/厚度>2cm）；5. 脑肿胀（脑室或脑干池消失）；6. 小脑/大脑穿透伤/弥漫性轴突挫伤；7. 喉/咽横断/毁损；8. 气管/食管横断或撕脱；9. 完全脊髓损伤（四肢瘫或截瘫，且无感觉）；10. C4 或 C4 以下骨折/脱位	1. 胸主动脉重度裂伤或裂伤累及主动脉根部/主动脉瓣；2. 锁骨下/无名静脉/上下腔静脉裂伤伴循环空气栓塞；3. 心包裂伤，心脏疝出；4. 心脏裂伤（心房或心室，有或无填塞表现）；5. 食管/主支气管复杂性破裂或横断；6. 喉-气管分离；7. 双侧连枷胸/吸入伤需要机械通气；8. 单侧/双侧裂伤伴张力性气胸或肺完全裂伤大量漏气或伴有体循环空气栓塞或双侧失血>20%；9. 脊髓裂伤或完全损害	无	1. 重度裂伤伴组织缺失（OIS Ⅴ级）或严重污染：胰头/十二指肠全部广泛毁损，直肠广泛破裂/撕脱/盆腔明显粪污染，肝、脾、肾（QIS Ⅴ）；2. 完全性脊髓损害；3. 腹主动脉、腹腔动脉破裂（失血量>20%）；4. 脊髓裂伤（包括横断和挤压伤）	开放性/移位/粉碎性骨盆骨折（失血量>20%）	二度或三度烧伤达体表面积 40%～89%
AIS 分值 6 分，为最大损伤，细则如下：	碾压骨折、脑干碾压撕裂、断头、C3 或 C3 以上骨折/脱位、颈髓裂伤或横断，颈髓裂伤或横断，心脏复杂性碎裂/撕脱	胸主动脉完全断离，胸部广泛碾压毁损		躯干横断、肝脏横断、肝脏撕脱伤（所有血管完全断离）		二度或三度烧伤/脱套伤≥90% 体表面积

附录3 收集伤害病例最小核心资料的调查

身份证号码：		
年龄： 性别：男　女		
地点：当你受到伤害时，你在什么地方？		
家	学校	高速公路/街道
其他（详细说明）		不知道
活动：当你受到伤害时，正在做什么活动？		
工作	教育	体育
旅游	其他（详细说明）	不知道
机制：你是怎样受到伤害的？换句话说，伤害事件是怎样发生的？		
交通伤	性侵犯	跌伤
其他钝性伤害	刺伤/切割伤	枪击
火灾，加热	窒息/悬挂	溺水
中毒	其他（详细说明）	不知道
企图		
意外	自我伤害	故意（攻击）
其他（详细说明）	不知道	
伤害的性质		
骨折	扭/拉伤	切咬伤，开放性伤口
擦伤	烧烫伤	震荡
器官系统伤害	其他（详细说明）	不知道

附录 4 收集伤害病例的最小核心资料及选择性资料的调查表

身份证号码：	日期	时间
年龄： 性别：　　男	居住地： 女	
地点：当你受到伤害时，你在什么地方？		
家 其他（详细说明）	学校 不知道	高速公路 / 街道
活动：当你受到伤害时，正在做什么活动？		
工作 旅游	教育 其他（详细说明）	体育 不知道
机制：你是怎样受到伤害的？换句话说，伤害事件是怎样发生的？		
交通伤 其他钝性伤害 火灾，加热 中毒	性侵犯 刺伤 / 切割伤 窒息 / 悬挂 其他（详细说明）	跌伤 枪击 溺水 不知道
企图		
意外 其他（详细说明）	自我伤害 不知道	故意（攻击）
饮酒：在伤害发生 6 小时内，你饮酒了吗？		
通过报告或确认，令人怀疑		没有证据资料
物质使用：是否使用改变情绪的物质？		
通过报告或确认，令人怀疑		没有资料
伤害严重程度		
没有伤害　　微小伤害	中度伤害	严重伤害
处理		
治疗后离开医院 其他（详细说明）	入院治疗	死亡 不知道
伤害的性质		
骨折 擦伤 器官系统伤害	扭 / 拉伤 烧烫伤 其他（详细说明）	切 / 咬伤，开放性伤口 震荡 不知道

附录5 收集交通伤害病例的最小核心资料及补充最小资料调查表

身份证号码：	日期：	时间：
年龄： 性别：　　男	 女	
地点：当你受到伤害时，你在什么地方？		
家 其他（详细说明）	学校 不知道	高速公路 / 街道
活动：当你受到伤害时，正在做什么活动？		
工作 旅游	教育 其他（详细说明）	体育 不知道
机制：你是怎样受到伤害的？换句话说，伤害事件是怎样发生的？		
交通伤 其他钝性伤害 火灾，加热 中毒	性侵犯 刺伤 / 切割伤 窒息 / 悬挂 其他（详细说明）	跌伤 枪击 溺水 不知道
若伤害发生机制为交通伤，填写下列两部分：		
交通类型：受到伤害的人使用什么交通工具？		
行人 摩托车 卡车 其他（详细说明）	非机动的交通工具，自行车、马车等 汽车 公共汽车 不知道	 临时的交通工具，大货车、小型公共汽车 火车
道路使用者的类型：受伤者正在做什么？		
行人 其他（详细说明）	交通工具的司机或驾驶者 不知道	乘客
企图		
意外 其他（详细说明）	自我伤害 不知道	故意（攻击）
饮酒：在伤害发生6小时内，你饮酒了吗？		
通过报告或确认，令人怀疑		没有证据资料
伤害的性质		
骨折 擦伤 器官系统伤害	扭 / 拉伤 烧烫伤 其他（详细说明）	切 / 咬伤，开放性伤口 震荡 不知道

附录 6　医院伤害监测报告卡

监测医院编号：□□□　　　　　　　　卡片编号：□□□□□

回答Ⅰ、Ⅱ部分者为：□ 1. 患者　□ 2. 患者代理人

若回答为“2”者，那么代理人与患者的关系为：

□ 1. 配偶　□ 2. 父（母）子（女）　□ 3. 亲戚　□ 4. 朋友　□ 5. 事故目击者　□ 6. 其他人

Ⅰ患者一般信息

姓名：　　　　性别：　1. □男　2. □女　　年龄：

身份证号码：□□□□□□□□□□□□□□□□□□□□

户籍：1. □本市 / 县　2. □本省外地　3. □外省　4. □外籍

文化程度：（8 岁以上填写此档）

1. □文盲、半文盲　2. □小学　3. □初中　4. □高中或中专

5. □大专　6. □大学及以上

职业：

1. □学龄前儿童　2. □在校学生　3. □家务　4. □待业

5. □离退休人员　6. □专业技术人员　7. □办事人员和有关人员　8. □商业、服务业人员

9. □农牧渔水利业生产人员　10. □生产运输设备操作人员及有关人员　11. □军人

12. □其他 / 不详

Ⅱ 伤害事件的基本情况

伤害发生时间：　年　月　日　时（24 小时制）

患者就诊时间：　年　月　日　时（24 小时制）

伤害发生原因：

1. □机动车车祸　2. □性侵犯　3. □跌倒 / 坠落　4. □钝器伤

5. □火器伤　6. □刀 / 锐器伤　7. □烧烫伤　8. □窒息 / 悬吊

9. □溺水　10. □中毒　11. □动物伤　12. □其他

13. □不清楚

伤害发生地点：

1. □家中　2. □公共居住场所　3. □学校与公共场所　4. □体育和运动场所

5. □公路 / 街道　6. □贸易和服务场所　7. □工业和建筑场所　8. □农场农田

9. □其他　10. □不清楚

伤害发生时活动：

1. □体育活动　2. □休闲活动　3. □有偿工作　4. □家务 / 学习

5. □驾乘交通工具　6. □其他　7. □不清楚

是否故意：

1. □非故意（意外事故）　2. □自残自杀　3. □故意（暴力、攻击）　4. □不清楚

Ⅲ伤害临床信息

伤害性质：（选择最严重的一种）

1. □骨折　2. □扭伤 / 拉伤　3. □锐器伤、咬伤、开放伤

4. □挫伤、擦伤　5. □烧烫伤　6. □脑震荡、脑挫裂伤

7. □器官系统损伤　8. □其他　9. □不清楚

伤害部位：（最严重伤害的部位）

1. □中毒窒息触电冻伤等　2. □多部位　3. □头部

4. □上肢　5. □下肢　6. □躯干

7. □呼吸系统　8. □消化系统　9. □神经系统

伤害临床诊断：

伤害严重程度：1. □轻度　2. □中度　3. □重度

伤害结局：1. □治疗后回家　2. □观察 / 住院 / 转院　3. □死亡　4. □其他

填报人：　　　　填卡日期：　年　月　日

附录 7 疾病家庭负担量表（FBSD）

姓名： 性别： 年龄： 诊断：

项目		没有影响	中度影响	严重影响
		0 分	1 分	2 分
经济负担	1. 患者收入是否受到损失	0	1	2
	2. 家庭成员的收入是否受到损失	0	1	2
	3. 用于患者疾病的开支对家庭经济是否有影响	0	1	2
	4. 因额外安排使家庭开支是否受到影响	0	1	2
	5. 使用借款或储蓄	0	1	2
	6. 其他计划因经济压力推迟	0	1	2
家庭日常活动	7. 患者去工作上学等	0	1	2
	8. 患者做家务	0	1	2
	9. 对其他家庭成员活动的干扰	0	1	2
	10 患者的不合理要求对活动的干扰	0	1	2
	11. 其他家庭成员延误上学就餐	0	1	2
家庭娱乐活动	12. 家庭停止正常的娱乐活动	0	1	2
	13. 占用另一家庭成员的节假日和空间时间	0	1	2
	14. 患者在娱乐活动中缺乏参与	0	1	2
	15. 娱乐活动计划被放弃	0	1	2
家庭关系	16. 疾病对一般家庭气氛的影响	0	1	2
	17. 其他家庭成员因患者而争吵	0	1	2
	18. 减少或终止与朋友邻居的交流	0	1	2
	19. 家庭变得疏远而回避外界	0	1	2
	20. 对家庭或邻居关系的其他影响	0	1	2
家庭成员躯体健康	21. 家庭成员因患者的行为而患躯体疾病	0	1	2
	22. 对家庭成员健康的其他不良影响	0	1	2
家庭成员心理健康	23. 家庭成员因心理障碍而寻求职业性帮助	0	1	2
	24. 家庭成员变得忧郁、哭泣或易怒	0	1	2
补充条目	其他家庭负担（没有被提到的，有待家属补充的负担）			

附录 8 中英文名词对照

A

abbreviated injury scale，AIS 简明损伤定级
accident 意外事故
accident proneness；accident liability 事故倾向性
accident-prone 事故倾向
active life expectancy，ALE 活动期望寿命
active surveillance 主动监测
acute stress disorder，ASD 急性应激障碍
acute physiology and chronic health evaluation，APACHE 急性生理学与慢性健康状况
adjustment disorder 适应障碍
airborne transmission 空气飞沫传播
airway 气道
alarm 警戒
alcohol abuse 酒精滥用
alimentary tract transmission 消化道传播
analytical epidemiology 分析流行病学
analytical study 分析性研究
anatomic profile，AP 解剖要点法
asphyxia 窒息
a severity characterization of tauma，ASCOT 创伤严重特征评估法
assault and homicide 攻击及他杀
attention-deficit hyperactivity disorder，ADHD 注意力缺陷多动障碍
automated external defibrillator，AED 自动体外除颤器

B

black 第四优先（黑区）
boat-related injury 船只相关的伤害
Boolean logical search 布尔逻辑检索
breathing 呼吸
burden of disease 疾病负担

C

case-control study 病例 - 对照研究
case-controlstudy nested in a cohort 队列内病例对照研究（巢式病例对照研究）
case-crossover study 病例 - 交叉研究
capture-mark-recapture methods，CMR 法 捕获 - 再捕获方法
cardiopulmonary resuscitation，CPR 心肺复苏
Centers for Disease Control and Prevention，CDC 疾病控制与预防中心
chemical energy 化学能
child abuse 儿童虐待
Chinese classification of diseases，CCD 中国疾病分类
circulation 循环
circulation，respiration，abdomen，motor and speech scale，CRAMS scale CRAMS 记分法
Classification 分类
clinical trial 临床试验
Cognitive-phenomenological-transactional，CPT 认知 - 现象学 - 相互作用理论模型
community field trial 人群现场试验
cohort study 队列研究
consumer product injury 消费产品伤害
core optional data set，ODS 选择资料集
cross-sectional study 横断面研究

D

date retrieval 数据检索
descriptive epidemiology 描述流行病学 / 描述性研究
descriptor 主题
defibrillate 除颤
delayed 第二优先（黄区）
Delphi method 德尔菲法
direct economic burden 直接经济负担
disease and health burden 疾病健康负担
disability-adjusted life years，DALY 伤残调整寿命年
disability adjusted life expectancy，DALE 伤残调整期望寿命
document retrieval 文献检索
domestic violence 家庭暴力

E

economic intervention 经济干预
economic burden of disease 疾病经济负担
educational intervention 教育干预
electric energy 电能
emergency reaction 应急反应
emergency medicine 急诊医学
emergency medical services system，EMSS 急诊医疗服务体系
emergency public health events 突发公共卫生事件
energy 能量
engineering intervention 工程干预
enforcement intervention 强制干预
ergonomics 工效学
etiology/ aetiology 原因论
exhaustion 衰竭
experimental epidemiology 实验流行病学
experimental method 实验法

F

fact retrieval 事实检索
fall/fall down 坠落 / 跌倒
fatal accident reporting system，FARS 死亡事故报告系统
field triage criteria 现场类选标准
fire-related injury 火灾相关的伤害
flight 逃跑行为
freezing 冻结行为

G

general adaptation syndrome，GAS 一般适应综合征
general adaptation syndrom 应激反应理论模型
general adaptation syndrome，GAS 适应综合征
general surveillance 一般监测
general estimates system，GES 普通估测系统

H

Haddon matrix Haddon 模型
Health life days，HLD 质量调整寿命年
health adjusts life expectancy，HALE 健康调整期望寿命
health life years，HLY 健康寿命年
homeostasis 稳态
host 宿主
hospital-based surveillance 以医院为基础的监测

I

illness injury severity index，IISI 病伤严重度指数
immediate 第一优先（红区）
indirect economic burden 间接经济负担
injury surveillance 伤害监测
intangible economic burden 无形经济负担
injury 伤害
injury epidemiology 伤害流行病学

intentional injury 故意伤害
international classification of diseases-10，ICD-10 国际疾病分类
injury severity score，ISS 损伤严重度评分
international classification of disease based injury severity score，ICISS
基于国际疾病分类编码的损伤严重度评分
injury surveillance system 伤害监测系统

K

key words 关键词
kinetic energy 动能

L

life expectancy without disability，LEFD 无残疾期望寿命
limit field search 字段限定检索

M

maximal AIS，MaxAIS 最高 AIS 值评分
management intervention 管理干预
mechanical energy 机械能
Medical Subject Headings，MeSH《医学主题词表》
meta-analysis based on literature，MAL 文献结果荟萃分析
meta-analysis based on summary data，MAS 综合或合并数据荟萃分析
meta-analysis based on individual patient data，MAP or IPD meta-analysis 独立研究原始数据荟萃分析
meta-analysis 荟萃分析
minimal 第三优先（绿区）
minimum data set，MDS 最小资料集
Millennium Development Goals，MDG 千年发展目标
mood disorder 心境障碍
motor vehicle injury 机动车伤害

N

national injury surveillance system，HASS/LASS 全国伤害监测系统
National Library of Medicine，NLM 美国国立医学图书馆
National Fire Data Center 美国国家火灾资料中心
near-drowning 溺水（淹溺）
new injury severity score，NISS 新损伤严重度评分
nested case-control study，NCC 巢式病例对照研究

O

occupational injury 职业性伤害
odds 比值

P

passive surveillance 被动监测
paramedic judgement，PJ 急救员判定法
peer relation 同伴关系
personal intervention 个人干预
phrase search 词组检索
post-traumatic stress disorder，PTSD 创伤后应激障碍
potential years of life lost，PYLL 潜在减寿年数
prehospital index，PHI 院前分类指数
prehospital triage decision scheme 院前类选示意图
prevalence study 患病率研究
prevention-oriented surveillance 以预防为导向的监测
process-oriented theory 应对过程理论
prospective study 前瞻性研究
psychological stress 心理应激

Q

quality-adjusted life years，QALY 质量调整寿命年

R

radiant energy 辐射能

resistance 阻抗
revised trauma score，RTS 改良创伤评分法
retrospective study 回顾性研究
retrieval 检索
risk factor surveillance 危险因素监测
road traffic accident 道路交通事故

S

self-regulation 自我调节
social support 社会支持
special surveillance 特殊监测
stay-at-home children 留守儿童
stress 应激
stressor 应激源
suicide and self-inflicted injury 自杀与自伤
subject headings 叙词
suicide 自杀
symptom check list 症状定式检查

T

the Bureau of Labor Statistics，BLS 劳动统计局
the Canadian hospitals injury reporting and prevention program，CHIRPP 加拿大医院伤害报告与预防项目
the home and leisure accident surveillance system，HASS/LASS 家庭和休闲伤害监测系统
the U.S. Consumer Product Safety Commission，CPSC 消费者安全委员会
the national electronic injury surveillance system，NEISS 国家电子伤害监测系统
the National Center for Health Statistics 美国国家卫生统计中心
the National Highway Traffic Safety Administration，NHTSA 国家公路交通安全局
telomere 端粒
thermal energy 热能
title words 标题词
traffic accident 交通事故
traffic accident rate 交通事故率
trauma and injury severity score，TRISS 创伤及损伤严重程度评分法
trauma 创伤
trauma index，TI 创伤指数
trauma score，TS 创伤评分
triage checklist，TC 类选对照表
triage 分拣
triage index 类选指数
triage score 类选记分法
truncation search & wildcard search 截词检索

U

unintentional injury 非故意伤害
United States Department of Health and Human Services 美国卫生与公众服务部

V

ventricular fibrillation，VF 室颤
violence and homicide injury 暴力与他杀

W

World Health Organization，WHO 世界卫生组织

Y

years lived with disability，YLD 残疾所致的寿命损失年
years of life lost，YLL 早死所致的寿命损失年
potential years of life lost，PYLL 潜在减寿年

（吕逸骁　陈　莹）